LA BOÎTE À OUTILS

DU MANAGER DE MANAGERS

André Hamayon
Jacques Isoré
Jean-Pierre Testa

62 outils clés en main
+ 3 vidéos d'approfondissement

DUNOD

Crédits iconographiques

Dossier 1 : ©yellowj - stock.adobe.com ; Outil 2 : ©Comauthor - stock.adobe.com ; Outil 3 : ©FotolEdhar - stock.adobe. com ; Cas outil 3 : ©www.javitrapero.com ; Outil 5 : ©mybaitshop - stock.adobe.com ; Outil 7a : ©popaye - stock.adobe.com ; Outil 9 : ©Andrey Popov ; Outil 15 : ©Iconimage ; Outil 16 : ©DOC RABE Media - stock.adobe.com ; Dossier 3 : ©Andrey Popov ; Outil 20 : ©artinspiring - stock.adobe.com ; Outil 23 : ©ilyakalinin ; Outil 28 : ©smirnovphoto.com : Dossier 4 : ©Darkmedia ; Outil 28 : ©smirnovphoto.com ; Outil 30 : ©Kenishirotie - stock.adobe.com ; Outil 32 : ©ibreakstock - stock. adobe.com ; Dossier 5 : ©contact@artsilense.com ; Outil 38 : ©peshkov - stock.adobe.com ; Outil 41a : ©Edvard Molnar - stock.adobe.com ; Dossier 6 : ©olly - stock.adobe.com ; Dossier 7 : ©Sutee - stock.adobe.com ; Outil 51 : ©contrastwerkstatt ; Outil 55 : ©Vectorovich - stock.adobe.com ; Dossier 8 : ©wei - stock.adobe.com ; Outil 58 a : Alessandro Pintus ; Outil 58 b : Elnur Amikishiyev ; Outil 62 : © chaiyapruek – stock.adobe.com

The Noun Project : Outil 6 © H Alberto Gongora, © Vectors Market, © Vectors Market ; Outil 8 : © Illarion Gordon, © andriwidodo ; Outil 18 : © Dinosoft Labs, © Summer, © Oksana Latyesheva, © dilakuscan, ©Misha Petrishchev ; Outil 30 : ©Gregor Cresnar, © Adam Mullin, ©Dinosoft Labs ; Outil 31 : ©fahmionline, ©Guilhem M ; Outil 35 : ©Rflor, ©bryan mcc ; Outil 56 : ©gilbert bages, ©Luis Prado ; Outil 61 : ©Arthur Shlain, ©Vectors Market

Mise en page : Belle Page
Conception de couverture : mokmok.agency

11, rue Paul-Bert, 92240 Malakoff
www.dunod.com
ISBN 978-2-10-084966-6

Remerciements

En premier lieu, nos remerciements vont à Odile Marion, Directrice Editoriale chez Dunod, pour la confiance qu'elle nous a accordée en validant l'écriture de ce livre.

Je remercie chaleureusement :

Mes fils, Mickaël et Julien, pour ce qu'ils sont devenus, l'amour qu'ils me portent et leur soutien.

Gérard Collignon, patron de Kahler Communication, qui m'a formé à la ProcessCom et qui nous a autorisés à utiliser le modèle dans cet ouvrage.

Mes clients qui m'ont fait confiance pour les accompagner.

Jean-Pierre Testa

Je tiens à remercier :

Jacqueline, mon épouse, pour le soutien constant qu'elle m'apporte, ma fille Anne et mon petit-fils Raphaël pour ce qu'ils sont et l'amour qu'ils me portent.

Jean-Pierre Testa, pour son amitié et le plaisir que j'ai à coopérer avec lui depuis près de 20 ans.

Gérard Collignon, non seulement parce qu'il m'a formé en même temps que Jean-Pierre Testa, mais pour tout ce qu'il m'a apporté depuis 20 ans.

Tous ceux qui m'ont inspiré et influencé et qui m'ont fait devenir ce que je suis.

Tous mes clients pour leur confiance et les participants à mes séminaires pour ce qu'ils m'apportent par leurs questions et nos échanges.

André Hamayon

Je remercie vivement :

Nathalie, Marlène et Brice, toujours présents dans mon cœur et mes pensées.

Monique Charfi, Philippe Hulot, mes deux premiers managers de managers, feu Roland Grépon et Mireille Bordet, mes deux premiers managers, tous les quatre m'ayant permis de devenir manager puis manager de managers au Printemps.

Tous ceux qui m'ont accordé leur confiance pour les accompagner dans ma vie professionnelle et parmi les plus récents Cyrielle Vandenbroucke, Stéphane Schropfer, Didier Brizard et Stéphane Haug, managers de managers chez HOMEBOX, et Laurent Diogo, Franck Ifrah et Eric Mourin, managers de managers chez ECOLAB PEST.

Jacques Isoré

Préface

Passer du management d'une équipe opérationnelle, un management de première ligne, au management de managers est un changement significatif de positionnement. Après une longue expérience de management opérationnel d'une équipe de consultants, je me suis aperçu personnellement que l'expérience de manager de première ligne ne prépare pas forcément, en tout cas pas complètement, à ce nouveau rôle. Les deux rôles requièrent en effet des talents différents.

Être manager des managers, c'est accepter de ne plus être celui qui pilote directement la production de la performance. Tout manager de managers nouvellement nommé doit pouvoir faire le deuil d'une partie de ce qu'il estimait être les éléments décisifs de son efficacité, comme l'expertise technique ou la qualité relationnelle avec les équipes terrain.

Il faut s'habituer à l'art délicat du « lâcher prise » avec l'opérationnel, sans trop s'en éloigner et n'être alors qu'un simple relais de communication entre la Direction et les équipes.

Comment prendre du recul, de la distance, de la hauteur, sans se couper des réalités du terrain tout en conservant une proximité avec ses managers et les équipes ? C'est dans ce rôle charnière qu'il s'agit de s'installer. Voilà un équilibre nouveau à trouver.

La dimension clé du rôle est, me semble-t-il, la mise en place des conditions et les moyens pour que les managers de proximité puissent réussir leur mission et obtenir les résultats attendus. C'est donc fournir un contexte stimulant, protecteur et nourricier, favorable à l'obtention de la performance par les équipes. C'est par exemple partager et co-construire une vision commune, mettre en place des rituels dans l'équipe de management, développer l'autonomie de ses managers de proximité, favoriser leurs initiatives ou fournir les moyens pour renforcer compétences et efficacité de leurs équipes. C'est là où son rôle de développeur de compétences, avec la posture de manager coach, prend tout son sens.

Cette nouvelle dimension implique aussi la capacité d'adapter son management et son mode de communication aux différences de personnalité, de compétences, de motivation, encore augmentées par les différences culturelles et générationnelles.

Manager des managers, c'est se placer dans une position de *servant leader*. Je passe du « je manage une équipe » à « j'aide mes managers à manager leurs équipes ». Moins sur le devant de la scène, moins au cœur de la performance au quotidien, le manager de managers est centré sur la réussite de ses équipes plutôt que sur sa réussite propre. Dans son rôle de *servant leader* ses trois priorités sont :

Fournir les moyens à ses managers pour les aider à réussir en leur donnant les moyens d'agir (ressources, compétences et contacts).

Mettre en place les conditions de réussite en posant des repères et des règles qui seront autant d'éléments stables et partagés : vision, valeurs, organisation, méthodes de travail et outils de pilotage...

Responsabiliser et favoriser l'auto-organisation, sur le principe de *l'empowerment*. Le manager de managers stimule, encourage, favorise et développe l'initiative. Il fait coopérer pour renforcer les synergies entre ses managers et entre leurs équipes au service de l'efficacité du collectif.

Manager des managers, ce sont de nouveaux habits du management qu'il faut endosser avec en plus le défi de l'exemplarité !

Les techniques et les outils du management classique ne répondent que partiellement aux besoins d'un manager de managers.

Les auteurs de ce guide offrent une panoplie très complète de repères pour se positionner dans ce rôle sensible et d'outils pratiques pour faire face aux situations les plus complexes.

Yannick TREHOREL

Directeur Activité « Sur-mesure » Cegos

Avant-propos

Pourquoi les livres de management, déjà légion, ne s'adressent-ils qu'aux managers de premier niveau ? Suffit-il de transposer simplement ses compétences quand on devient manager de managers ?

Pourtant, les questions que se posent les managers de managers sont bien particulières :

- Comment garder le contact avec le terrain sans court-circuiter les managers ?
- Comment donner de la cohérence aux pratiques managériales ?
- Comment faire pour que la vision stratégique devienne réalité sur le terrain ?
- En quoi un collaborateur qui est lui-même manager diffère-t-il d'un autre collaborateur ?

Cet ouvrage a pour ambition de donner des repères pratiques pour s'installer dans ses fonctions et maîtriser l'ensemble de sa fonction.

Dans certains outils, des **renvois** vers **d'autres outils** complémentaires permettent de préciser les notions.

Se positionner dans son rôle de manager de managers

Il s'agit d'un véritable changement d'identité professionnelle. Pour l'assumer, il doit identifier les spécificités de son rôle, les enjeux de sa mission et les ressources dont il dispose. Il doit également construire sa légitimité afin d'impliquer davantage ses managers.

Piloter son équipe de managers

Pour orienter l'action des managers et de leurs équipes, le manager de managers définit, communique et partage une vision mobilisatrice qui pourra être déclinée par les managers en objectifs et en actions opérationnelles auprès de leurs équipes.

Fédérer son équipe de managers

Le manager de managers a besoin de constituer une véritable équipe de managers. Il doit pouvoir diagnostiquer le niveau de maturité de son équipe pour la développer vers l'excellence.

Développer les compétences de ses managers

En particulier par son exemple et ses feedbacks, il assure le développement de leurs compétences managériales.

Adapter son management à chaque manager

Il s'agit d'adopter une posture de coach pour responsabiliser les managers : intervenir à bon escient auprès des équipes, les écouter, développer leur maturité émotionnelle.

Individualiser son management

Bien manager suppose de s'adapter à ses managers qui ont des personnalités et des besoins différents ; le manager de managers doit utiliser de bons canaux de communications pour faire passer ses messages.

Gérer des situations spécifiques et délicates

Le manager de managers assume son rôle dans un environnement de distances géographiques, culturelles, générationnelles. Par ailleurs, il doit savoir adopter une posture et des comportements adaptés dans les situations conflictuelles.

Accompagner ses managers dans les transformations

Il doit enfin les aider à porter un regard plus efficace sur les changements permanents et les accompagner pour qu'ils intègrent ces changements.

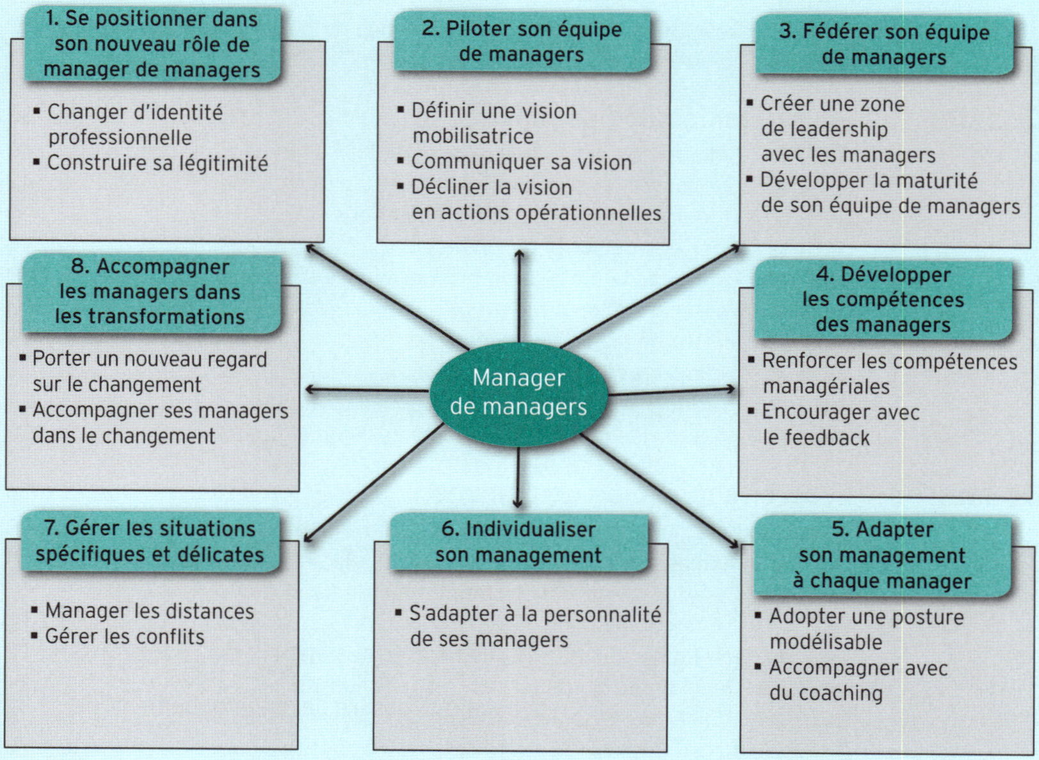

Sommaire des vidéos

Certains outils sont accompagnés de vidéos, accessibles par flashcode, qui complètent, développent ou illustrent le propos.

› **Outil 33 :** Renforcer les compétences managériales

› **Outil 35 :** Adapter son feedback à la situation

› **Outil 54 :** Gérer les conflits interpersonnels

Sommaire

Remerciements ... 3
Préface ... 4

Dossier 1 **Se positionner dans son nouveau rôle de manager de managers** ... 12
Outil 1 Distinguer les différents niveaux de management ... 14
Outil 2 Assumer les 4 rôles spécifiques du manager de managers ... 16
Outil 3 Obtenir de sa hiérarchie les moyens d'exercer ses responsabilités ... 20
Outil 4 Établir des relations de coopération avec sa hiérarchie ... 24
Outil 5 Construire sa légitimité de manager de managers ... 26
Outil 6 Intégrer ses identités d'expert, de manager et de leader ... 28
Outil 7 Développer les 12 compétences clés du manager de managers ... 32
Outil 8 Neutraliser les croyances limitantes ... 34

Dossier 2 **Piloter son équipe de managers** ... 38
Outil 9 Construire une vision claire et mobilisatrice ... 40
Outil 10 Communiquer sa vision et la faire partager ... 42
Outil 11 Traduire la stratégie en plan d'actions ... 44
Outil 12 Fixer des objectifs pertinents ... 46
Outil 13 Renforcer la motivation pour atteindre l'objectif ... 50
Outil 14 Passer du rôle confié au rôle tenu ... 52
Outil 15 Mettre en place un système de reporting ... 54
Outil 16 Définir les règles du jeu ... 56
Outil 17 Pratiquer des délégations responsabilisantes ... 58
Outil 18 Adapter les modes de prise de décision ... 60

Dossier 3 **Fédérer son équipe de managers** ... 64
Outil 19 Créer une zone de leadership avec ses managers ... 66
Outil 20 Mobiliser les 12 caractéristiques d'une équipe haute performance 68
Outil 21 Éviter les 5 grands dysfonctionnements d'une équipe d'encadrement ... 70
Outil 22 Répondre aux 3 types de besoins des managers ... 72
Outil 23 Développer la coopération et la solidarité ... 74
Outil 24 Utiliser 8 clés pour valoriser les différences ... 76
Outil 25 Accompagner le cycle de vie de l'équipe ... 78
Outil 26 Harmoniser les pratiques managériales de ses collaborateurs ... 80
Outil 27 Choisir le moyen de communication adapté ... 82

Dossier 4 **Renforcer les compétences de ses managers** ... 84
Outil 28 Jouer l'exemplarité ... 86
Outil 29 Agir sur le processus de motivation des managers ... 88
Outil 30 Valoriser ses managers ... 90
Outil 31 Individualiser la reconnaissance ... 94
Outil 32 Aider un manager à s'affirmer ... 98

Outil 33 Renforcer les compétences managériales **(avec vidéo ▶)** 100
Outil 34 Utiliser la matrice « Performances/ Compétences » 102
Outil 35 Adapter son feedback à la situation **(avec vidéo ▶)** 104

Dossier 5 Adapter son management à chaque responsable opérationnel 108
Outil 36 Adopter une attitude de coopération 110
Outil 37 Développer la maturité relationnelle des managers 112
Outil 38 Accompagner ses responsables par du coaching 114
Outil 39 Quand et comment intervenir auprès des équipes ? 118
Outil 40 Développer la maturité émotionnelle des managers 120
Outil 41 Pratiquer le niveau d'écoute adapté 124

Dossier 6 Individualiser le management de ses collaborateurs 126
Outil 42 Adapter son management avec la ProcessCom® 128
Outil 43 Manager un manager de type Travaillomane 132
Outil 44 Manager un manager de type Persévérant 134
Outil 45 Manager un manager de type Empathique 136
Outil 46 Manager un manager de type Rêveur 138
Outil 47 Manager un manager de type Rebelle 140
Outil 48 Manager un manager de type Promoteur 142

Dossier 7 Gérer les situations spécifiques et délicates 144
Outil 49 Manager ses managers à distance 146
Outil 50 Manager dans un contexte interculturel 148
Outil 51 Manager une équipe intergénérationnelle 150
Outil 52 Clarifier les relations transversales 152
Outil 53 Appréhender les différents niveaux d'un conflit 156
Outil 54 Gérer les conflits interpersonnels **(avec vidéo ▶)** 158
Outil 55 Traiter la dimension émotionnelle d'un conflit 162
Outil 56 Choisir entre arbitrage ou médiation ? 166

Dossier 8 Accompagner les managers dans les transformations 168
Outil 57 Activer les 4 clés pour réussir le changement 170
Outil 58 Transformer les résistances en ressources 172
Outil 59 Positionner les managers dans un changement 174
Outil 60 Accompagner les 5 étapes de l'intégration du changement 176
Outil 61 Gérer les changements d'orientation 178
Outil 62 Utiliser les outils digitaux pour le management ? 182

Glossaire 184
Bibliographie 187

La Boîte à outils, mode d'emploi

Les outils sont classés par dossier

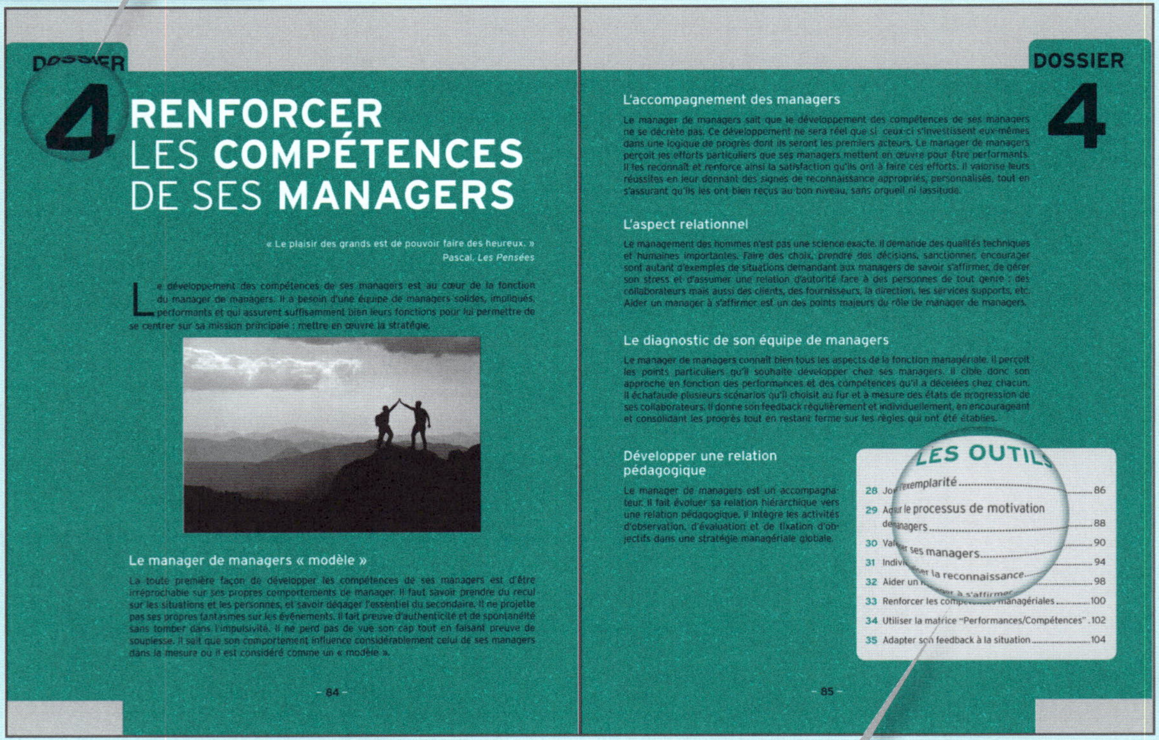

DOSSIER 4

4 RENFORCER LES COMPÉTENCES DE SES MANAGERS

« Le plaisir des grands est de pouvoir faire des heureux. »
Pascal, *Les Pensées*

Le développement des compétences de ses managers est au cœur de la fonction du manager de managers. Il a besoin d'une équipe de managers solides, impliqués, performants et qui assurent suffisamment bien leurs fonctions pour lui permettre de se centrer sur sa mission principale : mettre en œuvre la stratégie.

Le manager de managers « modèle »

La toute première façon de développer les compétences de ses managers est d'être irréprochable sur ses propres comportements de manager. Il faut savoir prendre du recul sur les situations et les personnes, et savoir dégager l'essentiel du secondaire. Il ne projette pas ses propres fantasmes sur les événements. Il fait preuve d'authenticité et de spontanéité sans tomber dans l'impulsivité. Il ne perd pas de vue son cap tout en faisant preuve de souplesse. Il sait que son comportement influence considérablement celui de ses managers dans la mesure où il est considéré comme un « modèle ».

- 84 -

L'accompagnement des managers

Le manager de managers sait que le développement des compétences de ses managers ne se décrète pas. Ce développement ne sera réel que si ceux-ci s'investissent eux-mêmes dans une logique de progrès dont ils seront les premiers acteurs. Le manager de managers perçoit les efforts particuliers que ses managers mettent en œuvre pour être performants. Il les reconnaît et renforce ainsi la satisfaction qu'ils ont à faire ces efforts. Il valorise leurs réussites en leur donnant des signes de reconnaissance appropriés, personnalisés, tout en s'assurant qu'ils les ont bien reçus au bon niveau, sans orgueil ni lassitude.

L'aspect relationnel

Le management des hommes n'est pas une science exacte. Il demande des qualités techniques et humaines importantes. Faire des choix, prendre des décisions, sanctionner, encourager sont autant d'exemples de situations demandant aux managers de savoir s'affirmer, de gérer son stress et d'assumer une relation d'autorité face à des personnes de tout genre : des collaborateurs mais aussi des clients, des fournisseurs, la direction, les services supports, etc. Aider un manager à s'affirmer est un des points majeurs du rôle de manager de managers.

Le diagnostic de son équipe de managers

Le manager de managers connaît bien tous les aspects de la fonction managériale. Il perçoit les points particuliers qu'il souhaite développer chez ses managers. Il cible donc son approche en fonction des performances et des compétences qu'il a décelées chez chacun. Il échafaude plusieurs scénarios qu'il choisit au fur et à mesure des états de progression de ses collaborateurs. Il donne son feedback régulièrement et individuellement, en encourageant et consolidant les progrès tout en restant ferme sur les règles qui ont été établies.

Développer une relation pédagogique

Le manager de managers est un accompagnateur. Il fait évoluer sa relation hiérarchique vers une relation pédagogique. Il intègre les activités d'observation, d'évaluation et de fixation d'objectifs dans une stratégie managériale globale.

LES OUTILS

28 Jo… exemplarité … 86
29 A… le processus de motivation de… managers … 88
30 Val… ses managers … 90
31 Indivi… la reconnaissance … 94
32 Aider un … à s'affirmer … 98
33 Renforcer les com… managériales … 100
34 Utiliser la matrice "Performances/Compétences" … 102
35 Adapter son feedback à la situation … 104

- 85 -

Un menu déroulant des outils

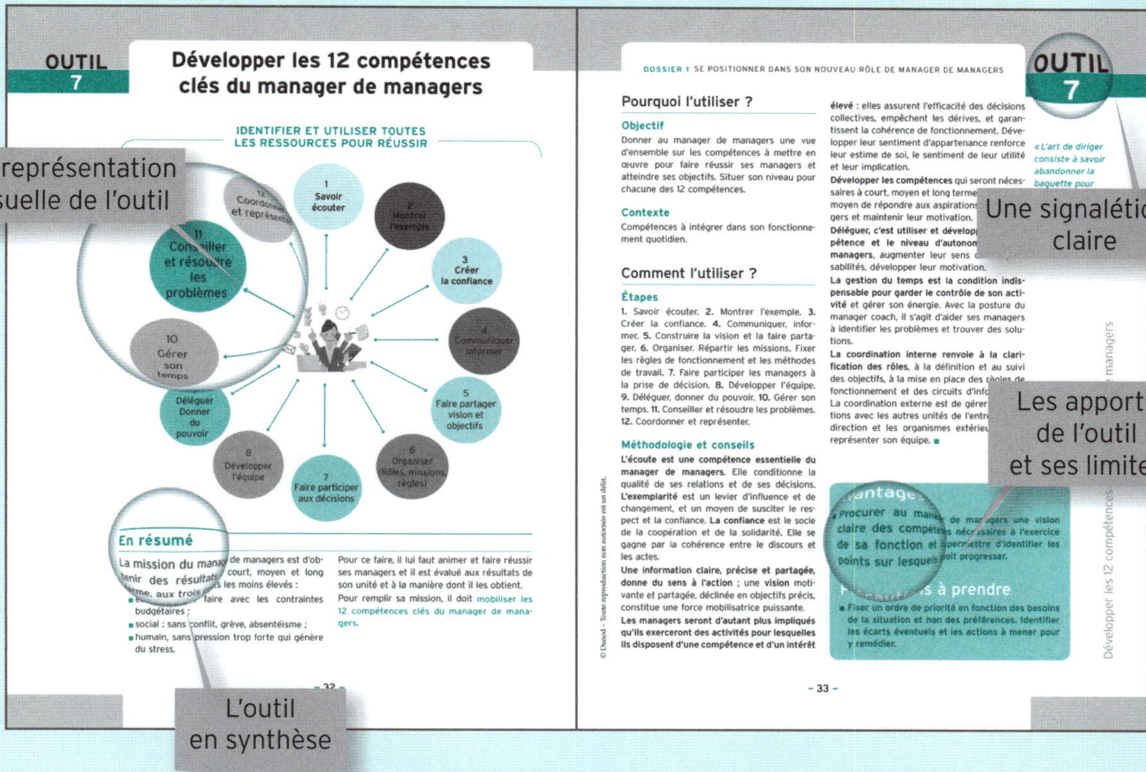
OUTIL 7
Développer les 12 compétences clés du manager de managers
La représentation visuelle de l'outil
Une signalétique claire
Les apports de l'outil et ses limites
L'outil en synthèse

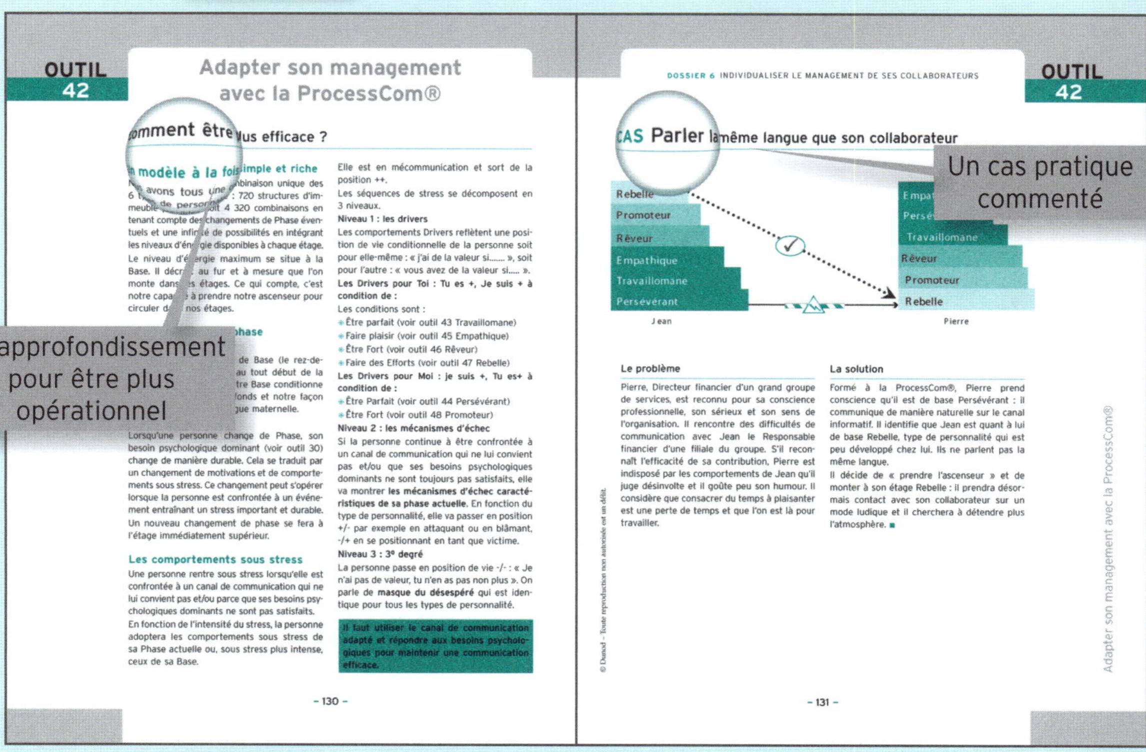
OUTIL 42
Adapter son management avec la ProcessCom®
Un approfondissement pour être plus opérationnel
Un cas pratique commenté

DOSSIER

1 SE POSITIONNER DANS SON NOUVEAU RÔLE DE MANAGER DE MANAGERS

« Commencez par changer en vous ce que vous voulez changer autour de vous. »
Gandhi

Pour un manager, devenir « Manager de managers » constitue une étape importante de son évolution. Manager des managers ne correspond pas à un simple changement d'envergure de poste, mais bien à un changement de perspective, à une nouvelle posture que Ram Charan, dans *The Leadership Pipeline : How to Build the Leadership-Powered Company*, qualifie de véritable « Saut quantique » tant en termes d'état d'esprit que de compétences.

Un changement de posture

Les échecs de managers pourtant repérés comme des hauts potentiels tiennent souvent au fait qu'ils n'ont pas compris le changement de posture nécessaire ou qu'ils n'ont pas réussi à le mettre en œuvre.

Bien se positionner, prendre la mesure de cette nouvelle dimension, c'est être en mesure de répondre aux questions suivantes : Quelles sont les caractéristiques d'un manager de managers ? Quelle est sa valeur ajoutée ? Quelle est la contribution attendue par les différents acteurs de l'entreprise ? Sur quoi repose sa légitimité ? Comment la construire ? Quels sont les comportements attendus ? Quels sont les critères de réussite ?

Se situer dans son environnement : un préalable

C'est avoir une vision claire de la structure de l'entreprise : connaître les rôles respectifs des différents niveaux de management, identifier son rôle, sa raison d'être, ses marges de manœuvre, les modes de communication.

Repenser complètement sa valeur ajoutée

Le manager de managers n'est plus celui qui détient directement les leviers de l'action mais il est responsable des résultats obtenus. L'enjeu consiste, pour lui, à accepter le fait que ce sont maintenant ses managers (et non plus lui), qui conduisent les équipes à produire le résultat attendu par la hiérarchie, et que son rôle consiste à leur assurer l'environnement dans lequel ils pourront assumer leurs missions dans les meilleures conditions.

Cela implique bien entendu de maîtriser les principales techniques managériales mais aussi l'acquisition ou le développement de nouvelles compétences comportementales et relationnelles.

Redéfinir son mode de relation avec ses équipes, ses pairs et sa hiérarchie

C'est gérer la distance avec ses managers et ses équipes pour permettre à chacun de remplir son rôle et leur donner le maximum de chances de réussite. Il doit passer de « Je manage une équipe » à « J'aide mes managers à manager leur équipe », en s'appuyant sur des valeurs de confiance et de responsabilisation.

C'est aussi se positionner par rapport à ses pairs et à sa hiérarchie.

LES OUTILS

1 Distinguer les différents rôles de management.........14
2 Assumer les 4 rôles spécifiques des managers de managers.........16
3 Obtenir de sa hiérarchie les moyens d'exercer sa responsabilité.........20
4 Établir des relations de coopération avec sa hiérarchie.........24
5 Construire sa légitimité de manager de managers.........26
6 Intégrer ses identités d'expert, de manager et de leader.........28
7 Développer les 12 compétences clés du manager de managers.........32
8 Neutraliser ses croyances limitantes.........34

OUTIL 1

Distinguer les différents niveaux de management

CLARIFIER LES COMPÉTENCES SPÉCIFIQUES DE CHAQUE NIVEAU DE MANAGEMENT

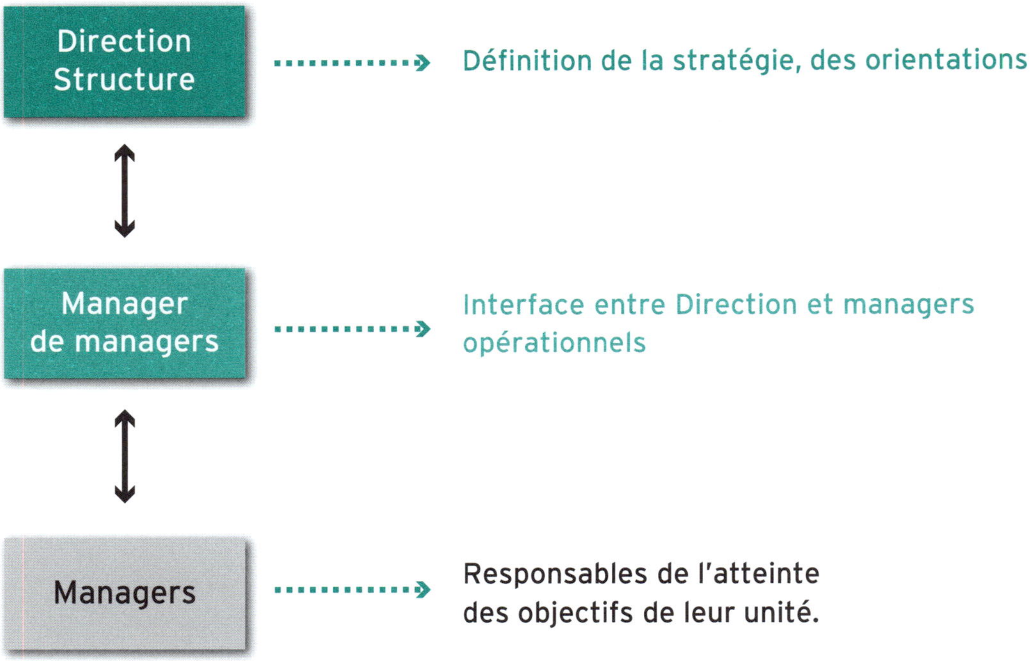

En résumé

Le terme management est un terme ambigu qui désigne, sous le même vocable, des dirigeants, des managers de managers, des managers opérationnels et l'encadrement de proximité. À chaque niveau correspond un rôle spécifique. Le rôle et les compétences des différents niveaux de management ne sont pas toujours connus et compris.

Les différents niveaux de management permettent de visualiser le positionnement du manager de managers et ses interactions avec les acteurs des autres niveaux.

Pourquoi l'utiliser ?

Objectif

Permettre au manager de managers d'avoir une vision claire des différents niveaux de management, de leurs rôles, et de sa propre identité.

Contexte

À utiliser dans l'idéal à la prise de fonction. Peut être utilisé à tout moment. Il n'est jamais trop tard pour clarifier les situations.

Comment l'utiliser ?

Étapes

1. Distinguer les rôles du management stratégique et du management opérationnel.

› **Le management stratégique** a pour objet de définir les orientations de l'entreprise, ses objectifs et ses stratégies, l'organisation la mieux adaptée, et les systèmes de contrôle et de pilotage. Le stratège est avant tout un visionnaire qui a une perception fine de l'environnement et est en même temps réaliste car il est garant de la pérennité de l'entreprise : « La tête dans les étoiles et les pieds dans la glaise ».

› **Le manager opérationnel** est avant tout un meneur d'hommes, responsable de la motivation et de l'efficacité de son unité. Il peut définir ou participer à la définition des objectifs de son équipe, mais ceux-ci s'inscrivent en cohérence vis-à-vis d'un projet plus global auquel il doit adhérer. Les marges d'autonomie concernant les moyens dont il dispose sont toujours plus ou moins réduites.

2. Gérer son appartenance à trois groupes distincts. Les managers de managers doivent assumer **trois rôles principaux :**

› Participer en tant que membre de l'équipe dirigeante de l'entreprise au management stratégique de celle-ci.

› Décliner, au niveau de leur propre direction, les orientations stratégiques dans les limites de l'autonomie propre à leur unité.

› Exercer leur rôle de manager vis-à-vis de leurs managers opérationnels.

L'appartenance à ces trois groupes distincts est une caractéristique importante de tout manager de managers.

« Le management, ce n'est pas un art, c'est une discipline. »
Noël Goutard

Méthodologie et conseils

En tant que membre de l'unité supérieure, le manager de managers doit faire accepter les objectifs, les règles et les contraintes de sa hiérarchie à ses managers. Il doit s'assurer que chacun, dans son unité, les accepte, en comprenne l'intérêt et agisse en conséquence.

En tant que manager de managers, il appartient à une catégorie dont il doit assumer les attributions et les prérogatives et en assurer le respect.

En tant que membre du groupe qu'il dirige, il doit en permanence défendre et protéger les intérêts de son unité et de ses membres, expliquer les difficultés rencontrées et faire modifier les règles qui ne lui paraissent pas adaptées à son unité.

Toute la difficulté de cette position intermédiaire est d'arbitrer en permanence entre des intérêts parfois contradictoires de chacun des groupes d'appartenance, et d'éviter de se disqualifier en choisissant un groupe et un seul dans lequel il se reconnaîtrait. ■

Avantages

- Permet de clarifier les caractéristiques des différents niveaux dans l'entreprise.

Précautions à prendre

- Ne pas sous-estimer l'importance de la communication avec les acteurs des différents niveaux.
- Développer un réseau de relations.

OUTIL 2

Assumer les 4 rôles spécifiques du manager de managers

METTRE EN ŒUVRE LES COMPORTEMENTS SPÉCIFIQUES À LA FONCTION

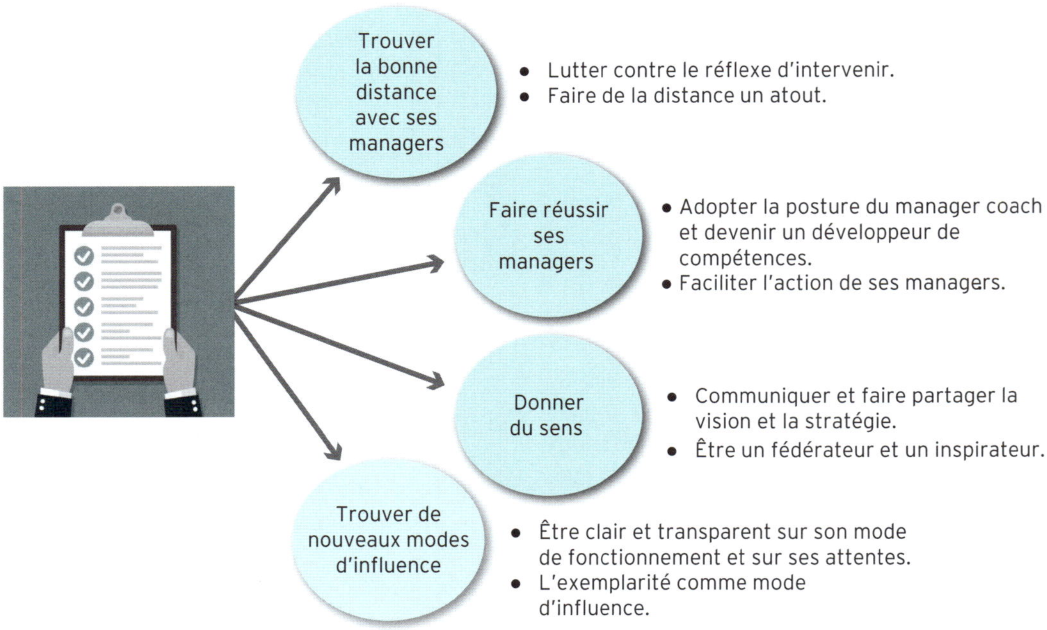

En résumé

Il y a une vraie différence entre le management direct et le management de managers de managers. Ce changement de posture impose de nouvelles exigences au manager de managers. Il doit non seulement maîtriser parfaitement les techniques managériales qu'utilisent ses propres managers, mais également acquérir de nouvelles compétences nécessaires à la réussite de sa fonction.

Les spécificités des managers de managers fournissent les quatre axes principaux à mettre en œuvre pour réussir ce changement de positionnement :

- trouver la bonne distance avec ses managers ;
- faire réussir ses managers ;
- donner du sens ;
- trouver de nouveaux modes d'influence.

Pourquoi l'utiliser ?

Objectif

Mettre en œuvre les attitudes et comportements spécifiques à la fonction de manager de managers.

Contexte

Idéalement à la prise de fonction ou à tout moment (il n'est jamais trop tard pour mieux faire).

Comment l'utiliser ?

Étapes

1. **Trouver la bonne distance avec ses managers.**

› Lutter contre le réflexe d'intervenir. C'est une tentation fréquente du manager de managers. Dès que les enjeux s'accroissent ou que la situation se tend, il peut être tenté de gérer des problèmes qui ne sont pas de son niveau, et de pratiquer du « micro-management ».

› Considérer la distance comme un atout. La distance avec le terrain est une opportunité pour repérer ce que les équipes opérationnelles et les managers de proximité n'ont pu voir. Cette prise de distance lui confère aussi une autre dimension auprès de ses managers.

2. **Faire réussir ses managers.** L'une des fonctions essentielles d'un manager de managers est de faciliter l'action des managers qu'il encadre, et de contribuer à développer leurs compétences.

3. **Donner du sens.** Un des rôles spécifiques du manager de managers consiste à communiquer suffisamment pour expliquer et faire comprendre le sens et l'importance de la vision et des stratégies de l'entreprise, et rendre explicite la façon dont les objectifs opérationnels contribuent aux objectifs stratégiques. Il doit aussi avoir un rôle accru de fédérateur et d'inspirateur, pour faire en sorte que les équipes travaillent en synergie.

4. **Trouver de nouveaux modes d'influence.** Du fait de sa position hiérarchique, le manager de managers doit renoncer à deux fondements de la confiance et de l'influence : une relation personnelle, et la démonstration régulière de sa compétence par ses apports « techniques ». S'il est clair et transparent sur son mode de fonctionnement et sur ses attentes, les équipes se sentent rapidement en sécurité et donc en confiance.

« C'est plus votre attitude que vos aptitudes qui déterminent votre altitude. »
Zig Zigla

Méthodologie et conseils

Il s'agit à la fois de garder le lien avec les équipes opérationnelles et de laisser de l'espace à ses managers de proximité. Cet équilibre doit être en permanence validé et réajusté de façon à ce que chacun y trouve sa propre valeur ajoutée. Explorer les 4 leviers de son positionnement de manager de managers nécessite de sortir de son rôle hiérarchique pour adopter une posture de manager coach (voir outil 38) et d'y consacrer suffisamment de temps pour devenir un développeur de compétences. De façon inconsciente, nous sommes influencés par le comportement de ceux qui nous entourent. Un manager de managers peut ainsi, par son comportement, agir sur celui de ses managers, puis de tous les collaborateurs et constituer un formidable levier de changement. C'est la force de l'exemplarité (voir outil 28).

Avantages

- Procure au manager de managers une vision claire des comportements à adopter et lui permet d'identifier les points sur lesquels il doit progresser.

Précautions à prendre

- En cas d'arbitrage, être vigilant sur la posture et sur la gestion de la relation.

SUITE OUTIL 2 →

Assumer les 4 rôles spécifiques du manager de managers

Comment être plus efficace ?

Résister à la tentation d'intervenir

L'interventionnisme excessif du manager de managers constitue l'un des principaux facteurs de démotivation des managers de proximité qui ont besoin, pour être légitimes vis-à-vis de leurs équipes et jouer leur rôle, d'être pleinement responsables. Se substituer à eux, c'est risquer de les décrédibiliser auprès de leurs équipes et de générer de fortes frustrations.

Si être en contact avec les collaborateurs de première ligne peut parfois être utile pour collecter des informations brutes, qui permettent de mieux comprendre une situation et facilitent la décision, cela peut se faire en liaison avec ses managers.

Faire réussir ses managers

Savoir se positionner en coach de ses collaborateurs est l'un des facteurs clés de succès du manager de managers.

Le cœur de compétences du manager coach est d'aider son manager à élaborer ses propres solutions, ce qui implique d'être capable de prendre de la distance par rapport à son rôle traditionnel. Il doit savoir observer ses comportements et ses performances. Il doit ensuite être capable d'identifier les situations où le coaching est nécessaire. Il doit savoir poser les bonnes questions, au bon moment. Enfin, il doit savoir faire un bon feedback pour aider ses collaborateurs à développer leurs capacités et leurs performances et les conforter dans leur rôle de manager.

Le coaching exige une grande capacité d'écoute pour identifier les opportunités de développement et les zones d'inconfort de façon à faire émerger, à travers des questions, les vrais enjeux de développement et les pistes de solutions qui seront choisies par le manager.

Ce nouveau mode de relation très personnalisée renforce les liens avec ses managers et est de nature à les inciter à reproduire ce mode de management avec leurs collaborateurs.

L'exemplarité comme mode d'influence

Les membres de l'équipe évaluent constamment leur manager et attendent de lui qu'il soit une référence, un modèle. S'il donne un bon exemple, il sera respecté. *A contrario*, s'il donne le mauvais exemple, il peut s'attendre à ce que tout ou partie de ses collaborateurs le suivent.

Le poste ou le niveau de responsabilité du manager peuvent conférer de l'autorité, mais seul le comportement conditionne le respect qu'il inspire. En d'autres termes, les collaborateurs s'attachent moins au discours du manager qu'à ses actes. C'est la cohérence entre le discours et les actes qui génère la confiance : « Je dis ce que je fais et je fais ce que je dis ».

Cette exposition permanente nécessite de la part du manager de managers une vigilance constante quant à son comportement. Il lui faut à la fois être exemplaire et savoir gérer les inévitables faux pas qu'il peut commettre : ceux-ci ne passeront pas inaperçus. Mieux vaut les reconnaître en toute transparence, s'en excuser si besoin, et montrer qu'on en a tiré les leçons.

Un grand niveau de vigilance est nécessaire pour être en permanence conscient de ses comportements et de ses actions.

CAS Une prise de fonction réussie

Situation

Marc Duchêne est recruté pour prendre la direction industrielle de l'entreprise MECAFOR (mécanique de précision) et en améliorer le fonctionnement. Il remplace un dirigeant décrit comme très directif, faisant peu confiance et intervenant pour imposer sa manière de faire sur des missions déléguées. De ce fait, les managers de l'équipe sont démotivés, peu enclins à prendre des initiatives, peu participatifs, les relations sont tendues et les performances de l'unité (coûts, délais, qualité) en forte baisse.

Actions mises en œuvre

Huit mois après son arrivée, le service dépasse ses objectifs grâce à l'implication de ses managers. Marc Duchêne est gratifié par leurs feedbacks. « C'est son attitude qui nous a redonné la pêche et la motivation. Il a fait en sorte qu'on se connaisse et se comprenne bien. Il nous a fait confiance, donné du pouvoir. Il nous a laissé réellement exercer notre responsabilité tout en restant disponible en cas de besoin. Il nous a informés et éclairés sur le sens de nos actions. Il nous a associés aux décisions. »

Le schéma illustre les principales étapes du process mis en œuvre par Marc Duchêne dès sa prise de fonction. ■

1. Connaître mes managers

Identifier leur mode de fonctionnement, leurs attentes, leurs motivations, leurs compétences, ce qu'ils aiment faire, leurs souhaits d'évolution, leurs suggestions, ce qu'ils attendent de moi.

2. Me positionner auprès de mes managers

Définir avec eux comment nous allons fonctionner.
Information claire et complète sur mes rôles, missions, objectifs, périmètre de responsabilité, prérogatives, sur mon mode de fonctionnement, mon style, mes valeurs, mes habitudes de travail.

Communiquer ce que j'attends d'eux.
Des managers autonomes, responsables, associés aux décisions et au fonctionnement du service et qui prônent et respectent les valeurs de solidarité, de confiance et de respect.

3. Rappeler la vision et les orientations stratégiques de l'entreprise et la raison d'être du service, et co-construire la vision et les objectifs du service.

4. Clarifier et aménager les missions, rôles et objectifs de chaque manager, en tenant compte, au mieux, de leurs compétences et de leur motivation.

5. Préciser mon mode d'intervention

Faciliter les missions des managers. Les accompagner pour augmenter leurs compétences et les faire réussir. N'intervenir que pour les aider à trouver eux-mêmes les solutions à leur problème.

OUTIL 3 Obtenir de sa hiérarchie les moyens d'exercer ses responsabilités

ÉTABLIR UNE RELATION DE CONFIANCE AVEC SON N+1

En résumé

Obtenir de sa hiérarchie les moyens d'exercer ses responsabilités, c'est faire clarifier ses rôles, ses missions, ses objectifs, son périmètre de responsabilité, ses prérogatives, ses marges de manœuvre, ses ressources. C'est pour le manager de managers une condition indispensable pour pouvoir exercer sa fonction dans toute sa dimension et être en mesure de faire réussir ses managers.

Une source de bien-être et de réussite réside aussi dans la relation qu'il va entretenir avec son N+1. Établir avec lui des relations de coopération et de confiance augmentera encore ses chances de réussite et est de nature à renforcer sa légitimité.

Pourquoi l'utiliser ?

Objectif

Avoir une vision claire et partagée de son rôle et de son périmètre d'activité, de ses objectifs, de ses prérogatives, de ses ressources.

Établir avec son N+1 des relations de coopération et de confiance.

Contexte

Au moment de la prise de poste, ou lors d'un changement de périmètre d'activité, d'un changement de N+1.

Comment l'utiliser ?

Étapes

1. **Connaître son N+1 :** son historique, ses alliés, ses soutiens, ses concurrents ? Ses relations avec ses pairs, ses responsables ? Son rôle, ses missions, ses objectifs ? Sa place dans la structure ? Ses enjeux ? Son vrai pouvoir ? Ses compétences, points de vue, valeurs, habitudes ? Ses besoins, ses attentes ?

2. **Vérifier que vous partagez la même vision sur la situation de votre unité :** qu'est-ce qui caractérise le contexte actuel de l'unité ? Principaux défis à relever ? Difficultés à surmonter ? Sur quelles ressources allez-vous pouvoir compter ? Quels aides et soutiens votre N+1 peut-il/doit-il vous apporter ?

3. **Faire clarifier vos rôles, missions, objectifs.** C'est un bon moyen de situer votre vrai niveau de responsabilité. Votre N+1 veut-il que vous soyez un « super collaborateur » ou un « véritable manager de managers » ? C'est aussi le bon moment pour lui faire exprimer ce qu'il attend de vous (comportements, initiatives, etc.). Quelles sont les raisons du poste ? Qui sont les clients internes et externes ? Quelle articulation avec les autres fonctions ? Quelles sont les missions prioritaires, contributions attendues ? Quels facteurs clés de succès ?

4. **Faire valider l'autorité et les pouvoirs qui vous sont conférés.** La règle du jeu doit être claire et partagée avec votre N+1. Sur qui avez-vous une autorité hiérarchique ? Quelles sont les décisions que vous prenez seul ? Celles qui sont prises avec votre N+1, par lui ? Quelles sont les instances auxquelles vous devez participer ? Quels types, modalités, fréquence, circuit des reportings ?

5. **Clarifier et exprimer ses propres attentes** : autonomie ? Positionnement ? Pouvoir de décision ? Possibilités d'évolution ?

« Si vous avez confiance en vous-même, vous inspirerez confiance aux autres. »
Goethe

Méthodologie et conseils

Aider son N+1 à réaliser ses propres objectifs et tenir compte des contraintes et des pressions qu'il doit gérer, sont de puissants facteurs d'instauration d'une réelle coopération et d'une réelle relation de confiance. Il est bon de lui faire expliciter ses attentes, qui vont souvent au-delà du contenu de la fiche de poste.

Faites attention aux situations où les choses restent floues, ainsi qu'aux situations de partage d'autorité hiérarchique sur certains collaborateurs.

Avantages

- Cette démarche procure au manager de managers et à son N+1 une connaissance claire de leurs attentes respectives. Elle fixe les modalités d'une coopération efficace. Elle donne au manager de managers les moyens d'affirmer pleinement son rôle.

Précautions à prendre

- Les demandes doivent être réalistes et exprimées de manière affirmée.

SUITE OUTIL 3 →

Obtenir de sa hiérarchie les moyens d'exercer ses responsabilités

Comment être plus efficace ?

Définissez comment vous allez travailler ensemble

Bien fonctionner avec votre N+1 est une condition clé de votre bien-être psychologique, de votre positionnement face à vos collaborateurs et de votre efficacité. Cette relation, qui doit se construire, est en quelque sorte la première étape d'un team building qu'il faudra ensuite élargir à vos managers et à vos collègues.

Vos modes de fonctionnement respectifs

› Quels sont les styles de management et relationnel de votre N+1 ? Quels sont les vôtres ?

› Quel est son rythme de travail ? Quel est le vôtre ?

› Comment prend-il ses décisions ? Quels sont ses critères ?

S'il y a des différences importantes de style, de pratiques entre vous et votre N+1, abordez le sujet sereinement. Est-ce pour lui un critère d'appréciation ? Négociez l'acceptation des différences, ou les ajustements possibles, en vous accordant sur l'essentiel.

Rapports/relations avec vos managers et collaborateurs

Il s'agit d'un thème particulièrement sensible, surtout si votre manager est en place depuis longtemps et s'il a été le patron direct de certains de vos collaborateurs.

Il est important que, pour vos collaborateurs, le patron ce soit vous. Pour cela, il convient de définir avec votre N+1 les modalités de fonctionnement adaptées et surtout de s'y tenir.

À titre d'exemple :

› Chaque fois qu'un de vos collaborateurs s'adresse directement à votre N+1 alors qu'il devrait s'adresser à vous, la règle est que votre N+1 le renvoie systématiquement vers vous.

› Si en votre absence, votre N+1 doit intervenir, prendre une décision... la règle est qu'il vous en informe.

› En cas d'absence momentanée de votre part, il n'en profite pas pour faire la tournée des services.

› Si un collaborateur demande à rencontrer votre N+1, la règle est qu'il le reçoive en votre présence.

› Si dans le cadre d'un projet, d'une action ponctuelle ou autre, votre N+1 est amené à travailler en direct avec un de vos collaborateurs, il limite cette collaboration au champ concerné.

› Sans entrer dans le détail, tenez votre N+1 informé des événements majeurs concernant les collaborateurs : hors-jeu manifeste, réussite exceptionnelle... Mieux votre N+1 se sentira informé (à doser selon ses besoins), moins il sera tenté d'intervenir en direct et de court-circuiter...

› Marquez tous les hors-jeu aussi bien envers votre N+1, qu'envers vos collaborateurs. Si vous laissez s'installer de mauvaises pratiques, il sera plus difficile, voire parfois impossible, de les corriger.

Soyez vous-même exemplaire

› Assurez-vous d'avoir un positionnement clair, non ambigu, par rapport à vos collaborateurs.

› Évitez les courts-circuits, volontaires ou involontaires.

› N'ouvrez pas la porte aux collaborateurs qui pourraient être tentés de jouer l'un contre l'autre.

› Affichez une image de coordination, d'accord, de complémentarité, de solidarité entre vous et votre N+1. Pérennisez la relation de confiance entre vous et votre N+1.

› Évitez de vous faire piéger par des représentations erronées, des *a priori* de votre N+1 sur certains managers ou collaborateurs.

CAS Une directrice trop interventionniste

Diagnostic de la situation

Nouvelle responsable des ventes de prêt-à-porter, Julie encadre 8 chefs de rayons d'un Grand Magasin.

Les débuts ont été difficiles. Mélissa, l'ancienne responsable de ce secteur, a été nommée Directrice du magasin, proche du secteur « Mode ». Elle intervient très fréquemment en donnant son avis sur les assortiments, en s'adressant aux vendeuses directement, ou participant à la mise en valeur des articles en surface de vente.

Au début, Julie considérait que sa patronne voulait la former et voyait d'un bon œil cette aide. Mais les mois passant, les interventions fréquentes de Mélissa étaient devenues plus pesantes.

Entretien de clarification

À l'occasion d'une nouvelle collection, Julie sollicite un entretien pour faire le point sur la façon dont elle avait conçu les achats en fonction d'une nouvelle cible de clientèle. Elle évoque la manière dont elle souhaite gérer son secteur en recentrant la discussion sur son objectif principal de chiffre d'affaires et de marge. Elle propose de nouvelles règles de fonctionnement. Mélissa est ravie de voir Julie prendre ainsi complètement les rênes de ce secteur et s'oblige à s'en dégager petit à petit. ■

OUTIL 4

Établir des relations de coopération avec sa hiérarchie

DÉVELOPPER SA MATURITÉ RELATIONNELLE

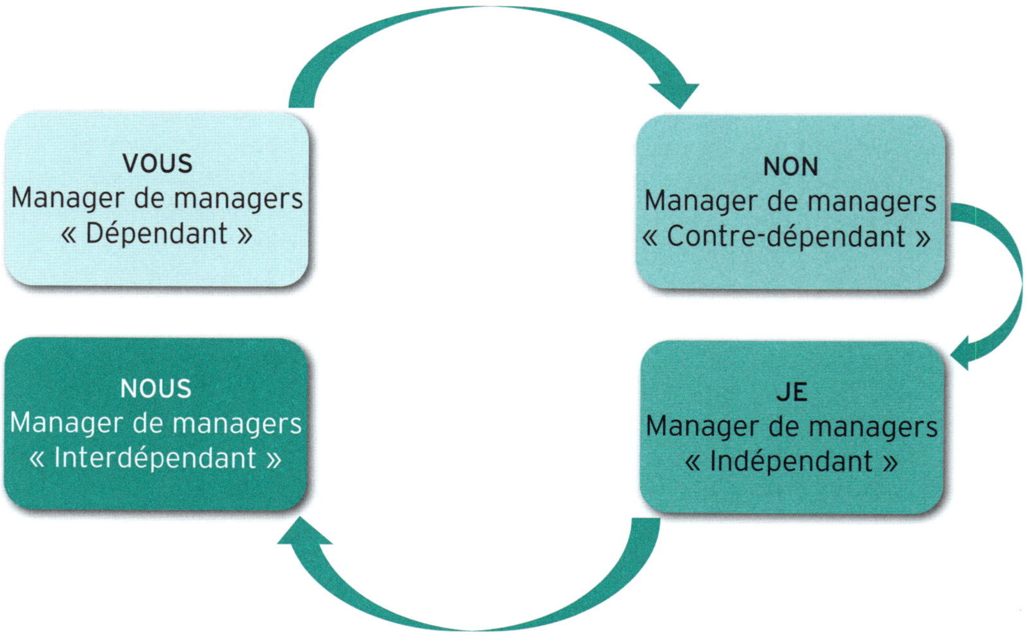

En résumé

En même temps qu'il exerce son influence sur ses managers, le manager de managers travaille sous la responsabilité d'un ou de plusieurs managers. L'outil Établir des relations de coopération avec sa hiérarchie reprend la grille des degrés de maturité relationnelle de l'analyse transactionnelle dans la perspective de la relation du manager de managers avec sa hiérarchie.

Elle lui permet :

- de prendre conscience de la manière dont il se positionne dans ses relations face à la figure d'autorité que représente sa hiérarchie ;
- d'identifier les leviers d'action qui vont lui permettre de s'inscrire dans une relation d'interdépendance et de coopération efficace avec sa hiérarchie.

Pourquoi l'utiliser ?

Objectif

Être affirmé et proactif pour établir une relation de coopération avec sa hiérarchie.

Contexte

Lorsque le manager de managers prend ses fonctions ou s'il y a changement dans la hiérarchie.

Comment l'utiliser ?

Étapes

Diagnostiquer son degré de maturité relationnelle dans la relation avec sa hiérarchie.

› **Le stade du « VOUS »** : le manager de managers « dépendant » : il privilégie les besoins, les objectifs de sa hiérarchie au détriment des siens. Il attend une validation ou une approbation de sa part. Il la sollicite fréquemment, ne prend pas d'initiative et n'est pas force de proposition. Il a besoin d'être stimulé pour agir.

› **Le stade du « NON »** : le manager de managers « contre-dépendant » : il privilégie ses besoins au détriment de ceux de sa hiérarchie et de l'organisation. Ainsi, il s'oppose de manière systématique à sa hiérarchie sans faire de proposition et il la blâme en lui reprochant, par exemple, de ne pas être suffisamment présente, de ne pas donner des orientations claires ou encore de ne pas lui donner suffisamment de moyens.

› **Le stade du « JE »** : le manager de managers « indépendant » : il est uniquement centré sur ses besoins et ne prend pas en compte les besoins de sa hiérarchie. Il a tendance à faire fi des directives, des orientations ou des règles définies par sa hiérarchie, comme s'il était patron d'une entreprise indépendante. Il ne voit donc aucune raison de faire un reporting.

› **Le stade du « NOUS »** : le manager de managers « interdépendant » : il prend en compte à la fois ses besoins et ceux de sa hiérarchie et de son organisation. Il est force de proposition et il prend en compte son environnement pour décider et agir.

Méthodologie et conseils

En fonction du diagnostic de sa maturité relationnelle, le manager de managers a intérêt à adapter sa posture pour :

› **Sortir de la « dépendance »** : clarifier ses besoins et ses objectifs, exprimer son point de vue et prendre des initiatives.

› **Sortir de la « contre-dépendance »** : prendre en compte l'objectif et les besoins de sa hiérarchie et être force de proposition plutôt que de s'opposer de manière systématique.

› **Sortir de « l'indépendance »** : négocier un mode de fonctionnement avec sa hiérarchie et s'inscrire dans une logique de co-construction.

› **Se maintenir dans « l'interdépendance »** : continuer à affirmer ses besoins, ses intérêts en prenant en compte ceux de sa hiérarchie pour maintenir une relation gagnant-gagnant. ■

Développer sa maturité de manager de managers en se positionnant dans l'interdépendance dans la relation avec sa hiérarchie.

Avantages

- Développer son leadership de manager de managers en adoptant une posture affirmée vis-à-vis de sa hiérarchie.
- Établir et maintenir des relations de coopération avec sa hiérarchie.

Précautions à prendre

- Prendre conscience de la représentation de soi-même et de sa hiérarchie avant de démarrer la relation.
- Envisager au préalable des options satisfaisantes pour les deux parties.
- Avoir conscience que son degré de maturité relationnelle peut être différent en fonction de ses interlocuteurs.

OUTIL 5

Construire sa légitimité de manager de managers

LES COMPOSANTES DE LA LÉGITIMITÉ

En résumé

La **légitimité** est une perception générale sur les actions d'une personne ou d'une entité quant à son caractère désirable ou approprié au sein d'un système socialement construit de normes, valeurs, croyances.

Pour construire sa légitimité de managers de managers, il est important d'avoir conscience que la légitimité n'est pas une qualité, mais un attribut qui peut résulter :

- du pouvoir lié au statut et à la fonction accordée par l'organisation ;
- du pouvoir lié à l'expertise technique ;
- du pouvoir d'influence (charisme, leadership) qui repose davantage sur les capacités personnelles et les comportements.

Le pouvoir d'influence est la source de légitimité principale du manager de managers. Il n'est pas attaché à sa fonction. Il lui est reconnu par les autres. Il dépend de la confiance et du respect qu'il inspire. Il se gagne par un exercice quotidien. Il permet de créer du lien, de susciter de l'engagement.

Pourquoi l'utiliser ?

Objectif

Faciliter l'exercice de la fonction, donner de la puissance et générer de la confiance.

Contexte

Lors de la prise de fonction et durant l'exercice de la fonction.

Comment l'utiliser ?

Étapes

1. **Définir les actions et comportements à mettre en œuvre.**

› Valider son pouvoir statutaire : faire clarifier toutes les composantes de son rôle et de son périmètre de responsabilité et établir avec son N+1 des relations de confiance (voir outil 3). Établir un réseau de relations avec vos pairs dans un climat de coopération (voir outil 36).

› Définir avec son équipe comment fonctionner ensemble pour obtenir la meilleure efficacité dans les meilleures conditions. Construire avec eux et partager la vision de l'équipe dans laquelle ils auront envie de s'investir (voir outils 9 et 10).

› Mettre en place avec eux des règles de fonctionnement claires, comprises, perçues comme utiles et acceptées (voir outil 16).

› Démontrer par l'exemple le respect des valeurs prônées (et qui fondent la légitimité), et la mise en œuvre des principes et comportements qu'on souhaite voir appliquer (voir outil 28).

› Adapter sa communication et son management au type de personnalité et au degré de maturité de ses managers (dossiers 5 et 6).

› Encourager la libre expression. Être à l'écoute des attentes et besoins de vos managers et attentif à y apporter des réponses (voir outil 41).

2. **Identifiez les compétences à développer.**

› Par exemple : confiance en soi, affirmation de soi, capacité à convaincre, négocier, gérer les conflits, etc.

› Définir clairement et complètement, avec eux, et pour chacun d'eux, leurs fonctions, missions, objectifs, en tenant compte des compétences et motivations de chacun (voir outil 34).

› Veiller à ce qu'ils connaissent et comprennent la structure, la vision et la stratégie de l'entreprise.

› Donner des signes de reconnaissance : reconnaître et valoriser les réussites (voir outil 31). Savoir aussi recadrer les hors-jeu.

« Le leadership est dans le regard des dirigés. »
Jim Kouzes
(Le Défi du leadership)

Méthodologies et conseils

Pouvoir statutaire et pouvoir d'influence forment un système d'influence réciproque. Quand un manager de managers jouit de l'admiration et du respect de ses managers, l'organisation lui alloue davantage de responsabilités. Quand les managers voient que leur manager a la confiance de l'organisation, ils ont tendance à lui accorder une plus grande légitimité. Le manager de managers doit donc construire sa légitimité autant auprès de sa hiérarchie que de ses managers. Pour cela, dites clairement ce que vous attendez d'eux et faites exprimer ce qu'ils attendent de vous. Soyez attentif à votre posture (attitude, mimiques, voix) et adoptez une attitude de coopération (voir outil 36). ■

Avantages

- Fournir aux managers de managers un listing opérationnel pour construire ou améliorer leur légitimité avec renvoi à des ressources complémentaires.

Précautions à prendre

- Établir un ordre de priorité des actions à mener en fonction de la situation.

OUTIL 6

Intégrer ses identités d'expert, de manager et de leader

EXPERT, MANAGER ET LEADER

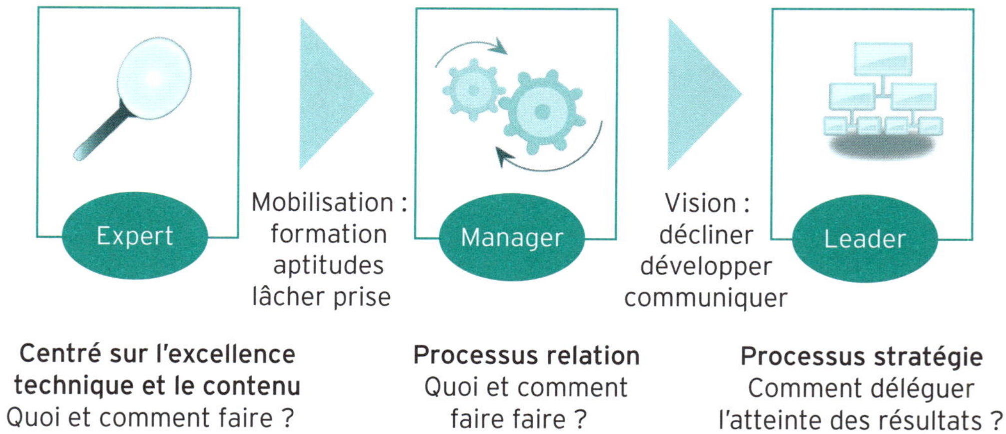

En résumé

Devenir manager de managers, c'est changer d'identité, c'est passer d'une posture d'expert, centrée sur l'excellence technique, à une posture de manager, centrée sur la gestion des processus, puis à celle de leader, centrée sur le sens et la vision stratégique.

L'enjeu du manager de managers est de combiner ces trois identités d'Expert, Manager, Leader et de leur donner à chacune l'importance qu'elle doit avoir dans la fonction. Cela suppose :

- d'avoir une conscience claire de ces trois identités ;
- d'assumer son rôle de leader ;
- d'avoir un niveau de vigilance pour maintenir un équilibre harmonieux entre les trois.

Pourquoi l'utiliser ?

Objectif

Donner au manager de managers des repères pour prendre la dimension de son poste.

Contexte

Lors de la prise de fonction et dans l'exercice de ses fonctions. Peut être utile aussi pour observer ses managers.

Comment l'utiliser ?

Étapes

1. **Avoir une vision claire du contenu et du sens des trois identités de rôle.** Pour Vincent Lenhardt (in *Les Responsables porteurs de sens*), ce changement d'identité passe par les trois stades suivants :

› **Le stade d'expert** (le spécialiste) : il a développé une grande compétence dans un métier, une spécialité. On lui reconnaît de fait un certain statut. Il est une référence que l'on vient consulter. Il est reconnu pour son expertise technique qui est source de pouvoir.

› **Le stade de manager hiérarchique** : c'est un changement de métier. Il va faire faire aux autres ce qu'il faisait avant. Il travaille sur les processus, les méthodes. Il est évalué sur la manière dont il fait fonctionner l'équipe. Son pouvoir lui est donné par la hiérarchie. Il est plutôt pour l'optimisation de l'existant.

› **Le stade de leader** : c'est un changement profond par rapport au stade précédent. Il ne peut plus se contenter de connaître sa spécialité et de faire travailler les autres. Il doit en plus assurer la cohérence entre les deux stades précédents et toutes les interfaces internes et externes à sa fonction, ce qui implique la capacité de relier sa fonction à la stratégie de l'entreprise et de communiquer aux autres sur ces différents aspects.

2. **Diagnostiquer son profil et identifier les actions correctives éventuellement nécessaires.**

› Observer et noter la répartition de son activité dans les trois catégories.

› Évaluer lucidement la répartition souhaitable pour sa fonction.

Méthodologie et conseils

Le passage du stade « expert » au stade « manager » peut être pertinent. Il peut aussi présenter des inconvénients. L'expert, en devenant manager, peut atteindre son niveau d'incompétence. Vincent Lenhardt observe à ce propos que l'on constate souvent un écart important entre le temps consacré par l'expert pour atteindre son niveau d'expertise et le temps de formation qui lui est proposé pour apprendre son métier de manager.

Le leader a un pouvoir d'influence qui lui est donné par les autres. Il inspire, rêve le futur. Il partage, co-construit. Il fédère. Il est porteur d'un projet, d'une vision. C'est l'expert en questionnement qui sait écouter et faire exprimer sans induire. Le rôle de leader a une place importante dans la fonction de manager de managers.

Ces trois stades qui se développent souvent de manière chronologique sont les trois constituants présents en tout manager de managers, qui a ces trois identités.

« Si vos actions inspirent les autres à rêver plus, apprendre plus, faire plus, et devenir plus, vous êtes un leader. »
JQ Adams

Avantages

- Permet au manager de managers de se positionner dans son rôle de manager de managers.

Précautions à prendre

- Identifier ses préférences : l'équilibre entre ces rôles n'est pas toujours simple à trouver car chacun, dans son fonctionnement de tous les jours, tendra à privilégier plus particulièrement un rôle ou l'autre.

SUITE OUTIL 6 →

Intégrer ses identités d'expert, de manager et de leader

Comment être plus efficace ?

Expert/manager/leader : trois rôles à équilibrer

Une absence ou une insuffisance dans un des trois rôles chez un manager de managers peut handicaper sérieusement la vie de l'équipe (absence de leader, d'expert technique, de liant social). À l'inverse, leur présence, quand ils sont répartis harmonieusement, permet à l'équipe de se structurer et d'avancer en cohérence.

1. **Soyez attentifs aux signes avertisseurs d'un déséquilibre.** Différents symptômes pourront vous alerter sur un déséquilibre. Un manque de motivation de vos managers peut signifier que vous n'assumez pas suffisamment votre rôle de leader. Un conflit entre vos managers sur les limites du territoire et des actions de chacun peut révéler une insuffisance de management. Des retards dans les programmes de développement, des remarques sur la qualité des solutions techniques peuvent avoir pour cause une attention insuffisante de votre part sur le rôle d'expert.

L'excès de leadership, de management ou d'expertise peut conduire à des appréciations ou des comportements défavorables de vos managers. La référence trop fréquente aux valeurs et finalités peut créer des doutes quant à votre volonté ou votre capacité à prendre en compte les difficultés opérationnelles. Une posture trop dominante de manager au détriment des autres rôles peut être au détriment de l'adaptation de l'organisation aux futures évolutions, et trop d'interventionnisme peut frustrer les managers et les conduire à l'inertie et à la passivité.

Trop d'expertise conduit à se placer en super-assistant de ses managers, et à ne plus disposer du recul et du temps nécessaire pour la dimension stratégique de l'activité.

2. **Développez vos connaissances sur ces trois rôles.**

L'exercice des rôles de manager et leader ne s'improvise pas et nécessite une expertise. Identifiez vos préférences pour être au clair sur les domaines sur lesquels vous souhaitez garder un minimum d'expertise, pour continuer à faire ce que vous savez et aimez bien faire.

3. **Développez votre dimension de leader : quelques pistes :**

- donner du sens : construire avec ses managers une vision motivante, formulée avec des mots simples et en termes positifs, et la communiquer et partager avec passion ;
- associer ses managers pour définir des objectifs et résoudre des problèmes ;
- donner l'exemple. Construire des relations de confiance ancrées sur des valeurs incarnées au quotidien. Être authentique dans sa congruence entre le verbal et le non-verbal ;
- donner de l'autonomie et du pouvoir à ses managers : déléguer, encourager les initiatives et décisions et les assumer par son soutien ;
- inviter ses managers à dépasser leurs limites, à sortir du cadre existant. En cas d'erreur, donner des conseils et ne pas retirer l'autorité. Faire confiance et accepter le risque ;
- donner la possibilité d'agir. Ne pas intervenir à leur place. Valoriser et fêter les réussites.

Cette démarche permet au manager de managers d'identifier le déséquilibre entre ses trois rôles et y apporter des mesures correctives.

CAS L'Hyper Data

Entré dès la sortie de son école d'ingénieurs dans cette entreprise dédiée au traitement des Big Data et à la cybersécurité, Marc prit rapidement la responsabilité d'un bureau d'études de 12 personnes. Les solutions qu'il mit en place décuplèrent le potentiel de son équipe. Ses excellents résultats lui valurent d'être promu à la tête d'un département de 140 personnes, confronté à une très forte concurrence. Marc mit en place une nouvelle organisation avec une force de frappe commerciale renforcée, et l'activité connut une nouvelle progression avec 1 400 clients à gérer, mais avec des managers exprimant la grande fatigue et l'état de tension du personnel et le manque de soutien de la direction.

Complètement absorbé par les taches opérationnelles, Marc prit conscience de ce problème et décida de se faire aider par un consultant.

Après une semaine d'observation le constat fut sans appel :

- Marc n'a pas su prendre la dimension du poste et abandonner son rôle d'expert.
- Il n'a pas une vision claire des activités qui constituent le cœur de sa mission.
- Il n'a pas su structurer et gérer son temps.

Un plan d'action est mis en place pour rééquilibrer la répartition de ses rôles d'expert, manager et leader. ■

Rôle	Temps consacré en %		Actions décidées pour rééquilibrer la répartition des rôles
	Situation actuelle	Situation souhaitée	
Expert	70	10	Associer son équipe à l'analyse de l'organisation et à la redéfinition des rôles et des missions. Donner du sens. Construire avec ses managers une vision motivante et partagée. Développer les compétences. Déléguer toutes les missions qui ne constituent pas son cœur de métier. Donner du pouvoir et de l'autonomie. Refuser d'être l'apporteur de solutions et aider ses managers à trouver eux-mêmes les solutions. Reprendre la maîtrise de son emploi du temps pour être présent et disponible pour ses équipes.
Manager	20	40	
Leader	10	50	
Total	100	100	

OUTIL 7

Développer les 12 compétences clés du manager de managers

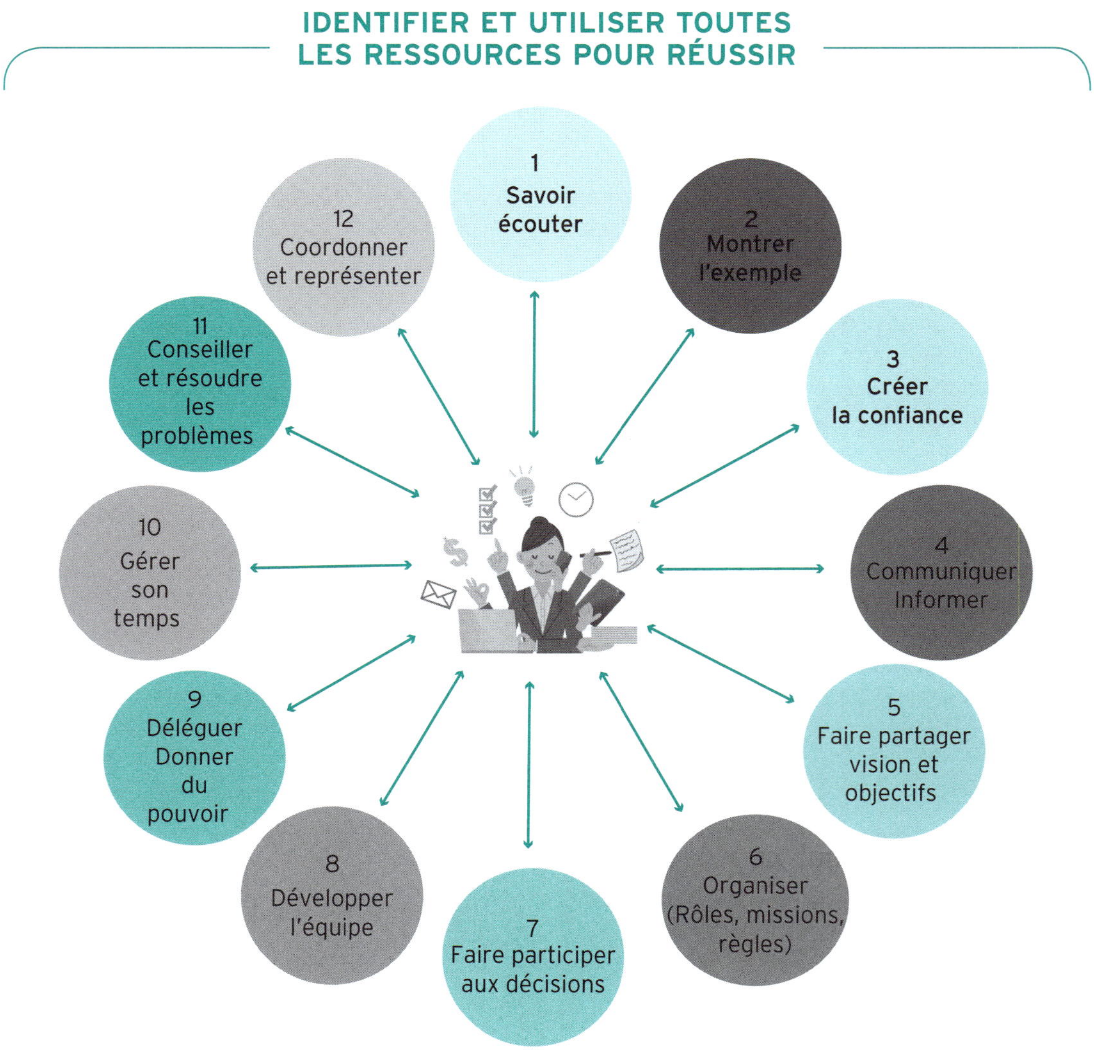

En résumé

La mission du manager de managers est d'obtenir des résultats à court, moyen et long terme, aux trois coûts les moins élevés :

- économique : faire avec les contraintes budgétaires ;
- social : sans conflit, grève, absentéisme ;
- humain, sans pression trop forte qui génère du stress.

Pour ce faire, il lui faut animer et faire réussir ses managers et il est évalué aux résultats de son unité et à la manière dont il les obtient.

Pour remplir sa mission, il doit mobiliser les 12 compétences clés du manager de managers.

Pourquoi l'utiliser ?

Objectif

Donner au manager de managers une vue d'ensemble sur les compétences à mettre en œuvre pour faire réussir ses managers et atteindre ses objectifs. Situer son niveau pour chacune des 12 compétences.

Contexte

Compétences à intégrer dans son fonctionnement quotidien.

Comment l'utiliser ?

Étapes

1. Savoir écouter. **2.** Montrer l'exemple. **3.** Créer la confiance. **4.** Communiquer, informer. **5.** Construire la vision et la faire partager. **6.** Organiser. Répartir les missions. Fixer les règles de fonctionnement et les méthodes de travail. **7.** Faire participer les managers à la prise de décision. **8.** Développer l'équipe. **9.** Déléguer, donner du pouvoir. **10.** Gérer son temps. **11.** Conseiller et résoudre les problèmes. **12.** Coordonner et représenter.

Méthodologie et conseils

L'écoute est une compétence essentielle du manager de managers. Elle conditionne la qualité de ses relations et de ses décisions. **L'exemplarité** est un levier d'influence et de changement, et un moyen de susciter le respect et la confiance. **La confiance** est le socle de la coopération et de la solidarité. Elle se gagne par la cohérence entre le discours et les actes.

Une information claire, précise et partagée, donne du sens à l'action ; une **vision** motivante et partagée, déclinée en objectifs précis, constitue une force mobilisatrice puissante.

Les managers seront d'autant plus impliqués qu'ils exerceront des activités pour lesquelles ils disposent d'une compétence et d'un intérêt élevé : elles assurent l'efficacité des décisions collectives, empêchent les dérives, et garantissent la cohérence de fonctionnement. Développer leur sentiment d'appartenance renforce leur estime de soi, le sentiment de leur utilité et leur implication.

Développer les compétences qui seront nécessaires à court, moyen et long terme est aussi le moyen de répondre aux aspirations des managers et maintenir leur motivation.

Déléguer, c'est utiliser et développer la compétence et le niveau d'autonomie de ses managers, augmenter leur sens des responsabilités, développer leur motivation.

La gestion du temps est la condition indispensable pour garder le contrôle de son activité et gérer son énergie. Avec la posture du manager coach, il s'agit d'aider ses managers à identifier les problèmes et trouver des solutions.

La coordination interne renvoie à la clarification des rôles, à la définition et au suivi des objectifs, à la mise en place des règles de fonctionnement et des circuits d'information. La coordination externe est de gérer les relations avec les autres unités de l'entreprise, la direction et les organismes extérieurs, pour représenter son équipe. ■

« L'art de diriger consiste à savoir abandonner la baguette pour ne pas gêner l'orchestre. »
Herbert von Karajan

Avantages

- Procurer au manager de managers une vision claire des compétences nécessaires à l'exercice de sa fonction et lui permettre d'identifier les points sur lesquels il doit progresser.

Précautions à prendre

- Fixer un ordre de priorité en fonction des besoins de la situation et non des préférences. Identifier les écarts éventuels et les actions à mener pour y remédier.

OUTIL 8

Neutraliser les croyances limitantes

DÉPASSER SES LIMITATIONS POUR DEVENIR PLEINEMENT MANAGER DE MANAGERS

Les croyances limitantes	Les messages antidotes
Je suis un bon manager si…	**Je peux…**
☐ « Je suis indispensable »	☐ « Faire confiance »
☐ « J'agis, j'agis encore »	☐ « Prendre du recul »
☐ « Je défends mon équipe à tout prix »	☐ « Penser gagnant-gagnant »
☐ « Je manage exclusivement les individus »	☐ « Fédérer mon équipe »
☐ « Je suis apprécié à tout prix »	☐ « Être respecté »
☐ « Je ne prends pas parti »	☐ « M'engager »

En résumé

L'outil Neutraliser ses croyances limitantes permet au manager de managers d'identifier les conditions qu'il s'impose pour être efficace dans ses fonctions. Ce sont les excès de ces croyances qui génèrent des comportements contreproductifs qui peuvent l'empêcher de se positionner dans son rôle. Ces conditions sont principalement :

- « se croire indispensable » ;
- « agir et agir encore » ;
- « défendre à tout prix mon équipe » ;
- « manager individuellement exclusivement » ;
- « vouloir être apprécié à tout prix » ;
- « ne pas prendre parti ».

À chacune de ces croyances correspondent les antidotes que le manager de managers peut se donner pour être plus efficace.

Pourquoi l'utiliser ?

Objectif

Se positionner dans son rôle en dépassant ses croyances limitantes.

Contexte

Lorsque le manager de managers prend conscience de comportements insatisfaisants pour assumer son rôle.

Comment l'utiliser ?

Étapes

1. **Prendre conscience de ses croyances limitantes.**

› **« Se croire indispensable ».** Penser et faire à la place des managers. Avoir des exigences trop élevées. Court-circuiter ses managers relais.

› **« Agir et agir encore ».** Valoriser uniquement le court terme. Mettre la pression sur les managers. Valoriser la réactivité plutôt que la prise de recul.

› **« Défendre son équipe à tout prix ».** Prendre systématiquement la défense de son équipe contre les autres services.

› **« Manager exclusivement des individus ».** Valoriser le management individuel au détriment du groupe. Traiter les difficultés uniquement sous l'angle individuel.

› **« Vouloir être apprécié à tout prix ».** Ne pas traiter les désaccords et les conflits. Éviter d'arbitrer quand ce serait nécessaire.

› **« Ne pas prendre parti ».** Éviter de clarifier les rôles. Laisser les situations se régler d'elles-mêmes.

2. **Se donner les permissions pour dépasser ses croyances limitantes.**

› **« Faire confiance ».** Laisser de l'autonomie aux managers. Fixer des objectifs réalistes. Éviter d'intervenir directement auprès des équipes.

› **« Prendre du recul ».** Définir et partager une vision à moyen, long terme. Confier la gestion du quotidien aux managers. Favoriser la prise de recul. Prendre en compte toutes les dimensions d'une situation et les conséquences à terme.

› **« Penser gagnant-gagnant ».** Négocier dans une optique gagnant-gagnant. Prendre en compte les intérêts et les contraintes des différentes parties.

› **« Fédérer son équipe ».** Développer la cohésion de son équipe autour d'une vision. Organiser des réunions régulières avec son équipe de managers.

› **« Être respecté ».** Choisir son mode d'intervention dans les conflits. Les traiter rapidement. Arbitrer quand c'est pertinent.

› **« S'engager ».** Contractualiser les relations et les rôles. Régler ou faire régler les problèmes.

Passer de « C'est plus fort que moi, je ne peux pas faire autrement » à « je choisis mes comportements ».

Méthodologie et conseils

Les conséquences des croyances limitantes sont les suivantes.

› Soumission des managers. Pas d'initiative par peur de mal faire.

› Fuite en avant. Ne pas écouter les propositions des managers.

› Favorise la construction de baronnies. Crée une logique pour ou contre.

› Forte centralisation. Dépendance des collaborateurs.

› Détérioration du climat. Fonctionnement à dominante implicite.

› Génère des conflits. Ralentit les décisions.

Avantages

- Dépasser ses comportements répétitifs inefficaces pour tenir son rôle.

Précautions à prendre

- Demander un feedback de la part d'interlocuteurs dignes de confiance.

SUITE OUTIL 8 →

Neutraliser les croyances limitantes

Comment être plus efficace ?

Une croyance porte sur la perception que nous avons de nous-mêmes, des autres et du monde en général.

Notre système de croyances est la base de notre vision du monde : il façonne nos pensées, nos décisions, nos sentiments et nos actions.

Une croyance est utile dans un contexte donné mais devient obsolète, inadéquate dans un nouveau contexte. On dira qu'elle devient limitante parce qu'elle représente les limites que se fixe le manager de managers alors qu'il a les capacités de faire plus ou mieux.

Les croyances limitantes sont souvent inconscientes. Leur mise à jour se justifie d'autant plus que le manager de managers s'est fixé un objectif qu'il ne parvient pas à atteindre.

Le processus suivant permet d'identifier où la résistance à la nouvelle croyance va apparaître.

Identifier la croyance limitante

La croyance limitante est liée au sentiment d'être bloqué et de ne pas pouvoir intégrer une nouvelle croyance positive. Exemple : « je ne sais pas ce qui m'arrête » ; « Logiquement, je sais que ce n'est pas vrai, mais... ».

Des pistes d'exploration sont possibles : « je n'arriverai pas... parce que », « si je réussis à... j'ai peur de... », « je ne mérite pas d'être... parce que... ».

Il faut identifier les conséquences négatives pour valider que la croyance est bien limitante.

La croyance limitante peut être actualisée en identifiant son intention positive et les présuppositions qui la sous-tendent, puis par l'apport de nouvelles alternatives et réponses.

Définir la fonction positive de la croyance limitante

Il s'agit de définir leur raison d'être, c'est-à-dire les bénéfices que le manager de managers retire à être fixé - inconsciemment - en répondant à la question : « quel avantage ai-je retiré de cette croyance jusqu'à présent ? »

Les croyances limitantes se développent pour satisfaire une intention positive. Exemples : protection, sentiment de pouvoir personnel.

Donner une nouvelle réponse en terme de « comment »

Quand une personne ne sait pas comment changer son comportement, elle construit des généralisations telles que « on ne peut pas changer ce comportement ».

Il est donc utile pour modifier une croyance limitante d'apporter des réponses au « comment faire ».

Exemples :

- Remplacer « je suis trop vieux » par « comment apprendre à mon âge », « je suis trop jeune pour réussir » par « comment réussir à mon âge ».
- Remplacer la croyance limitante par une nouvelle croyance qui conserve le bénéfice mis à jour précédemment et qui ne soit pas une formulation opposée.
- Se répéter cette croyance comme un credo plusieurs fois par jour pour l'ancrer.
- Trouver une situation dans laquelle vous pouvez expérimenter cette nouvelle croyance de manière confortable et si possible en se garantissant le maximum de chances de réussite.

Cette dernière étape consistant à transformer les pensées en actes est fondamentale pour mettre en place la nouvelle croyance.

Entrer dans un cercle vertueux : les pensées conditionnent nos actions qui en retour renforcent nos pensées.

CAS Un manager de managers dépasse une croyance limitante

La situation initiale liée à la croyance limitante

Ancien consultant, puis manager opérationnel promu grâce à son expertise, ce manager de managers d'un cabinet de conseil a tendance à court-circuiter ses managers et s'adresser directement à leurs équipes. Il connaît le métier car il a été confronté aux mêmes situations qu'eux. Il prend conscience grâce aux feedbacks des managers que ceux-ci vivent mal la situation : « tu pourrais nous laisser davantage d'autonomie », « laisse nous gérer ça avec nos équipes directement ». Ils ont du mal à acquérir leur légitimité de managers.

Comment le manager de managers a dépassé sa croyance limitante

Le manager de managers fait appel à un coach qui l'aide, grâce à son questionnement, à dépasser progressivement sa croyance limitante (voir le tableau ci-dessous). Il décide de faire confiance aux managers en déléguant et en les responsabilisant. Sa première action va consister à laisser les managers préparer et animer leurs réunions d'équipe. ■

	Étapes	Prises de conscience et décisions
1	La situation de départ	« Je court-circuite mes managers. » « Je m'adresse directement aux équipes quitte à contredire les managers. »
2	La croyance limitante	« Je suis indispensable. J'ai besoin d'être en prise avec le terrain. »
3	Les conséquences négatives de la croyance limitante	« Mes managers sont frustrés, démotivés. »
4	Le bénéfice recherché	« J'ai le sentiment d'être utile, c'est concret tangible. Je prends la température. »
5	La nouvelle croyance	« Je fais confiance à mes managers. »
6	L'ancrage par la répétition	« Je délègue, je responsabilise. Je récupère du temps pour avoir un autre regard sur l'équipe. »
7	La mise en œuvre des premières actions	« Je laisse les managers animer leurs réunions d'équipe sans intervenir ni dans la préparation, ni dans l'animation. »

DOSSIER

2 PILOTER SON ÉQUIPE DE MANAGERS

« Aucun de nous, en agissant seul, ne peut atteindre le succès. »
Nelson Mandela

Piloter son équipe de managers est un exercice délicat qui demande une attention particulière pour au moins deux raisons : les collaborateurs concernés sont eux-mêmes des managers et ils doivent être des relais de la stratégie au quotidien.

Des collaborateurs managers

L'équipe est constituée de managers qui savent ce qu'est le pilotage d'équipe et ce qu'il est nécessaire de mettre en œuvre pour y parvenir : définir des orientations, définir des critères de suivi, mobiliser des collaborateurs, évaluer les résultats et les efforts fournis pour les atteindre, etc. Autant de qualités de leadership et de rigueur nécessaires qu'ils doivent posséder et que le manager de managers doit par conséquent parfaitement maîtriser.

Des relais de la stratégie au quotidien

La deuxième raison, corollaire de la première, concerne la nature des informations que le manager de managers doit traiter. Le manager de proximité est attentif à mesurer des temps de travail, à évaluer la conformité des produits ou services fournis, à répartir judicieusement les ressources, à vérifier la satisfaction des clients, etc. Le manager de managers, lui, tout en assumant la responsabilité et la validation de ces mêmes informations, va porter son attention sur la capacité de ses managers à être de véritables relais de la stratégie au quotidien, sur leur aisance à faire face aux imprévus et aux tensions au quotidien, sur leurs pratiques managériales.

Tenir son rôle de manager

Ont-ils compris l'état d'esprit dans lequel nous œuvrons ? Savent-ils faire les bons arbitrages quand se présentent des conflits de priorité ? Sont-ils plutôt audacieux ou frileux ? Sont-ils capables de « désobéir » intelligemment si cela est nécessaire ?

On le voit, le pilotage d'une équipe de managers ne se contente plus de tableaux de bord, même si ceux-ci restent évidemment des outils de prise de décision utiles au quotidien.

Générer de l'enthousiasme

Le manager de managers va donc axer ses efforts sur ce qui donne du sens à l'action, ce qui enthousiasme l'ensemble des personnes qui contribuent à la réussite collective. Porté par la vision de ce qu'il veut faire, il imagine à quoi ressemblera son équipe dans quelques mois, dans quelques années. Il est habité par une ambition collective, un avenir vers lequel il veut entraîner l'ensemble de ses collaborateurs. Et ses collaborateurs de premier niveau sont bien sûr ses managers à qui il leur confie le rôle de provoquer à leur tour l'enthousiasme des équipes.

Pour que cet enthousiasme se concrétise tout au long des lignes hiérarchiques et des services, il fait preuve de rigueur et de pertinence dans sa communication, jusque dans les plans d'actions et les objectifs qui découlent de cette vision.

Des managers partenaires

Le manager de managers ne se contente pas d'un accord « de façade » de ses managers et s'assure que le rôle qu'ils tiennent est en cohérence avec le rôle qu'il attend d'eux. Y a-t-il coïncidence entre ces rôles ? Jouent-ils vraiment le jeu ?

Il est ainsi vigilant sur la façon dont ses managers vont lui rendre compte, en définissant avec eux un système de reporting visant à avoir une visibilité la plus fine possible, davantage centrée sur leurs responsabilités, leur sens de l'initiative ou leur implication que sur les indicateurs d'activité classique.

Les considérant comme des partenaires à part entière, il leur propose de s'accorder sur des règles du jeu claires, objectives, responsabilisantes et motivantes.

Doté d'outils efficaces lui permettant de choisir le bon mode de prise de décision selon le moment, les circonstances, les enjeux, il met à la disposition de son équipe de managers tous les éléments nécessaires à leur épanouissement dans cette fonction et à des relations basées sur la confiance et le développement des personnes.

LES OUTILS

9 Construire une vision claire et mobilisatrice 40

10 Communiquer sa vision et la faire partager 42

11 Traduire la stratégie en plan d'actions 44

12 Fixer des objectifs pertinents aux managers 46

13 Renforcer la motivation pour atteindre l'objectif 50

14 Passer du rôle confié au rôle tenu 52

15 Mettre en place un système de reporting 54

16 Définir des règles du jeu 56

17 Pratiquer des délégations responsabilisantes.......... 58

18 Adapter les modes de prise de décision 60

Construire une vision claire et mobilisatrice

DONNER DU SENS ET MOBILISER PAR LA VISION

En résumé

Construire une vision claire et mobilisatrice est une condition essentielle pour qu'une organisation se développe et se maintienne durablement. C'est, à partir d'une représentation commune du présent, se poser des questions pour définir ce que l'on veut devenir et comment y parvenir. La vision est la description vivante imagée d'un futur ambitieux, possible à atteindre. Elle exprime généralement la vocation centrale de l'organisation et ses finalités vis-à-vis de toutes les parties prenantes (actionnaires, clients, personnel, partenaires). Elle constitue une force mobilisatrice puissante si elle permet aux aspirations individuelles de se réaliser dans le projet collectif.

Pourquoi l'utiliser ?

Objectif

Donner du sens.
Servir de cadre de référence aux objectifs.
Assurer la cohérence des actions en les replaçant dans une perspective globale.
Mobiliser autour d'une direction commune.

Contexte

À utiliser lors d'une prise de fonction, lors de la mise en place d'une nouvelle équipe ou en cas de besoin d'améliorer le fonctionnement actuel.

Comment l'utiliser ?

Étapes

1. **Rappeler la stratégie et la vision de l'entreprise.** La vision de l'unité doit naturellement être cohérente avec celle de l'entreprise.

2. **Revisiter les missions et la raison d'être de l'unité, du service.** Qui sommes-nous aujourd'hui ? Quel est notre métier ? Quelle est notre proposition ? Quelles sont nos valeurs fondamentales ? Qui sont nos clients internes et externes ? Qu'attendent-ils de nous ? Quelles sont les attentes de nos collaborateurs ? Quelle est notre image à l'extérieur ? Qu'est-ce qui nous rassemble ? Quels sont nos plus grandes forces, nos opportunités, nos plus grands succès ? Quelles sont nos aspirations ? Que voulons-nous améliorer, changer ?

3. **Imaginer la vision** : ce que vous aspirez à devenir, à créer, à accomplir (la vision peut être proposée par le manager de managers et être affinée avec ses managers, ou résulter du travail collectif avec ses managers). À quoi devrait ressembler notre service dans cinq ans ? Comment voulons-nous être reconnus par nos collaborateurs, nos clients, notre hiérarchie et nos partenaires ? Que souhaitons-nous que l'on dise de nous dans cinq ans ? Quels engagements sommes-nous prêts à prendre vis-à-vis de notre hiérarchie, de nos clients, de nos partenaires ? Quels résultats voulons-nous avoir obtenus ? Quelles sont les valeurs sur lesquelles nous ne transigerons pas pour réaliser la vision ? Quelles attentes voulons-nous satisfaire ?

4. **Identifier les ressources et moyens** dont vous avez besoin pour réaliser la vision : les ressources personnelles, les compétences, les appuis, les soutiens des personnes favorables au projet, les valeurs porteuses, les motivations.

5. **Anticiper les obstacles et les résistances** et rechercher les ressources, moyens et solutions qui permettront de les surmonter.

6. **Formuler la vision** par une phrase simple que chacun puisse facilement s'approprier.

7. **Se faire une représentation mentale** de la vision réalisée et visualiser le film de sa réussite.

« Pour ce qui est de l'avenir, il ne s'agit pas de le prévoir, mais de le rendre possible. » Antoine de Saint-Exupéry

Méthodologie et conseils

› La vision doit respecter la mission et les valeurs de l'entreprise. Elle doit être ambitieuse et suffisamment réaliste pour que tous les membres des équipes y croient, et suffisamment optimiste pour qu'elle soit motivante et inspirante.

› Associez votre équipe de managers à la construction de la vision. Plus ils seront impliqués, plus ils seront acteurs de son partage et de sa mise en œuvre. ■

Avantages

- **Mobiliser les managers autour d'une vision commune et partagée.**

Précautions à prendre

- **Prendre le temps nécessaire pour faire le diagnostic et imaginer la vision et être à l'écoute des propositions des managers.**

OUTIL 10

Communiquer sa vision et la faire partager

EXPLIQUER ET ASSOCIER POUR FAIRE ADHÉRER

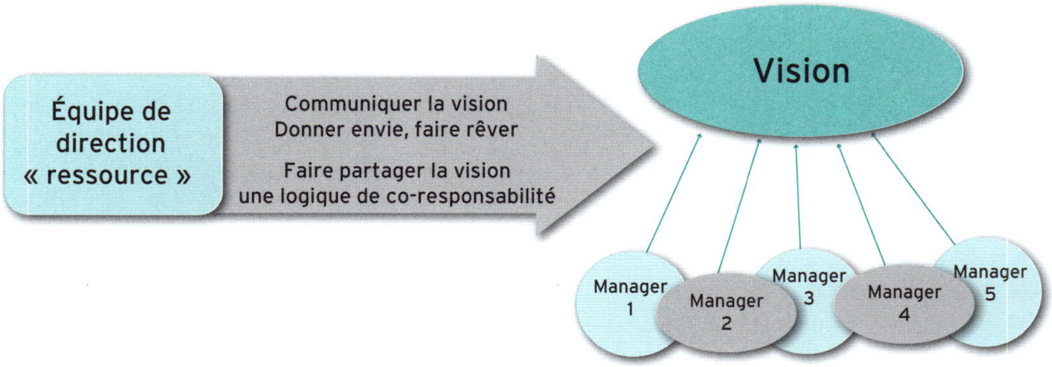

En résumé

Si la phase de construction et de formulation de la vision est importante et nécessaire, elle n'est pas suffisante. **La vision ne devient véritablement mobilisatrice que si les personnes concernées y adhèrent**. Elle rassemblera alors les membres des équipes autour du projet collectif. Il sera possible de définir les objectifs et de mobiliser les énergies pour leurs réalisations.

C'est tout l'enjeu du processus à mettre en œuvre pour communiquer et faire partager sa vision. Associer l'ensemble des collaborateurs à ce processus est une manière de faciliter l'adhésion et de rentrer dans une logique de co-construction et de co-responsabilité.

Pourquoi l'utiliser ?

Objectif

Mobiliser l'ensemble de la structure autour de la vision et créer une dynamique.

Contexte

La vision n'est plus le projet d'une personne ou d'un groupe. Elle devient un processus itératif collectif.

Comment l'utiliser ?

Étapes

1. **Communiquer la vision.** Une vision claire se doit d'être concrète et simple à expliquer pour être comprise du plus grand nombre. Utiliser des mots simples et des termes positifs. Capter l'attention par une argumentation logique et structurée. Cela facilite la compréhension et la mémorisation. Donner des exemples concrets et précis.

2. **Construire un discours adapté à l'auditoire.** L'unité est composée de personnes avec des modes de fonctionnement différents et des aspirations diverses. L'objectif est de faire en sorte que la vision trouve un écho aux valeurs personnelles et aux aspirations de chacun. Une vision inspirante comporte toujours une forte charge émotionnelle. Utiliser des expressions imagées, des métaphores. Faire « imaginer » et « vivre » la réussite. Communiquer la passion. Donner envie.

3. **Écouter les managers.** Prendre en compte les préoccupations et les inquiétudes. Encourager l'expression des résistances et manifester de l'empathie. Faire préciser la nature des résistances et des obstacles. Identifier les logiques et les enjeux de pouvoir des acteurs. Écouter les propositions.

4. **Traiter les résistances.** Rappeler les objectifs et le contenu de la vision. Transformer les résistances en proposition. Tenir compte du temps nécessaire à l'appropriation par les personnes. Apporter des réponses aux besoins perçus. Tenir compte de la culture ambiante. Mettre en évidence les avantages du changement, sans travestir la réalité. Réduire la part d'inconnu.

5. **Partager la vision.** À partir d'une vision communiquée et formalisée, demander à chacun des collaborateurs de construire et d'exprimer ses propositions en les déclinant en actions concrètes. Échanger avec chacun d'eux et valider les propositions. Redéfinir la vision à partir des propositions des collaborateurs, et la valider auprès de l'ensemble des collaborateurs de l'unité. Accompagner et suivre le déploiement de la vision auprès de ses managers et collaborateurs.

« Dites à tout le monde ce que vous voulez faire et quelqu'un vous aidera à l'accomplir. » W. Clement Stone

Méthodologie et conseils

Faites prendre en charge par vos managers la consultation et la collecte des propositions des collaborateurs de leur équipe. Faites preuve d'ouverture quant aux possibilités d'ajustements et d'adaptation. Ne confondez pas écoute et interprétation. ■

Avantages

- Ce processus crée une dynamique et génère de l'implication.
- Il est pédagogique parce qu'il assure une meilleure compréhension du fonctionnement et des problèmes de l'entreprise et contribue au développement des compétences des collaborateurs.

Précautions à prendre

- Le manager de managers doit rester très présent et actif tout au long du processus. Il est mobilisateur pour les membres de l'unité s'il leur fournit des occasions de réaliser leurs aspirations personnelles.

OUTIL 11

Traduire la stratégie en plan d'actions

METTRE EN ŒUVRE LES POINTS CLÉS DES GRANDES ORIENTATIONS

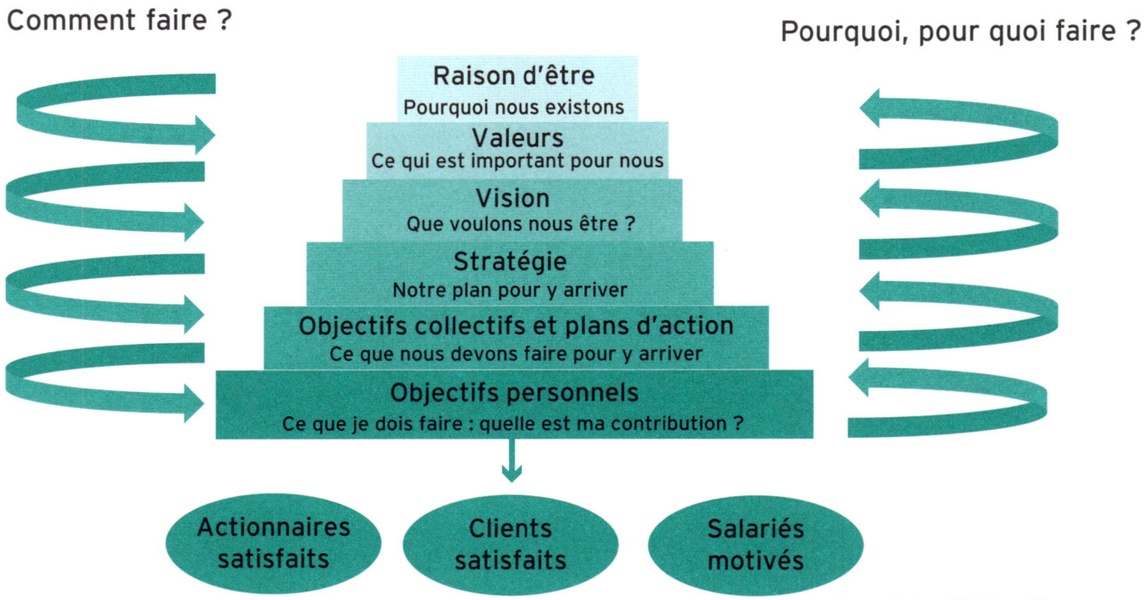

Source: Norton et Kaplan, p. 33

En résumé

Proche des instances dirigeantes, influençant aussi bien les organes de direction que les principaux partenaires de l'entreprise, le manager de managers doit traduire la stratégie en plan d'actions pour être crédible. Un écueil pour lui serait de regarder exclusivement vers le haut et de se couper de la réalité du terrain, d'imaginer un monde idéal sans prendre en compte les performances réelles et le potentiel possible technique, humain, financier ou encore commercial. Inspiré de sa vision, il montre le chemin et sait décliner les étapes qui baliseront le parcours et scanderont le mouvement.

Pourquoi l'utiliser ?

Objectif

Traduire la stratégie en plan d'actions pour impliquer davantage l'ensemble des collaborateurs.

Prendre en compte à la fois les besoins du terrain et les intentions de la direction.

Contexte

Cette approche sert de mode d'emploi pour les managers afin de les aider à expliquer la stratégie, à donner sens aux décisions prises à tous niveaux. Justifier l'arrêt de production d'un produit, expliquer les prochains investissements, faire comprendre le manque de rentabilité d'un nouveau marché, sont quelques exemples nécessitant de mettre à la portée de tous ce lien entre stratégie et actions.

Comment l'utiliser ?

Étapes

1. **Décliner la raison d'être en objectifs individuels** pour répondre à la question « comment faire ? » Quelle stratégie ? Quels objectifs collectifs et plans d'actions ? Quels objectifs individuels ?
2. **Remonter vers la raison d'être** pour répondre à la question « pourquoi, pour quoi faire ? » Quels objectifs individuels ? Quels objectifs collectifs et plans d'actions ? Quelle stratégie ?

Méthodologie et conseils

Comment faire ?

› *Stratégie :* quelles forces devons-nous développer pour satisfaire nos clients ? De quoi avons-nous besoin pour être plus efficaces, plus sereins ? Quel(s) but(s) nous donnons-nous ? Quels sont les points de passage qui balisent notre chemin vers cette vision ? Quels sont nos forces, nos faiblesses, nos obstacles ? Quels moyens utiliser ?

› *Objectifs collectifs et plans d'actions :* Quels sont les résultats concrets à obtenir ? À quelle échéance ? Comment faire pour les atteindre ? Quelles vont être nos premières actions concrètes pour commencer ?

› *Objectifs individuels :* Quels résultats peut-on raisonnablement espérer ? Comment les contributions individuelles se coordonnent-elles ? Comment faire pour que nos salariés soient davantage efficaces, sereins, motivés ?

Pourquoi, pour quoi faire ?

› *Objectifs individuels :* les objectifs individuels suffisent-ils à définir les objectifs collectifs ? Que rajouter pour avoir un ensemble cohérent ?

› *Objectifs collectifs et plans d'actions :* les objectifs sont-ils cohérents avec la stratégie ? Les actions à mener couvrent-elles tous les aspects stratégiques ? Les résultats sont-ils à la hauteur des exigences voulues ?

› *Stratégie :* répond-elle à la vision ? D'autres stratégies seraient-elles plus pertinentes ? Lesquelles ?

Focalisez-vous sur les étapes de la stratégie au plan d'action collectif et individuel. Les trois premières étapes concernent la raison d'être, les valeurs et la vision (ces trois éléments sont développés dans les outils 9 et 10). ■

« Si tu veux creuser ton sillon droit, accroche ta charrue à une étoile. » Guy de la Rigaudie

Avantages

- La comparaison des deux listes renforce le lien entre stratégie et actions.
- Elle ôte toute critique de « langue de bois » aux déclarations de la direction.

Précautions à prendre

- Pratiquer les deux sens : descendant d'abord, montant ensuite.
- Cela demande du temps, et plusieurs allers et retours, pour partager progressivement les idées et recueillir les réactions, tant en terme d'enthousiasme et de sens (vision, valeurs, stratégie) que de faisabilité (objectifs, plan d'actions).

OUTIL 12 Fixer des objectifs pertinents

FAIRE ADHÉRER SES MANAGERS AUX OBJECTIFS

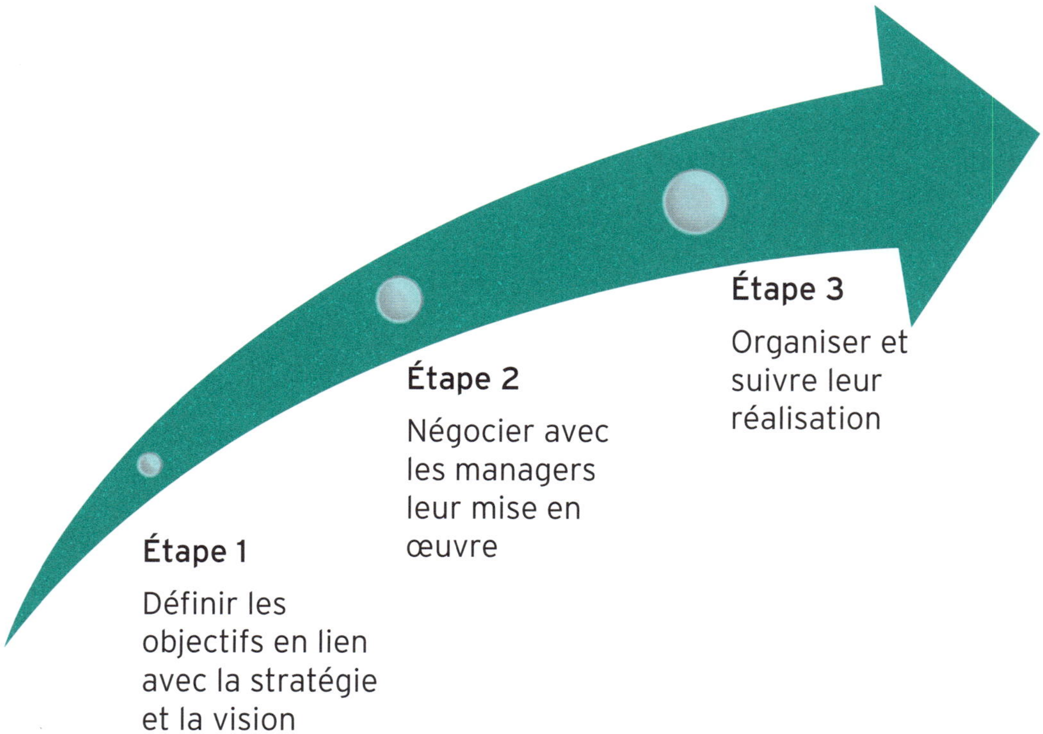

En résumé

Fixer des objectifs pertinents s'inscrit dans une démarche de responsabilisation et d'implication de ses managers. Elle concrétise le mode de management employé. Il s'agit d'une méthode active, semi-directive et négociatrice qui se déroule en trois étapes et qui laisse une grande part à la co-construction :

- étape 1 : définir les objectifs en lien avec la stratégie et la vision ;
- étape 2 : négocier avec les managers la mise en œuvre ;
- étape 3 : organiser et suivre la réalisation.

Ainsi, fixer des objectifs participe à l'amélioration de l'autonomie des managers. Elle modélise également leurs propres rapports avec leurs collaborateurs.

Pourquoi l'utiliser ?

Objectif

Valoriser la noblesse de la fonction de manager en modélisant une posture pour les managers : plus de confiance en soi, plus de motivation, plus de cohérence dans les décisions.

Communiquer les résultats précis attendus par les managers pour renforcer leur détermination.

Contexte

Après que le manager de managers a intégré la stratégie et la vision de ses dirigeants ou qu'il les a définies lui-même en restant souple pour faire face aux changements ou décisions provenant des dirigeants ou des administrateurs.

Comment l'utiliser ?

Étapes

1. **Définir les objectifs** en lien avec la stratégie et la vision. Le manager de managers imagine à quoi ressemblera l'entreprise ou l'unité qu'il dirige quand elle aura atteint les résultats escomptés. Des échanges avec la direction permettent de cerner les événements et les résultats intermédiaires.

2. **Négocier avec les managers** la mise en œuvre. Le manager de managers définit avec chacun de ses managers la contribution qu'il attend. Il leur laisse une véritable marge de manœuvre : comment participer à la mise en œuvre ? Avec quels moyens, quelles équipes ?

3. **Organiser et suivre la réalisation.** Cette étape nécessite plusieurs échanges entre le manager de managers et ses collaborateurs directs.

Méthodologie et conseils

À l'étape 1, à l'instar d'un réalisateur de cinéma qui visualise les séquences majeures de son film et les plans qui susciteront les émotions voulues, le manager de managers concrétise « dans sa tête » ce qui va se passer.

Chacun a un espace de liberté où il peut exprimer sa personnalité, apporter des nuances, sa valeur ajoutée, des idées nouvelles qui vont, en retour, modifier la vision initiale du manager de managers.

Cette posture suppose la pensée suivante : « J'accepte d'écouter mes managers et d'être influencé par eux. En échange, j'attends d'eux de s'investir dans la mise en œuvre. »

Cela suppose de combiner fermeté et ouverture, de distinguer ce qui est négociable de ce qui ne l'est pas, et d'être serein face aux différentes réactions rencontrées.

Le manager de managers rappellera à ses managers de décliner ces objectifs en objectifs individuels auprès de chaque collaborateur.

L'étape 3 concrétise l'implication des managers et de leurs équipes. Le soutien et le contrôle bienveillant du manager de managers rassurent et encouragent. Les actions correctrices permettent de consolider le plan mis en œuvre.

Toute action sans vision n'a aucun sens. Toute vision sans action ne sert à rien.

Avantages

- L'adhésion et l'implication des managers sont plus fortes.
- La vision et la stratégie sont mieux perçues et mieux expliquées jusqu'au bas de la hiérarchie.
- Les résultats attendus sont clairement définis.

Précautions à prendre

- Cette méthode prend beaucoup de temps.
- Accepter une incertitude qui peut être stressante et les écarts entre les managers qui jouent le jeu et ceux qui sont plus attentistes.

SUITE OUTIL 12 →

Fixer des objectifs pertinents

Comment être plus efficace ?

Pour fixer des objectifs efficaces à ses collaborateurs et les faire adhérer, le manager de managers doit vérifier qu'ils respectent certains critères.

Les critères qualité d'un objectif efficace

Définir des critères qualité permet d'assurer la rigueur du travail d'élaboration, de formalisation puis de partage des objectifs. Ils doivent être :

1. **Orientés vers un résultat** : un objectif est une performance à réaliser qui peut mesurée ou évaluée.
2. **Formulés de manière positive :** en effet, notre cerveau n'enregistre pas la négation. Il fonctionne par représentation.
3. **Exprimés et clarifiés** : le manager de managers a tout intérêt à sortir de l'implicite pour éviter des réflexions du type « mais vous ne me l'aviez pas dit », « je ne pensais pas que c'était urgent », etc.
4. **Vérifiables** : soit les objectifs sont quantitatifs, et il s'agira de définir le niveau. Dans le cas d'objectifs qualitatifs, il s'agira de définir les critères de réussite : « à quoi saurons-nous que l'objectif est atteint ? »
5. **Définis dans le temps** : autrement, il ne sera pas possible d'établir un système de contrôle et d'évaluation.
6. **Spécifiques et personnels** : le collaborateur est responsable de l'atteinte de l'objectif, qui est cohérent avec ses missions.
7. **Réalisables** : ils sont atteignables sans tenir compte des moyens à mettre en œuvre.
8. **Réalistes** : il y a cohérence entre le niveau attendu, les moyens et les délais de réalisation.
9. **Ambitieux** : les objectifs atteints sans efforts ou inatteignables sont peu stimulants.
10. **Assortis de « points de suivi »** afin de savoir en permanence où on en est de leur réalisation.
11. **Négociables** : la négociation pourra porter sur le niveau de l'objectif, les délais et/ou les moyens.
12. **Importants et peu nombreux** (3 ou 4) car les objectifs sont des résultats prioritaires attendus.

Utiliser la méthode S.M.A.R.T

Quelle que soit l'étape de la démarche où l'on est, il n'est pas inutile de rappeler l'acronyme que beaucoup de managers connaissent : SMART.

Bien que couramment utilisé dans les entreprises, cet acronyme compte plusieurs versions différentes et la confusion règne parfois dans sa mise en pratique. La version la plus pertinente, car la plus cohérente dans la démarche que nous vous proposons, est :

- **Spécifique** car adapté à l'interlocuteur et à son contexte ;
- **Mesurable**, pas d'objectif recevable s'il n'est pas possible de le mesurer, de le constater, le vérifier avec des critères sur lesquels il y a accord ;
- **Accepté**, c'est-à-dire négocié dans ses moyens, son organisation, sa marge de manœuvre qui lui est associé. Un objectif n'est pas un ordre ;
- **Réaliste** car la probabilité de le réaliser est forte. Le collaborateur en a les compétences, les moyens, le temps, les informations suffisantes, etc. ;
- **Temporel** car tout objectif s'inscrit dans un temps donné avec des étapes intermédiaires et un résultat final.

Cette hiérarchie des objectifs permet de passer du niveau stratégique au niveau opérationnel.

CAS Fixer les objectifs de ses collaborateurs

Un grand magasin développe une stratégie de reconquête commerciale : développer le flux des CSP+. Le manager de managers responsable de la zone saisonnière a négocié la mise en place de trois événements dans l'année : le salon du livre ancien, une exposition « Les mystères de l'Orient » et l'événement « Les jouets digitaux de Noël ».

Étape n° 1 : définir les objectifs en lien avec la stratégie et la vision.

Les objectifs définis avec la Direction pour le manager de managers sont :

- limiter la durée d'immobilisation des surfaces de vente pour travaux à 20 jours pour l'ensemble des événements de l'année ;
- ne pas dépasser le montant global du budget qui est de XXX K€ ;
- le montant du panier moyen pour ces trois opérations devra être d'au moins 10 % supérieur au panier moyen habituel ;
- le nombre de visiteurs attendus sera au minimum de 5 000 par jour en moyenne ;
- le pourcentage d'acheteurs devra être supérieur à 60 % ;
- l'enquête de satisfaction devra donner au moins 90 % de visiteurs satisfaits ou très satisfaits.

Étape n° 2 : négocier avec les managers la mise en œuvre.

Il s'agit ici de décliner la contribution de chaque manager sur ces objectifs globaux. Les managers représentent les différentes fonctions mises en jeu : merchandising, travaux, maquettage, gestion financière, gestion humaine, approvisionnement, achats, maîtrise d'œuvre auprès des entreprises, marketing, etc.

Étape n° 3 : organiser et suivre la réalisation.

Les objectifs sont alors finalisés. Orientés vers un résultat, ils sont formulés de manière positive, clarifiés pour éviter toute ambiguïté, vérifiables, définis dans le temps, spécifiques, réalisables, stimulants, assortis de points de suivi. ■

Manager	Objectifs	Modalités de réalisation
Responsable Merchandising	Réaliser le plan d'agencement de la surface de vente. Définir les besoins de la scénographie en animations et promotions.	La surface devra faire apparaître les allées, le zonage, la circulation, les points d'encaissement.
Responsable Maquettage	Réalisation des mobiliers spécifiques : maquette, production, mise en place.	Contacts entreprises. Trois devis pour J - 6 mois.
Responsable Gestion et Approvisionnement	Relations fournisseurs et élaboration des contrats. Organisation du recrutement des approvisionneurs.	Établir CA prévisionnel par zone. Obtenir 30 % du budget travaux avec fournisseurs. Maintenir le budget interne global.
Responsable Assortiment et Marketing	Définition des thèmes, des produits. Budget prévisionnel.	Choisir sur catalogues des fournisseurs présélectionnés.
Conducteur de travaux	Réalisation des travaux et relation avec les entreprises de travaux.	Chiffrage des travaux en fonction des décisions marketing prises à J - 6 mois.

Renforcer la motivation pour atteindre l'objectif

ALIGNER LES NIVEAUX LOGIQUES

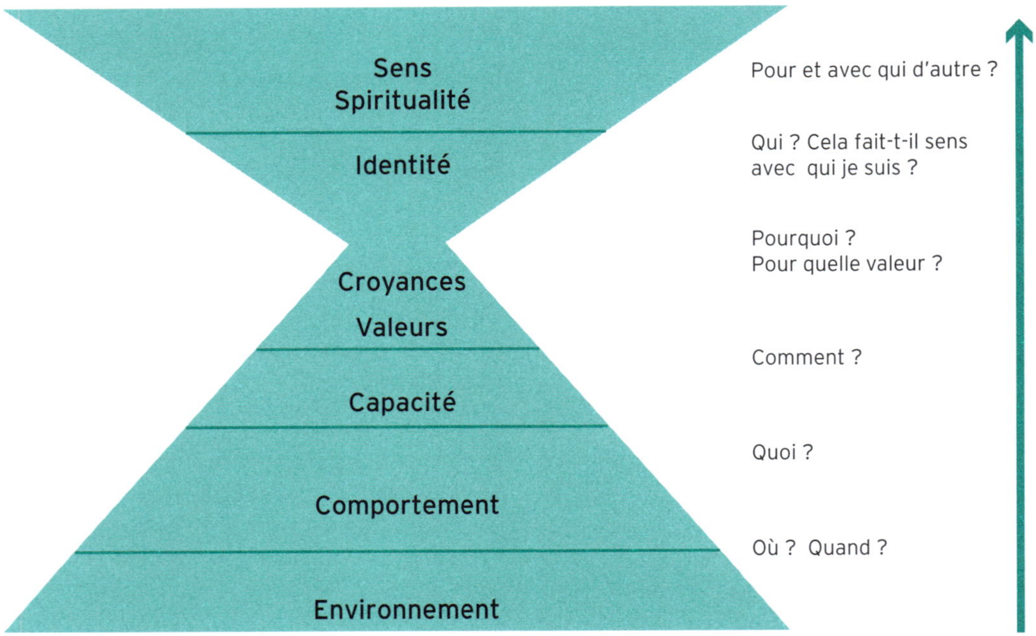

En résumé

L'outil **Renforcer la motivation pour atteindre l'objectif** prend appui sur l'outil PNL « les niveaux logiques » développé par Gregory Bateson. Il se compose de 6 niveaux successifs, hiérarchisés du plus concret (niveau inférieur) vers le plus fondamental (niveau supérieur).

Pour le manager de managers, aider un manager à parcourir successivement les différents niveaux permet d'identifier les blocages internes éventuels et de renforcer sa motivation à réussir et à augmenter sa cohérence dans l'action. Ainsi, réaligné intérieurement, le manager gagne en congruence et en puissance en étant plus en accord avec lui-même.

Pourquoi l'utiliser ?

Objectif

Renforcer la motivation d'un manager pour atteindre un objectif.

Contexte

Quand un manager a des difficultés à s'approprier un changement ou un objectif non choisi.

Comment l'utiliser ?

Étapes

1. Clarifier l'objectif du manager.
2. Faire parcourir au manager les niveaux logiques de manière ascendante.
3. Vérifier l'alignement de l'objectif.

Méthodologie et conseils

1. Clarifier l'objectif du manager

Le manager de managers questionne le manager pour que son objectif réponde aux critères suivants :

› **Positif** : Quel est votre objectif ?

› **Contextualisé** : Où, quand et avec qui souhaitez-vous réaliser cet objectif ? Est-il approprié à votre contexte ?

› **Vérifiable** : Comment saurez-vous que vous êtes sur la bonne voie, que vous avez atteint votre objectif ?

› **Atteignable**, sous votre contrôle : Qui a la responsabilité d'atteindre l'objectif ? De qui dépend sa réalisation ?

› **Réaliste et réalisable** : De quoi avez-vous besoin ? Quelles sont les étapes ? Quelle est la première étape ? Qu'est-ce qui vous en empêche ?

› **Écologique** : Qu'allez-vous gagner (perdre) si vous réalisez (ne réalisez pas) cet objectif ?

› **Motivant** : Qu'est-ce que vous apportera la réalisation de votre objectif ? Qu'est-ce qui est important dans la réalisation de cet objectif ?

2. Faire parcourir au manager les niveaux logiques de manière ascendante.

› **Environnement : le contexte.** Où, quand, comment et avec qui souhaitez-vous atteindre votre objectif ?

› **Comportement : actions.** En quoi votre comportement favorise-t-il l'atteinte de l'objectif ? Quelles actions spécifiques pouvez-vous mener dans ce contexte ?

› **Capacités : possibilités.** De quelles compétences avez-vous besoin pour atteindre cet objectif dans ce contexte ? Comment allez-vous réaliser cet objectif ?

› **Croyances, valeurs : motivation.** Pourquoi allez-vous utiliser ces capacités pour atteindre votre objectif ? Quels sont les valeurs et les facteurs importants pour vous dans cette situation ? Quelles croyances vous aideraient à obtenir de meilleurs résultats ?

› **Identité, rôles : projet professionnel.** Qui êtes-vous quand vous êtes en contact avec vos valeurs et que vous utilisez vos capacités pour atteindre vos objectifs ? Quelle est votre identité ou votre rôle ? En quoi ce que vous vivez est-il une expression de vous-même ? Vous sentez-vous en accord avec vous-même en poursuivant cet objectif ?

› **Sens, spiritualité : vision.** Qu'est-ce que cela va vous apporter d'atteindre l'objectif ? Quelle contribution souhaitez-vous apporter aux autres en réalisant cet objectif ? Quelle vision poursuivez-vous ? En quoi cela a-t-il du sens pour vous ?

3. Vérifier l'alignement de l'objectif

Proposer au manager de parcourir les niveaux logiques de manière descendante et de tirer les enseignements à chaque niveau. ■

« Les problèmes qu'engendre le monde que nous avons créé ne sauraient être résolus à ce même niveau. »
Albert Einstein

Avantages

- Permet d'accroître la motivation d'un manager à atteindre l'objectif.

Précautions à prendre

- S'applique à un objectif clairement formulé.
- Rester centré et focalisé sur l'objectif pour éviter la dispersion.

OUTIL 14

Passer du rôle confié au rôle tenu

LA NÉCESSITÉ DE CLARIFIER LES FONCTIONS ET LES RESPONSABILITÉS

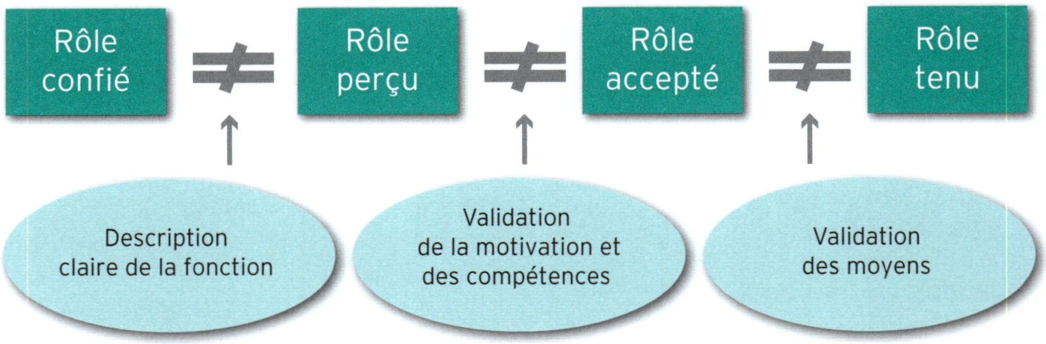

En résumé

Un niveau de qualité élevé et un fort degré d'engagement de ses équipes, constituent aujourd'hui, pour toute organisation, un avantage compétitif essentiel.

Pour ce faire, **la définition claire des fonctions et des responsabilités est un acte important du management**. Elle permet de préciser les rôles et les missions de chacun, de vérifier la cohérence des responsabilités au sein d'un service, d'une organisation, d'optimiser son efficacité et d'identifier les compétences nécessaires (savoir-être, savoir-faire).

La motivation, l'implication et l'adhésion de chacun seront d'autant plus grandes que le rôle et les missions qui leur sont confiés seront en accord avec ses compétences, ses goûts et ses motivations, et qu'il les aura parfaitement compris.

Le schéma illustre les précautions à prendre à chaque étape du processus de clarification des fonctions et des responsabilités.

Pourquoi l'utiliser ?

Objectif

Assurer la meilleure adéquation possible entre les exigences du poste, les compétences et les motivations des managers.
Optimiser l'efficacité des équipes.

Contexte

Lors de l'intégration d'un manager ou d'un collaborateur. Lors de l'attribution d'une délégation ou de la responsabilité d'un projet à une personne ou à une équipe.

Comment l'utiliser ?

Étapes

1. Minimiser l'écart entre le rôle confié et le rôle perçu.

› Rédiger une description précise et détaillée de la fonction : raison d'être, finalité. Rôle et périmètre d'activité. Missions et objectifs prioritaires. Critères et indicateurs de réussite. Place dans la structure. Articulation avec les autres fonctions. Marge de manœuvre, pouvoir de décision, de proposition, de consultation. Clients internes et externes. Exigences du poste en matière de compétences techniques et comportementales. Moyens disponibles (financiers, humains et matériels, formation...).

› Présenter et commenter la fonction : vérifier la compréhension. Solliciter un feedback. Faire reformuler et valider au collaborateur sa compréhension de ce qui est attendu de lui.

2. Minimiser l'écart entre le rôle perçu et le rôle accepté.

Demander un premier avis et vérifier au cours de l'échange en quoi le poste correspond-il au type d'activité que le collaborateur aime faire et qu'il sait bien faire, et est en accord avec ses souhaits de développement. Faire exprimer sa motivation et valider son adhésion.

3. Minimiser l'écart lié aux moyens et aux compétences.

› Rappeler les exigences du poste en matière de compétences techniques (connaissance et expertise du domaine) et comportementales (compétences relationnelles et émotionnelles, par exemple).

› Vérifier que le manager a les capacités pour y répondre : les compétences sur lesquelles il peut s'appuyer, les expériences antérieures sur lesquelles il peut capitaliser.

› Poser la question : le collaborateur a-t-il des attentes en termes d'accompagnement, d'aide, de formation.

› Faire valider les moyens (financiers, humains, matériels, équipements, formation), mis à sa disposition. Négocier des ajustements si nécessaires.

« En général, on exige trop de talents pour les petits emplois, trop peu pour les grands. »
La Beaumelle

Méthodologie et conseils

Il est souhaitable de laisser un temps de réflexion pour permettre au manager de prendre un peu de recul, d'analyser sereinement tous les aspects de la mission et de prendre la décision en commun lors d'un deuxième entretien.

Au premier entretien : communiquer toutes les informations sur la proposition (étape 1). Expliquer les raisons pour lesquelles vous faites cette proposition. Recueillir un premier avis. Proposer un temps de réflexion et fixer la date du deuxième entretien.

Au deuxième entretien : repréciser clairement les enjeux pour le manager, pour l'équipe, les bénéfices attendus pour lui, pour soi, les conditions de réussite. Recueillir la position de son manager. Procéder aux ajustements éventuels et décider. ■

Avantages

- Mise en évidence des points de vigilance dans l'attribution d'une fonction ou d'un projet.

Précautions à prendre

- Créer le climat de l'échange. Avoir une attitude d'écoute et de compréhension.

OUTIL 15

Mettre en place un système de reporting

LE REPORTING COLLABORATIF

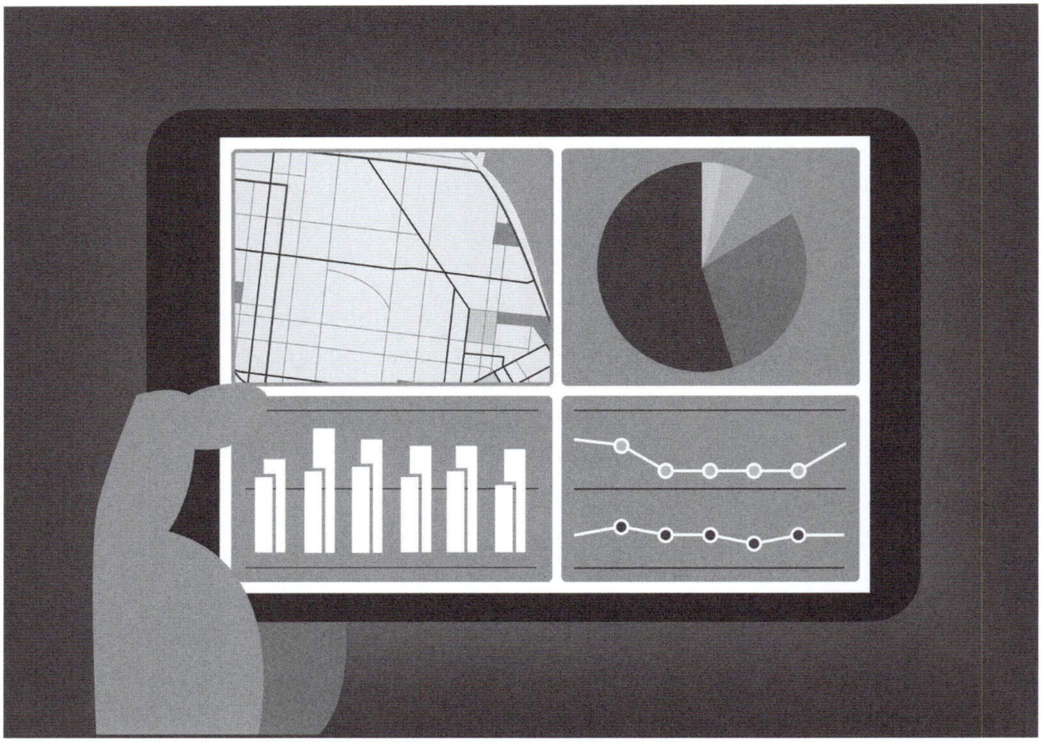

En résumé

Un système de reporting efficace avec ses managers est un reporting où chacun y trouve son compte.

Il consiste à échanger les bonnes informations, utiles dans l'exercice de ses fonctions, au bon moment : évaluer l'impact de ses actions, mesurer les tendances, prendre les bonnes décisions, apprécier l'urgence des problèmes à résoudre, etc.

Constitué d'un nombre restreint d'information, très régulièrement mis à jour, le tableau de bord du manager de managers comprend trois parties :

- la première, celle commune à toute l'entreprise ;
- la deuxième qui concerne des informations utiles et spécifiques au champ d'action du manager de managers ;
- la troisième, qui reflète l'activité de chaque manager.

Pourquoi l'utiliser ?

Objectif

Inciter ses managers à faire vivre un reporting utile et participatif.

Contexte

Quand il devient nécessaire de construire un outil de communication pour des données fiables et actualisées, et de rendre ses managers plus actifs.

Comment l'utiliser ?

Le reporting est un système d'information qui se concrétise par des tableaux de bord ayant des indicateurs significatifs. Très courant dans les entreprises, ces tableaux de bord, régulièrement mis à jour, permettent à chacun de prendre des décisions en toute connaissance de la situation générale : finances, marketing, fabrication, développement, juridique, RH...

1. **Recenser l'ensemble des informations générales** concernant l'entreprise.

Celles-ci sont significatives de l'état de santé de l'ensemble. En extraire celles liées au domaine du manager de managers : un site, un groupe de services, une zone géographique, une gamme de produits, etc. Les présenter en un découpage spécifique aux managers de son équipe (exemples des départements pour une région, ou des produits pour une gamme, ou des typologies de clientèle...).

2. **Construire le tableau de bord avec ses managers.** Quatre questions clés permettent aux managers de construire le tableau de bord :

- De quelles informations ai-je besoin en tant que manager de managers ? Le rythme d'activité pour chaque équipe, l'absentéisme, la consommation de matière, par exemple.
- Quelles sont les informations utiles à partager dans l'équipe de managers ? La production, la qualité, la satisfaction client, le délai de livraison, par exemple.
- Quels supports allons-nous mettre en place ? Simplicité, efficacité, réactivité : e-mail, affichage, outil interne informatique spécifique.
- À quelle fréquence ?

Méthodologie et conseils :

Ce découpage doit permettre de mettre en évidence les spécificités de chaque équipe.

Les tableaux de bord synthétiques, schématiques, illustrés de pictogrammes ou de graphiques, facilitent la compréhension des informations : elles doivent être pertinentes, importantes, actualisées, incitant à l'action : décider, approfondir, se réunir, encourager, alerter, etc.

Ils aident à :

- anticiper (indices de qualité, production par exemple) ;
- mesurer l'action des managers (résolution des problèmes, réactivité, rapport ressources/résultats par exemple) et des équipes ;
- constater l'application des orientations stratégiques données.

Ils comprennent non seulement des indicateurs classiques mais également sociaux et managériaux.

Le manager de managers peut mettre en place un tableau de bord rempli par chaque manager toutes les semaines. Il peut par la suite espacer davantage le reporting dans les périodes de moindre activité. ■

Le reporting est un outil d'aide à la décision : bonne, précise, rapide et efficace.

Avantages

- Pratique, ce tableau de bord est bien accepté par les managers car il leur permet de se positionner les uns par rapport aux autres et de suivre l'ensemble de l'activité.
- Les indicateurs sont compréhensibles d'un coup d'œil et faciles à mettre à jour.

Précautions à prendre

- S'il est construit conjointement, dans la confiance et la coopération, le reporting n'est plus vécu comme du contrôle.

OUTIL 16

Définir les règles du jeu

CLARIFIER LES RÈGLES DU JEU COLLECTIVES DE SON ÉQUIPE DE MANAGERS

En résumé

Les règles du jeu du manager de managers formalisent les comportements qu'il doit suivre ainsi que ceux qu'il doit éviter pour réussir dans son métier. Elles concernent aussi bien l'aspect technique que les aspects organisationnel et relationnel de sa fonction.

À cela s'ajoutent les règles qu'il instaure pour sa propre équipe. Il met en place des règles de fonctionnement non seulement pour définir ses modes de relation avec ses managers, mais aussi au sein même de son équipe de managers. L'ensemble de ces règles vise à fournir plus d'efficacité, plus de coopération, plus d'organisation et plus de bons réflexes à adopter entre managers et, par voie de conséquence, pour toutes les personnes concernées dans le secteur d'activité.

Pourquoi l'utiliser ?

Objectif

Renforcer la cohésion et l'efficacité collective.

Assurer la cohérence des décisions.

Empêcher les dérives qui rendraient instables les équipes.

Réduire les incertitudes.

Servir de références en cas de désaccord ou de conflit.

Contexte

À chaque fois qu'il est nécessaire de clarifier la façon de fonctionner, notamment quand un nouveau manager est nommé, quand il faut définir plus précisément la marge de manœuvre des managers, quand le besoin se ressent d'uniformiser les pratiques managériales (voir outil 27) ou simplement quand il faut valoriser certains comportements de manager.

« Le juste et l'injuste ne résultent pas de la nature, mais de la loi. » Platon

Comment l'utiliser ?

Étapes

1. **Définir les 4 types de règles à formaliser :** règles d'efficacité, de coopération, d'organisation et de comportement.

› Les règles d'efficacité, qui prescrivent les opérations à réaliser pour atteindre un objectif.

› Les règles de coopération, qui portent sur les bonnes pratiques dans l'équipe de managers : modalités de décision, d'échanges d'information, de gestion des réunions, d'arbitrage, en cas d'absence d'un des managers.

› Les règles sur l'organisation : elles précisent les rôles et les ressources de chacun et la répartition du pouvoir.

› Les règles de comportements face aux problèmes, vis-à-vis des clients, des salariés, de la direction.

1. **Choisir les interlocuteurs avec qui clarifier des règles du jeu**, c'est-à-dire les acteurs avec qui l'ensemble des managers travaille habituellement ou occasionnellement : avec sa hiérarchie, l'équipe et chaque manager, les collègues et les acteurs en transversal, les équipiers projet.

Méthodologie et conseils

Définir les règles du jeu permet d'augmenter l'implication de chaque manager en précisant le cadre général dans lequel il peut agir. Ceci garantit l'homogénéité des fonctionnements (langage et pratiques communes).

Pour que ces règles apportent un vrai plus aux managers, il est nécessaire de les définir ensemble, de se réunir à plusieurs reprises pour les établir petit à petit et de respecter les critères de protection, de permission et d'initiative. ■

Avantages

- Les règles apportent de la sécurité, de l'équité. Elles permettent d'éviter bon nombre de tentatives de manipulation, très fréquentes dans les lieux de pouvoir. Elles contribuent à harmoniser les pratiques et à travailler dans un climat serein.
- De plus, les interlocuteurs internes ou externes s'habituent à un mode de fonctionnement, tout rituel facilitant les relations professionnelles.

Précautions à prendre

- Toute règle imposée, même si elle est définie avec la meilleure intention, provoque des mécanismes de défense, car elle est vécue comme une contrainte supplémentaire, voire un abus de pouvoir.
- Procéder progressivement : mieux valent des règles imparfaites mais testées et efficaces que des règles théoriquement meilleures !

OUTIL 17

Pratiquer des délégations responsabilisantes

LES 4 ÉTAPES POUR DÉLÉGUER EFFICACEMENT

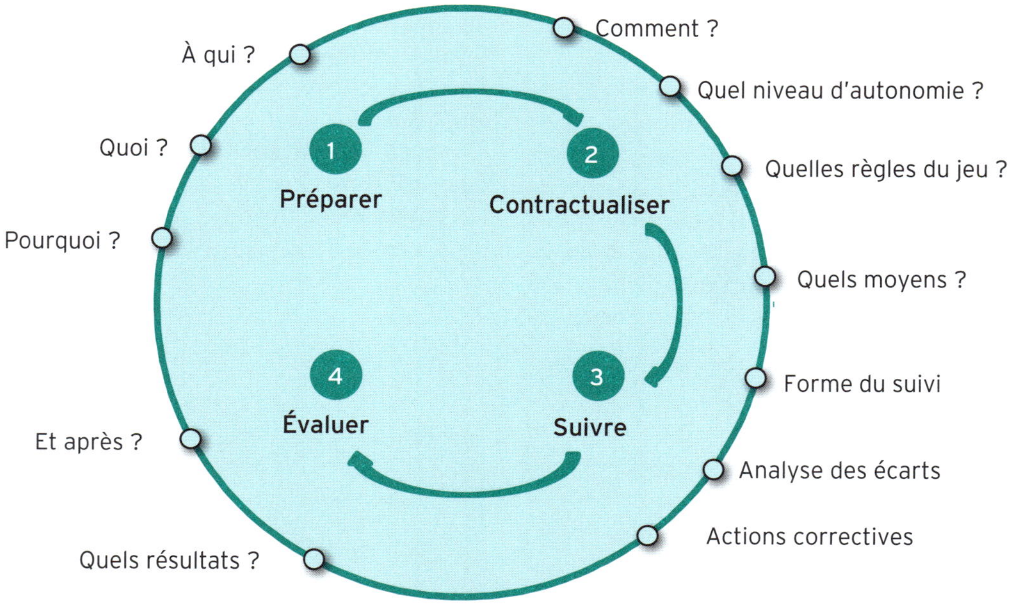

En résumé

Pour **pratiquer des délégations responsabilisantes** et motivantes pour ses managers relais, le manager de managers a intérêt à adopter une démarche structurée en 4 étapes :

- Préparer : clarifier les raisons de la délégation, évaluer l'importance de la mission et choisir le délégataire.
- Contractualiser : négocier les modalités pratiques de la délégation avec le collaborateur.
- Suivre : assurer le suivi de la délégation par rapport à l'objectif défini.
- Évaluer : faire le bilan de la délégation en termes de résultats et de mode de fonctionnement et envisager les suites à donner à la délégation.

Pourquoi l'utiliser ?

Objectif

Déléguer la réalisation d'un objectif, avec les moyens et les pouvoirs de décision correspondants, selon un cadre et des règles de fonctionnement et de contrôles négociés et clairement définis.

Contexte

Au moment de faire monter en compétences ses managers et de donner un exemple de bonne pratique managériale.

Comment l'utiliser ?

Étapes

1. **Préparer**

› **Pourquoi ?** Avoir conscience des raisons qui amènent à déléguer : volonté de responsabiliser, valoriser, évaluer le potentiel d'un collaborateur, renforcer ses compétences managériales.

› **Quoi ?** Évaluer l'importance de la mission et sa propension à assumer une erreur et ses conséquences. Choisir de déléguer ou pas en fonction des réponses apportées. Traduire la mission en objectif à atteindre.

› **À qui ?** Prendre en compte la disponibilité de son collaborateur et sa compétence, et son aisance à manager.

2. **Contractualiser**

› **Comment ?** Clarifier ce qui est négociable et ce qui ne l'est pas dans la délégation.

› **Quelle autonomie ?** Clarifier les marges de manœuvre quant aux décisions à prendre, à la méthode pour atteindre l'objectif, au choix des moyens.

› **Quelles règles du jeu ?** Elles concernent en particulier la coresponsabilité, le droit à l'erreur, la confiance et une relation d'aide positive. Le manager de managers s'engage à informer le délégataire et à l'aider. Le délégataire s'engage à atteindre l'objectif dans les délais, à respecter les formes de suivis négociés et faire remonter les difficultés importantes rencontrées au cours de la mission.

› **Quels moyens ?** Définir les moyens humains, techniques, matériels mis à disposition et proposer au manager de définir ses besoins.

3. **Suivre.** Assurer le suivi à la fréquence définie avec le collaborateur. Évaluer les écarts entre les résultats et l'objectif. Définir les éventuelles actions correctives : revoir les délais, les moyens ou l'objectif.

4. **Évaluer.** Quels résultats ? Évaluer les résultats et le processus. Demander au manager les enseignements qu'il a tirés de cette expérience.

« La confiance n'exclut pas le contrôle. »
Lénine

Méthodologie et conseils

Procéder en deux entretiens : un premier pour présenter la délégation, laisser un temps de réflexion au collaborateur, puis un second pour contractualiser les modalités pratiques. Laisser de l'autonomie au collaborateur. Être disponible pour répondre à toute demande d'information ou de conseils et éviter de se substituer au collaborateur et d'effectuer soi-même le travail.

Indiquer les suites de la délégation : intégration dans les missions du collaborateur ? Évolution ? Promotion ? ■

Avantages

- Permet de partager les responsabilités, de reconnaître ses collaborateurs, de les faire monter en compétences et d'induire un style de management délégataire auprès de ses managers.

Précautions à prendre

- Ne déléguer que les activités qui ne correspondent pas au cœur de votre mission.
- Ne pas confondre délégation et répartition des tâches.

OUTIL 18 Adapter les modes de prise de décision

LES 4 MODES DE PRISE DE DÉCISION

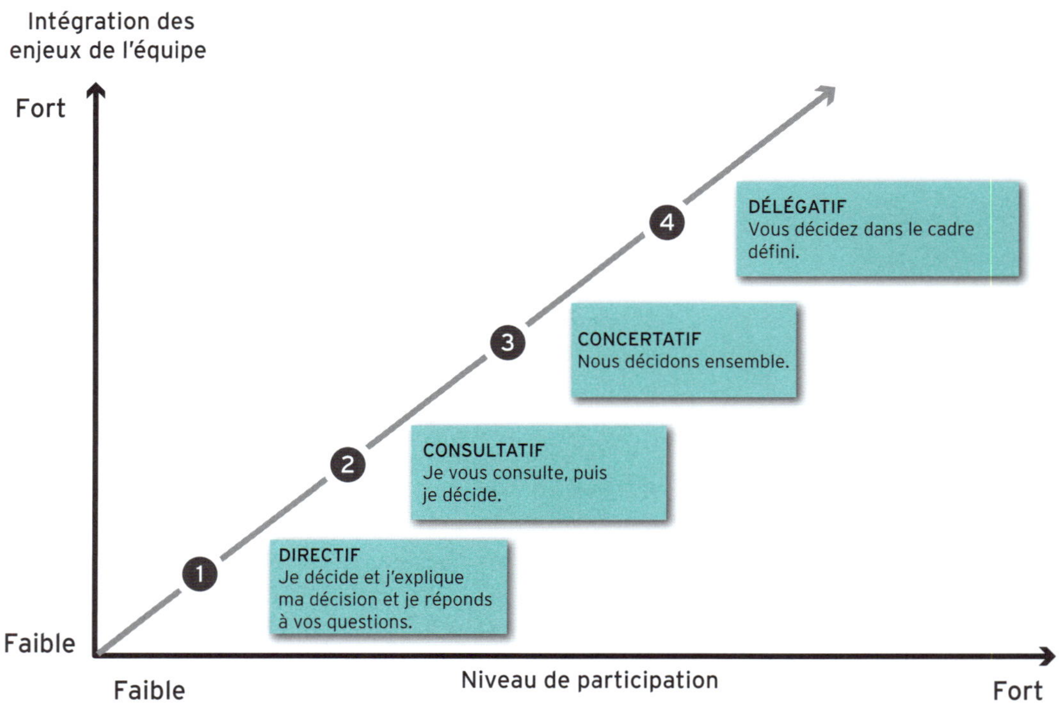

En résumé

Lorsqu'il doit prendre une décision, le manager de managers va adapter les modes de prise de décision en fonction de 4 modes :

- **Directif** : il prend seul sa décision et l'explique à ses managers.
- **Consultatif** : le manager de managers consulte les managers, intègre leurs suggestions et *in fine* prend la décision.
- **Concertatif** : la décision est prise conjointement par le manager de managers et les managers.
- **Délégatif** : le manager de managers délègue la décision aux managers.

Il choisira le mode de décision le plus adapté en fonction du besoin d'intégration et des enjeux des managers pour que la décision soit effective et efficace.

Pourquoi l'utiliser ?

Objectif

Choisir le mode de décision le plus adapté à la situation.

Contexte

Toutes les situations nécessitant une prise de décision de la part du manager de managers et de son équipe.

Comment l'utiliser ?

Étapes

1. **Identifier si la décision est individuelle ou collective.** La situation se prête à une décision collective si les besoins de coordination sont élevés ; l'environnement évolue rapidement ; les managers et leurs équipes possèdent des expertises non maîtrisées par le manager de managers ; les objectifs des membres de l'équipe sont compatibles avec ceux du manager de managers.
2. **Évaluer le degré de maturité de l'équipe des managers** à prendre une décision collectivement. L'équipe a la maturité pour décider collectivement si les managers concernés ont les compétences pour adopter une perspective d'ensemble des enjeux de l'entité, et accepter la responsabilité d'ensemble, s'ils sont prêts à assumer des conflits productifs et s'ils sont capables de travailler en équipe.
3. **Choisir le mode de décision adapté.**

› Mode directif, si le manager de manager possède l'expertise suffisante, se fonde sur des informations qui doivent rester confidentielles, en cas d'urgence.

› Mode consultatif, si le problème est relativement important ou concerne plus particulièrement certains membres de l'équipe.

› Mode concertatif, si le problème est important et complexe, il n'y a pas d'expert clairement identifié, l'équipe dispose des informations nécessaires.

› Mode délégatif, s'il existe un (des) expert(s) clairement identifié(s), si le problème est d'une importance modérée.

Méthodologie et conseils

› En mode **directif**, le manager de managers décide, explique sa décision et répond aux questions des managers. Il est utile lorsque sa conviction est faite ou si le problème est simple et la solution évidente.

› En mode **consultatif,** le manager de managers consulte ses collaborateurs avant de prendre sa décision. Il s'agit avant tout d'éviter de faire une erreur importante. Il est nécessaire lorsque l'équipe fonctionne mal.

› En mode **concertatif,** le manager de managers prend la décision avec les managers. Ceci est pertinent lorsque l'expertise est partagée par l'ensemble de l'équipe des managers et que les membres de l'équipe sont prêts à adopter une vision d'ensemble.

› En mode **délégatif,** la décision est prise par un ou plusieurs managers, si le manager de managers et l'équipe sont prêts à accepter ce que sera la solution. Cela constitue une opportunité de développement pour le(s) manager(s).

« L'homme ne pourra plus accepter de travailler sans créer ni participer aux décisions. »
François Mitterand

Avantages

- Permet de sécuriser la mise en œuvre effective et efficace d'une décision.

Précautions à prendre

- Vérifier les marges de manœuvre dont dispose le manager de managers. De ces marges de manœuvre dépendent les choix qui s'offrent à lui et son équipe.

SUITE OUTIL 18 →

Adapter les modes de prise de décision

Comment être plus efficace ?

Les critères de la situation à prendre en compte

Le manager de managers a intérêt à prendre en compte les critères suivants pour choisir le mode de décision le plus adapté.

L'urgence

La décision doit être prise rapidement. Il faut évaluer le degré d'urgence en se questionnant : « quelles sont les conséquences du non-traitement immédiat ? »

Mode de décision à privilégier : décision individuelle du manager de managers (directive).

Avantage : gain de temps

Inconvénients : peut produire des écarts lors de la réalisation. Peu approprié aux choix complexes. Risque d'être mal vécu (autocratie).

La simplicité

Le problème peut être, par exemple, traité par une simple mise en commun d'informations.

Mode de décision à privilégier : décision individuelle du manager de managers après consultation (consultative).

Avantage : développe le sentiment de participation.

Inconvénient : les limites de la consultation doivent avoir été définies préalablement.

La technicité

La situation exige surtout une décision d'une grande valeur technique.

Mode de décision à privilégier : un expert ou une équipe pluridisciplinaire.

Avantages : qualité technique de la décision.

Inconvénients : risque de manque d'adhésion.

La nouveauté

La résolution du problème implique qu'une solution créative soit trouvée.

Mode de décision à privilégier : l'équipe en mode concertatif ou délégatif.

Avantages : réduit les risques d'erreur. Adapté pour les problèmes à enjeux importants ou complexes.

Inconvénient : prend du temps.

L'adhésion

La décision requiert l'adhésion de toutes les personnes concernées.

Mode de décision à privilégier : l'équipe par recherche de consensus (concertatif ou délégatif).

Avantages : motivant pour les collaborateurs.

Inconvénients : nécessité de définir à l'avance les rôles de chacun. Peut être ressenti comme un abandon de ses pouvoirs.

Les attitudes qui favorisent la prise de décision en équipe

Raisonner en termes d'objectifs.

Proposer une méthode de travail et solliciter l'accord des membres de l'équipe. Faire la liste des contraintes et des impératifs auxquels devra répondre la solution retenue.

Accepter les divergences de points de vue et les considérer comme une richesse.

Évaluer les avantages et les inconvénients de chaque option.

Prendre en compte les souhaits et intérêts individuels.

Préférer le conflit aux accords de façade. Lorsque deux opinions s'affrontent, rechercher une troisième voie qui combine les arguments des deux premières.

Écouter le verbal (les mots), le paraverbal (la manière de dire) et le non verbal (expressions du visage, posture, gestuelle).

L'approche méthodologique proposée permet d'analyser rapidement la situation et d'envisager le mode de décision les plus adapté.

CAS Un manager de managers doit prendre une décision

La décision à prendre

Dans le cadre de la fusion entre deux mutuelles, la décision à prendre consiste à regrouper sur un même site des binômes de collaborateurs qui jusqu'à présent traitaient une clientèle spécifique pour développer la polyvalence.

Le diagnostic et le choix du mode de décision

Le manager de managers de cette entité évalue la décision :

- Que se passera-t-il si la décision n'est pas prise et mise en œuvre rapidement ?
- Quelle est la distance géographique entre les deux mutuelles ?
- Est-ce que la réussite de la décision nécessite une expertise particulière ?
- Est-ce que la situation est nouvelle et nécessite de la créativité ?
- Est-ce que l'adhésion des collaborateurs est importante ?

Il ressort de cette analyse (voir tableau ci-dessous) que la réussite de la décision requiert la créativité et l'adhésion de toutes les personnes concernées. C'est un élément clé de la réussite de cette réorganisation.

Le manager de managers distingue la partie non négociable – la décision de fusion, prise en mode directif ou persuasif – de la partie négociable – par exemple, l'aménagement des locaux, prise en mode concertatif ou délégatif. ■

Décision à prendre : déménagement pour rapprochement de deux équipes		
	Oui/Non	**Arguments**
Urgence	Non	Dans 6 mois.
Simplicité	Oui	Les locaux des deux mutuelles sont peu distants géographiquement.
Technicité	Non	Ce sont des professionnels. Une formation leur permettra de prendre en charge une nouvelle clientèle.
Nouveauté	Oui	La situation est nouvelle et des solutions créatives sont à trouver par les collaborateurs concernés.
Adhésion	Oui	La mise en œuvre et l'efficacité de cette nouvelle organisation requierent l'adhésion des collaborateurs concernés.

DOSSIER

3 FÉDÉRER SON ÉQUIPE DE MANAGERS

« L'art de la réussite consiste à savoir s'entourer des meilleurs. »
John Fitzgerald Kennedy

Fédérer son équipe de managers est un enjeu majeur pour le manager de managers. Cela nécessite qu'il connaisse et mette en œuvre les savoir-faire qui vont lui permettre de constituer une véritable équipe et de la rendre performante.

Donner du sens

Le sens ne se décrète pas. Un des rôles du manager de managers est d'accompagner le développement de la performance collective de ses équipes, afin de leur faire co-élaborer et vivre le sens. Le but est que le résultat opérationnel de l'ensemble dépasse la somme du potentiel des membres de l'equipe. À cet effet, il doit être capable d'identifier à quel stade de développement est son équipe pour actionner les leviers, lever les obstacles et mettre en œuvre l'apprentissage de nouveaux comportements collectifs, pour enfin atteindre le niveau de performance attendu.

Constituer une véritable équipe avec les managers

Créer une zone de leadership commune avec ses managers permet au manager de managers de délimiter les frontières de l'équipe. Pour cela, il définit des règles du jeu à l'intérieur de la zone de leadership, qui assurent la pérennité, la crédibilité et l'utilité de l'équipe de managers, en codifiant les droits et devoirs de chacun. Pour générer un degré élevé de confiance entre les membres de l'équipe des managers, ces règles doivent être choisies à l'unanimité et porteront en particulier sur :

- l'assiduité, la libre expression des managers ;
- la solidarité entre les membres ;
- les modalité de communication vers les équipes et l'extérieur ;
- l'attitude à adopter quand les managers détiennent des informations sensibles qu'il détient aussi ;
- l'anticipation des départs ou arrivées de managers.

Répondre aux différents besoins

Par ailleurs, pour un travail d'équipe efficace avec ses managers, le manager de managers doit à la fois répondre aux besoins de l'organisation, de chacun des managers et du collectif équipe.

Valoriser les différences

Valoriser les différences représente pour le manager de managers une ligne de conduite qui va lui permettre d'accepter et de valoriser d'autres cadres de référence que le sien, en particulier la manière différente dont chacun des managers, dont il a la responsabilité hiérarchique, perçoit les situations. Cela suppose qu'il dispose de repères qui vont lui permettre d'adopter la bonne posture. Il peut ainsi adapter les attitudes à partir desquelles il va s'engager dans la relation individuelle avec chacun.

Une équipe est un organisme vivant qui a un cycle de vie – de sa constitution à sa dissolution – que le manager de managers doit accompagner en adoptant des comportements spécifiques à chaque étape pour la rendre performante.

Communiquer avec l'équipe de managers

Enfin, le manager de managers a intérêt à mettre en place un système de communication en fonction de ses propres besoins et de ceux de son équipe de managers. Il choisira le média adapté en fonction du fait que la communication est formelle ou informelle et de son caractère individuel ou collectif.

LES OUTILS

19 Créer une zone de leadership avec ses managers.... 66

20 Mobiliser les 12 caractéristiques d'une équipe haute performance 68

21 Éviter les 5 grands dysfonctionnements d'une équipe d'encadrement 70

22 Répondre aux 3 types de besoins des managers 72

23 Développer la coopération et la solidarité 74

24 Utiliser 8 clés pour valoriser les différences 76

25 Accompagner le cycle de vie de l'équipe.... 78

26 Harmoniser les pratiques managériales de ses collaborateurs.... 80

27 Choisir le moyen de communication adapté.... 82

OUTIL 19 Créer une zone de leadership avec ses managers

DÉLIMITER LA ZONE DE LEADERSHIP DE SON ÉQUIPE

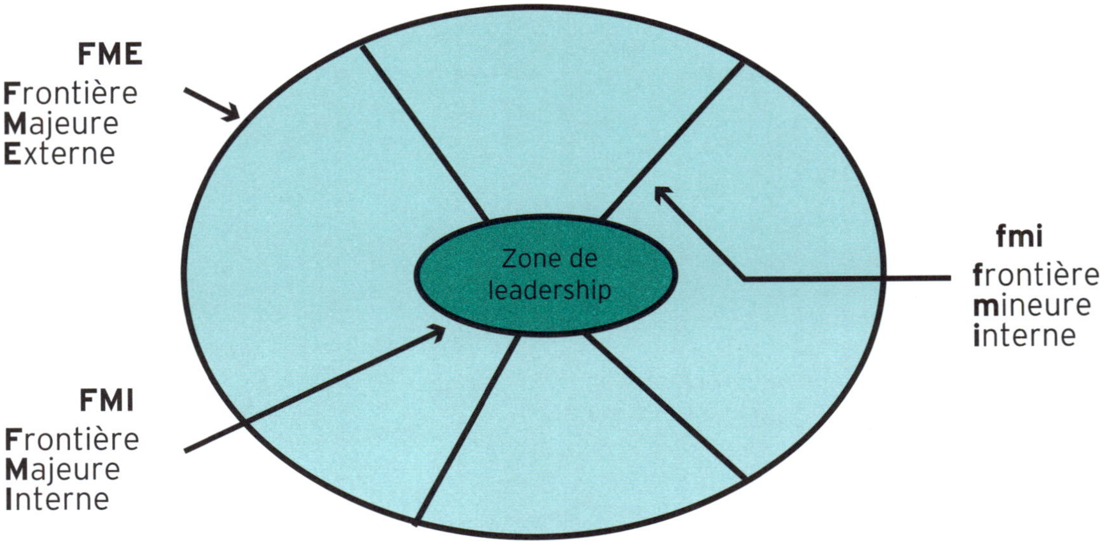

En résumé

L'outil Créer une zone de leadership avec ses managers, inspiré de la théorie organisationnelle du fondateur de l'analyse transactionnelle Éric Berne (in *The Structure and Dynamics of Organisations and Groups*) permet au manager de managers de délimiter les frontières de la zone de leadership avec ses managers en distinguant :

- FME : la Frontière Majeure Externe ;
- FMI : la Frontière Majeure Interne ;
- fmi : les frontières mineures internes.

Pourquoi l'utiliser ?

Objectif

Créer une zone de leadership avec son équipe de managers.

Contexte

En particulier dans les situations où l'entité doit faire face à une crise, à une attaque externe ou à un grand projet.

Comment l'utiliser ?

Étapes

1. **Délimiter la zone de leadership.** Il convient de distinguer :

- **les frontières mineures internes (fmi) :** elles séparent les services et les fonctions dans l'organisation ;
- **la Frontière Majeure Externe (FME) :** elle distingue l'organisation de son environnement ;
- **la Frontière Majeure Interne (FMI) :** elle distingue la zone de leadership de l'équipe des managers de celle des autres membres de l'organisation. Si les membres de l'organisation contestent ou doutent de la solidité de la Frontière Majeure Interne, la crédibilité de la zone de leadership de l'équipe des managers est entamée ;
- **la zone de leadership :** c'est la zone de l'équipe constituée du manager de managers et de son équipe qui oriente, stimule, décide.

2. **Construire la zone de leadership.** Il convient de définir des règles du jeu à l'intérieur de la zone de leadership. Elles assurent la pérennité, la crédibilité et l'utilité de celle-ci, en codifiant les droits et devoirs de chacun. Pour générer un degré élevé de confiance entre les membres de l'équipe des managers, elles doivent être choisies à l'unanimité et respecter la règle des 3P :

- **Protection :** sécurité des membres, confidentialité des propos tenus... ;
- **Permission :** droit à l'hésitation, au décalage, à l'impertinence... ;
- **Puissance :** incarnées par tous, redéfinies ensemble si l'environnement change.

Méthodologie et conseils

Les règles portent en particulier sur :

- **l'assiduité :** des absences répétées fragilisent la zone de leadership ;
- **la libre expression des membres :** comme l'a dit un dirigeant : « tout ce que vous direz ici ne sera pas retenu contre vous ; en revanche, ce que vous ne diriez pas, pourrait l'être » ;
- **la solidarité :** assumer les décisions prises et en être le porte-parole, être le représentant des managers ;
- **les processus de décision :** en fonction des cas : unanimité ? Consensus par accord ou non-désaccord (« Je ne suis pas tout à fait d'accord, mais j'assume ») ? Vote ?
- **la communication :** que communique-t-on en interne et comment ?
- **la frontière mineure interne à la zone de leadership :** un droit de veto d'un membre qui détient d'éventuelles informations sensibles ;
- **le changement de composition :** l'anticipation des départs ou arrivées de membres. ■

« Une force qui encourage les participants d'un voyage à passer de l'état de passager à celui d'acteur d'une aventure. » Chris Viehbacher

Avantages

- Permet de constituer un corps managérial cohérent et solidaire.

Précautions à prendre

- Être cohérent entre les principes affichés et les comportements des membres de l'équipe.
- Faire preuve d'ouverture et d'authenticité à l'intérieur de la zone de leadership.
- Communiquer et mettre en œuvre les décisions prises.
- Diffuser le leadership au-delà de la zone de leadership.

OUTIL 20

Mobiliser les 12 caractéristiques constantes d'une équipe haute performance

LA PERFORMANCE D'UNE ÉQUIPE, ÇA SE GÈRE

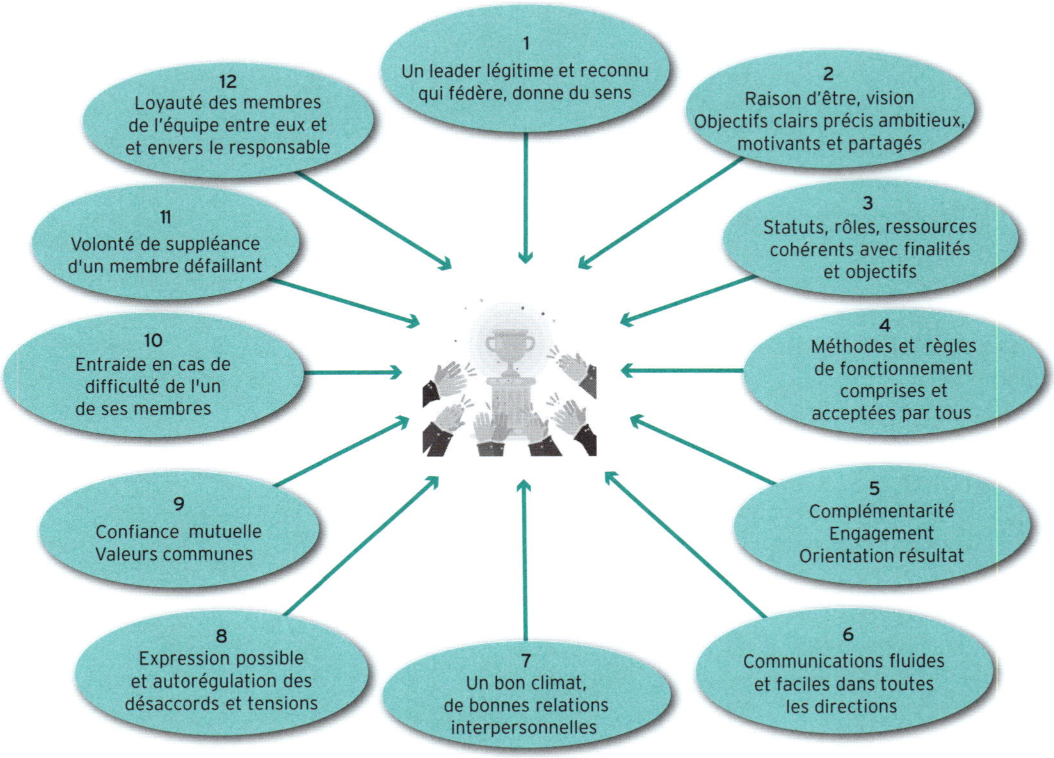

En résumé

L'équipe est à la fois le lieu du développement des performances individuelles et celui d'une performance collective originale, supérieure à l'addition des performances de chacun de ses membres. L'entreprise elle-même est une équipe d'équipes, si bien que le développement de la performance d'équipe s'étend par capillarité et forge une véritable culture d'organisation performante.

Bâtir une équipe hautement performante est donc un acte essentiel pour un manager de managers.

C'est un processus long et complexe qui demande du temps et de l'énergie. Les 12 caractéristiques d'une équipe à hautes performances détaillent les conditions à satisfaire pour y parvenir.

Pourquoi l'utiliser ?

Objectif

Fournir au manager de managers des points de repère pour construire une équipe performante.

Contexte

Quand l'augmentation des performances de l'entreprise devient cruciale.

Comment l'utiliser ?

Étapes

1. **Diagnostiquer son positionnement** et celui de son équipe de managers par rapport aux caractéristiques d'une équipe à hautes performances.
2. **Imaginer la vision de l'équipe** que vous voulez devenir.
3. **Identifier les actions à mener** et établir un plan d'action, à titre individuel, au niveau des processus et des comportements. Par exemple : développer l'écoute, donner du sens, clarifier les rôles, communiquer davantage...
4. **Établir un plan d'action.**

Méthodologie et conseils

Se référer aux 12 caractéristiques suivantes

1. **Un leader légitime et reconnu**, qui fédère, qui écoute et conseille, qui donne du pouvoir, qui donne du sens.
2. **Une raison d'être, une vision et des objectifs clairs, précis, ambitieux, motivants, compris et partagés.**
3. **Des statuts, rôles, missions, ressources,** cohérents avec les finalités et les objectifs, connus, compris et acceptés par tous comme moyens d'améliorer l'efficacité.
4. **Des méthodes et règles de fonctionnement** connues, comprises, acceptées et respectées par tous, utiles et efficaces et perçues comme telles.
5. **Des communications fluides et faciles dans toutes les directions.** Une information claire et partagée, c'est donner du sens à l'action.
6. **Des managers complémentaires, engagés, centrés sur les résultats,** qui se savent interdépendants, se sentent solidairement responsables, connaissent les capacités, comportements, réactions de tous les autres, s'appuient sur leurs talents et coopèrent.
7. **Un bon climat, de bonnes relations interpersonnelles,** le plaisir à travailler ensemble, sont des éléments indispensables à la cohésion de l'équipe et à la performance collective.
8. **L'expression possible et l'autorégulation des désaccords et tensions.** C'est la capacité à confronter positivement les idées et les perceptions différentes.
9. **Valeurs communes.** Confiance mutuelle. Solidarité, entraide, co-responsabilité, transparence, coopération, respect de l'autre, confiance mutuelle, sont des valeurs présentes dans les équipes à hautes performances.
10. **Entraide en cas de difficulté** d'un de ses membres. La solidarité est un lien d'engagement implicite entre individus d'une communauté. C'est un critère d'existence et de fonctionnement d'une équipe.
11. **Volonté de suppléance** d'un membre défaillant.
12. **Loyauté des membres de l'équipe entre eux et envers le responsable.**

Associez vos managers à chaque étape. Faites-en sorte que cela devienne leur projet. ■

« Quand le leader est bon, l'équipe à confiance en lui. Quand le leader est excellent, l'équipe a confiance en elle. »
R. Kovacevitch

Avantages

- L'opportunité pour le manager de managers de mettre en œuvre toute la palette de ces compétences, et d'engager une action collective de progrès.

Précautions à prendre

- Ne pas tout faire en même temps. Établir un ordre de priorité. Tenir compte du temps nécessaire à l'intégration des nouveaux comportements.

Éviter les 5 grands dysfonctionnements d'une équipe d'encadrement

CONNAÎTRE ET COMPRENDRE POUR POUVOIR AGIR

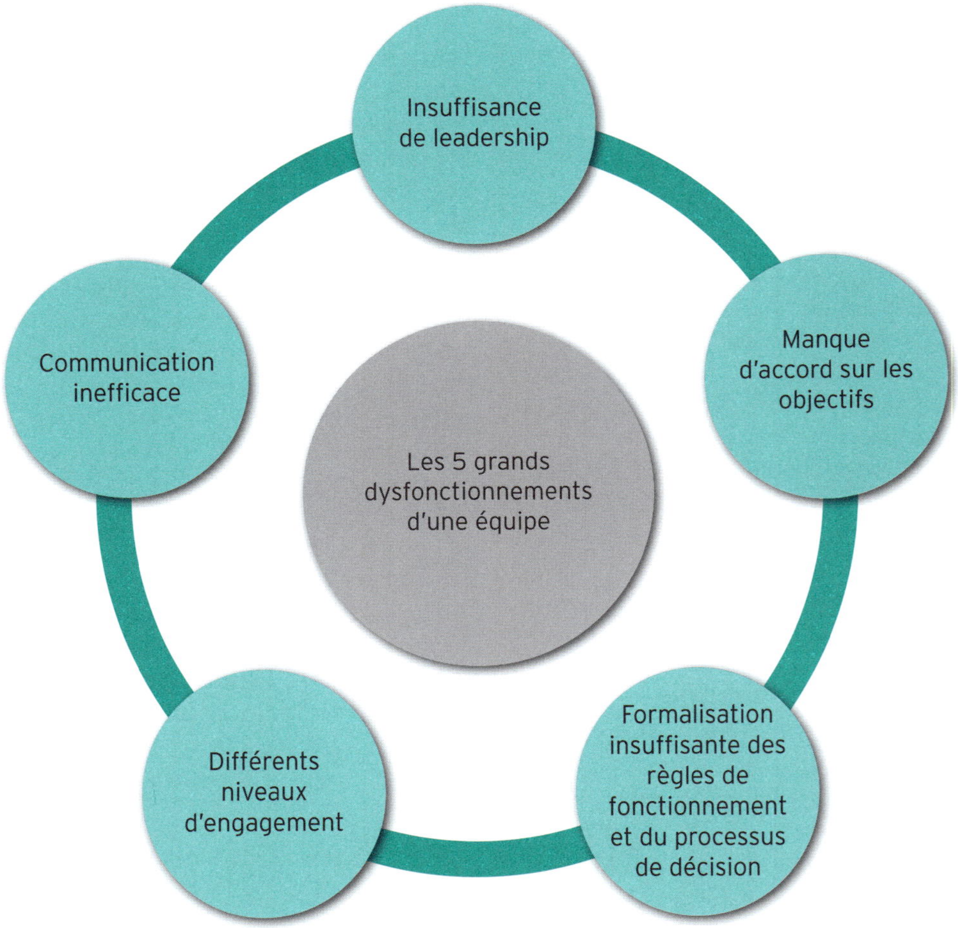

En résumé

Dans une équipe hautement performante, le manager de managers incarne la vision partagée par les managers qui ont développé leur capacité à s'écouter mutuellement, à confronter leurs opinions et à mettre en commun leurs compétences. Ils ont le sens du travail en commun. Chacun est au service de l'action collective.

Si, pour arriver à ce stade, il faut de l'énergie et du temps, maintenir durablement la performance de l'équipe exige une vigilance de tous les instants. **Les 5 grands dysfonctionnements d'une équipe d'encadrement** indiquent au manager de managers les points auxquels il doit être particulièrement attentif.

Pourquoi l'utiliser ?

Objectif

Anticiper les dérives et maintenir les performances de l'équipe.

Contexte

Dans l'exercice de la fonction du manager de managers.

Comment l'utiliser ?

Étapes

Identifier les 5 dysfonctionnements.

› **Insuffisance de leadership.** L'autorité du leader n'est pas suffisamment reconnue. Charisme et présence sont insuffisants. Le style de leadership est inefficace ou inadapté à la maturité du groupe.

› **Manque d'accord sur les objectifs.** Les objectifs ne sont pas précis : le sens et les critères de réussites ne sont pas explicités. La multiplicité des objectifs entraîne la confusion. L'objectif annoncé est secondaire et l'objectif réel est caché (il y a manipulation). Il y a globalement accord sur les objectifs mais désaccord sur les priorités à leur accorder.

› **Manque de formalisation des règles de fonctionnement et du processus de décisions.** Conséquences : inconfort, interprétations diverses, frustrations, sentiment d'insécurité, sentiment d'injustice, perte de confiance.

› **Inefficacité des communications.** Écoute médiocre, incompréhensions réciproques. Relations tendues. Informations incomplètes, sélectives et irrégulières. Messages ambigus. Insuffisance du travail collectif.

› **Différents niveaux d'engagement.** Implication variable : insuffisance des moyens, rôles non adaptés aux compétences, aux intérêts et motivation des managers. Cette hétérogénéité crée des tensions entre les managers.

Méthodologie et conseils

1. **Points de vigilance.** Vérifier régulièrement avec votre équipe votre positionnement par rapport aux 12 caractéristiques d'une équipe à haute performance et identifier les actions à mener pour réduire les écarts (voir outil 20).

2. **Quelques pistes de réflexion.**

› Vos managers connaissent-ils la vision et les orientations de l'entreprise et y adhèrent-ils totalement ? Sont-ils suffisamment informés sur les rôles et missions de chacun ? Sont-ils suffisamment associés à la définition des objectifs et aux règles de fonctionnement de l'équipe ?

› Les règles du jeu de l'équipe sont-elles efficaces ou doivent-elles être adaptées ou complétées ? Les missions et rôles de chacun correspondent-ils aux compétences, à l'intérêt et à la motivation des managers ?

› Échangez-vous suffisamment régulièrement sur vos attentes respectives ? Leur donnez-vous des signes de reconnaissance ? Leur donnez-vous suffisamment d'autonomie ?

› S'apportent-ils une aide mutuelle en cas de problème ? Les échanges sont-ils francs et directs ? Chacun s'exprime-t-il librement et complètement ? Les divergences sont-elles toutes exprimées sans retenue, formulées sans agressivité et régulées positivement ?

› Soyez vigilant sur votre propre comportement. Recherchez le feedback et prenez l'initiative de vous excuser de vos éventuelles erreurs. ■

« Ne cherchez pas la faute, cherchez le remède. »
Henry Ford

Avantages

- Donne une check-list des points à surveiller.

Précautions à prendre

- Être lucide et objectif dans l'observation, l'analyse et le recueil d'information.

OUTIL 22

Répondre aux 3 types de besoins des managers

CRÉER LES CONDITIONS DE LA RÉUSSITE COLLECTIVE

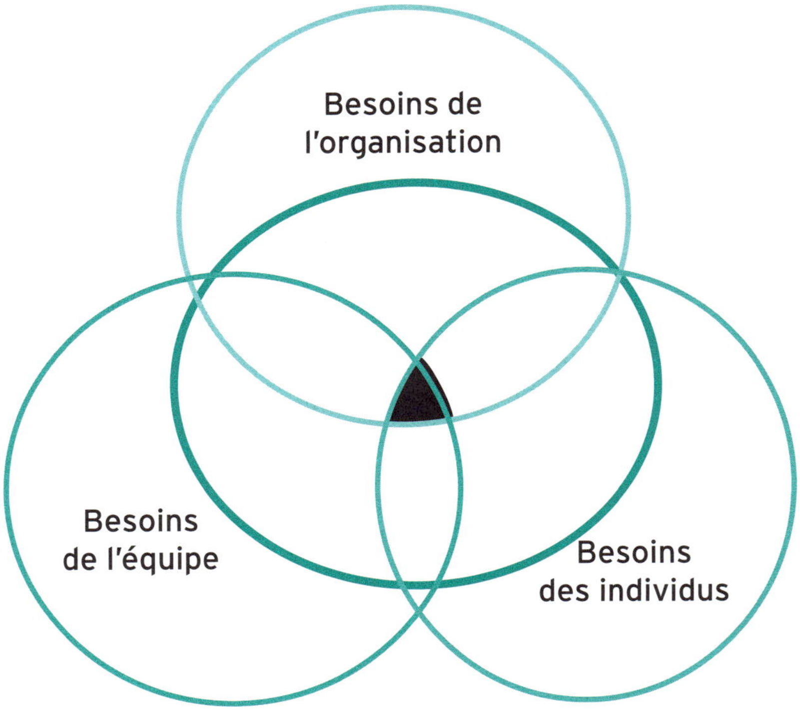

En résumé

L'outil Répondre aux 3 types de besoins, inspiré par les travaux de l'expert britannique en leadership John Adair, permet au manager de managers de faire un diagnostic sur la manière dont il satisfait les trois types de besoins fondamentaux pour réussir un travail d'équipe efficace avec ses managers :

- les besoins de l'organisation ;
- les besoins des individus ;
- les besoins de l'équipe.

Il peut, à partir de ce diagnostic, élaborer son plan d'actions pour optimiser les performances de son équipe de managers.

Pourquoi l'utiliser ?

Objectif

Satisfaire les besoins de l'organisation, de l'équipe et les besoins individuels des managers.

Contexte

Lorsque le manager de managers souhaite optimiser la performance de son équipe de managers.

Comment l'utiliser ?

Étapes

Répondre aux questions suivantes sur la manière dont vous répondez aux 3 types de besoins.

› **Répondre aux besoins de l'organisation.** Comment les responsabilités entre le directeur, les managers et vous-même sont-elles réparties ? Les indicateurs liés à vos objectifs sont-ils fiables, accessibles ou suscitent-ils des réactions ? Faites-vous des points réguliers d'avancement pour analyser l'efficacité de vos actions et décider d'actions correctives ? Comment vos managers suivent-ils et contrôlent-ils régulièrement leurs résultats et ceux de leur équipe ? En cas d'absence, comment vos responsabilités sont-elles réparties au sein de votre équipe ?

› **Répondre aux besoins de l'équipe.** En quoi et comment l'équipe de managers contribue-t-elle à la définition des objectifs ? Votre équipe de managers reçoit-elle suffisamment de feedbacks de vos clients internes et externes ? Les interactions entre managers sont-elles satisfaisantes ? Ont-ils une vision du management suffisamment commune ? Comment les managers communiquent-ils entre eux ? Qu'est-ce qui contribue à faciliter l'esprit d'équipe entre eux ? Des règles du jeu de groupe ont-elles été mises en place ? Êtes-vous impartial et intègre pour faire appliquer ces règles ? Comment votre équipe réagit-elle en cas de tension/conflit ? Vos managers se réunissent-ils pour trouver des solutions aux problèmes qu'ils rencontrent ou pour échanger leurs pratiques ? Se sentent-ils suffisamment libres pour dire ce qu'ils pensent ? Se sentent-ils suffisamment soutenus ?

› **Répondre aux besoins des individus.** Les objectifs individuels ont-ils été définis ? Chacun connaît-il sa contribution au résultat final ? En quoi chacun de vos managers peut-il compter sur les autres ? Déléguez-vous en fonction de leurs compétences ? Ont-ils assez d'autonomie pour accomplir leurs missions ? La formation est-elle adéquate et suffisante ? La critique est-elle aussi bien positive que négative ? Chacun a-t-il des possibilités d'évolution ? Comment les performances individuelles sont-elles prises en compte et valorisées ? Y a-t-il équilibre entre la contribution et la rémunération ? Les compétences des managers sont-elles bien utilisées ? Comment conseillez-vous et aidez-vous vos managers pour les développer ?

« Leading dérive d'un mot anglo-saxon qui signifie route, voie, ou cap pour un navire. »
John Aidair (magazine Director, 1988)

Méthodologie et conseils

Reprendre chacune de ses réponses et noter les besoins qui ne sont pas correctement satisfaits aujourd'hui.

Identifier les besoins qui sont dans sa zone de responsabilité et mener une réflexion sur les actions à mettre en œuvre pour y répondre. ■

Avantages

- Permet de prendre en compte simultanément les besoins de toutes les parties prenantes.

Précautions à prendre

- Créer un climat de confiance qui permette à l'équipe et à chaque manager de s'exprimer ouvertement.

OUTIL 23

Développer la coopération et la solidarité

C'EST EN JOUANT COLLECTIF QUE L'ON GAGNE

En résumé

Les relations au sein de l'équipe de managers sont coopératives lorsque ceux-ci cherchent à travailler ensemble, à mettre en commun leurs compétences et leurs responsabilités afin d'optimiser les résultats de chacun et atteindre une performance plus élevée que la somme des performances individuelles.

L'équipe est solidaire quand ses membres s'écoutent, se comprennent et s'entraident.

Développer la coopération et la solidarité se fait d'autant plus facilement que les managers ont su tisser des relations de confiance. Ces dimensions : coopération, confiance, solidarité, ne se décrètent pas. C'est au manager de managers de créer les conditions pour les obtenir.

Pourquoi l'utiliser ?

Objectif

Fournir aux managers de managers une liste d'actions à réaliser pour faciliter la coopération et la solidarité.

Contexte

S'inscrit dans un processus de développement de l'équipe et des compétences des managers.

Comment l'utiliser ?

Étapes

1. **Tenir compte des particularités de chacun,** dans la répartition des rôles et des missions. Veiller à la complémentarité des compétences.
2. **Adapter son management** à la personnalité et au degré de maturité de ses managers. Encourager plutôt que de blâmer.
3. **Fixer avec ses managers les valeurs communes** et les comportements attendus. En être l'illustration vivante.
4. **Leur donner du pouvoir.** Leur faire confiance. Déléguer.
5. **Investir du temps** et organiser des événements pour que chacun se connaisse réellement.
6. **Mettre en évidence et valoriser les complémentarités** pour que chacun ait une perception positive du rôle et des capacités des autres.
7. **Fixer à la fois des objectifs individuels et collectifs.** Récompenser la réussite de ces objectifs.
8. **Développer la communication avec et entre ses managers.**

› Mettre en place un système de réunions adapté pour renforcer le sentiment d'appartenance, entretenir l'implication et développer les compétences de l'équipe.

› Mettre en commun les informations et faciliter leur partage.

› Encourager ses managers à exprimer leur opinion, même s'ils sont en désaccord.

› Capitaliser sur les expériences réussies et encourager les échanges de bonnes pratiques.

› Clarifier les attentes réciproques, encourager l'expression pour dissiper les non-dits.

9. **Associer ses managers aux décisions.** Les solliciter. Les habituer à réfléchir ensemble aux difficultés et à décider en commun des actions à mener. Les encourager à s'influencer mutuellement.
10. **Valoriser les comportements coopératifs :** encourager la formation mutuelle et le partage des compétences (binômes, parrainage des nouveaux, etc.).
11. **Mettre en avant les réussites de l'équipe** et valoriser le rôle de ses managers dans ces réussites.

« Lorsque les hommes travaillent ensemble, les montagnes se changent en or. »
Proverbe chinois

Méthodologie et conseils

Pour favoriser la gestion constructive des différences de points de vue, dresser la liste des points positifs et négatifs d'une solution envisagée. Cela incite à faire le tour du problème. Clarifier les messages ambigus pour être attentifs aux signes de désaccord non verbaux. Inviter les personnes concernées à s'exprimer. Entraîner ses managers à développer leur écoute et à faire la différence entre compréhension, interprétation et jugement. Enfin, montrer l'intérêt d'étayer les affirmations par des faits et des données validées. ■

Avantages

- **Permet au manager de managers de situer son équipe de managers et d'identifier les correctifs éventuels à mettre en œuvre.**

Précautions à prendre

- **Être attentif à bien utiliser le mode de communication adapté au type de personnalité et au degré de maturité des managers. Encourager plutôt que blâmer.**

OUTIL 24

Utiliser 8 clés pour valoriser les différences

ACCEPTER LE MODÈLE DU MONDE DE L'AUTRE

En résumé

Les 8 clés pour valoriser les différences prennent appui sur les présupposés de base de la Programmation NeuroLinguistique (PNL) proposés par Robert Dilts. Pour le manager de managers, ils représentent une ligne de conduite qui va lui permettre d'accepter et de valoriser d'autres cadres de référence que le sien, en particulier les différentes manières dont chacun des managers dont il a la responsabilité hiérarchique perçoit les situations.

Avec ces 8 clés, le manager de managers dispose des repères nécessaires pour adopter la posture et les attitudes adaptées à partir desquelles il va s'engager dans la relation individuelle avec chacun.

Pourquoi l'utiliser ?

Objectif

Adopter une posture qui valorise les différences.

Contexte

Les situations où le manager de managers a des difficultés à comprendre ses interlocuteurs.

Comment l'utiliser ?

Étapes

S'approprier chaque présupposé.

› **La carte n'est pas le territoire.** Chacun a sa propre perception de la réalité (son modèle du monde). Aucun modèle du monde n'est meilleur qu'un autre.

› **L'intention positive des comportements.** Tout comportement a une intention positive pour la personne.

› **Les meilleurs choix possibles parmi ceux disponibles.** Chacun fait le meilleur choix disponible dans son modèle du monde.

› **Impossible d'isoler complètement une partie du système du reste du système.** Les 2 parties s'influencent nécessairement. Chacun est 100 % responsable de ses propres comportements.

› **Des interactions à plusieurs niveaux.** Ce qui est positif à un niveau peut être négatif à un autre. Distinguer le comportement (faire) de la personne (être).

› **Donner du sens avec la prise en compte du contexte initial.** Un comportement est aidant ou limitant en fonction du contexte.

› **Les cartes les plus « sages » :** celles qui apportent le plus grand nombre de choix.

› **De la flexibilité pour s'adapter aux changements.** Plus un système se complexifie, plus il faut de la flexibilité. Si ce que vous faites ne permet pas d'obtenir la réponse souhaitée, modifiez vos comportements.

Méthodologie et conseils

Mener une réflexion pour valoriser les différences en vous posant les questions suivantes.

À votre avis, comment l'autre perçoit-il la situation ? Quelle pourrait être l'intention positive de ces comportements ? Quel autre choix plus approprié permettrait de respecter le modèle du monde de l'autre ?

Comment percevez-vous la situation ? Si vous étiez l'autre personne, comment percevriez-vous la situation? En tant qu'observateur neutre, comment percevez-vous la situation ?

En quoi contribuez-vous au maintien de la situation ? Quels sont les facteurs qui pourraient influencer la situation (voir outil 13).

Comment prenez-vous en compte la situation sur le court/long terme, dans le passé/le présent/le futur… ? Comment cette situation est-elle influencée par le passé ?

Quelle perspective adoptez-vous quand vous faites l'expérience de la situation ? À quel niveau votre attention est-elle le plus focalisée ? Comment pourriez-vous répondre autrement à cette situation ? ■

« Les 8 clés » sont inspirées d'un exercice conçu par trois experts en PNL, R. Dilts, T. Epstein et J. Delozier.

Avantages

■ Les 8 clés permettent de comprendre l'autre plutôt que le juger à partir de son propre modèle du monde.

Précautions à prendre

■ Se centrer sur l'autre plutôt que sur soi.

OUTIL 25 Accompagner le cycle de vie de l'équipe

MOBILISER LA DIMENSION DU COMPORTEMENT ADAPTÉE À CHAQUE ÉTAPE

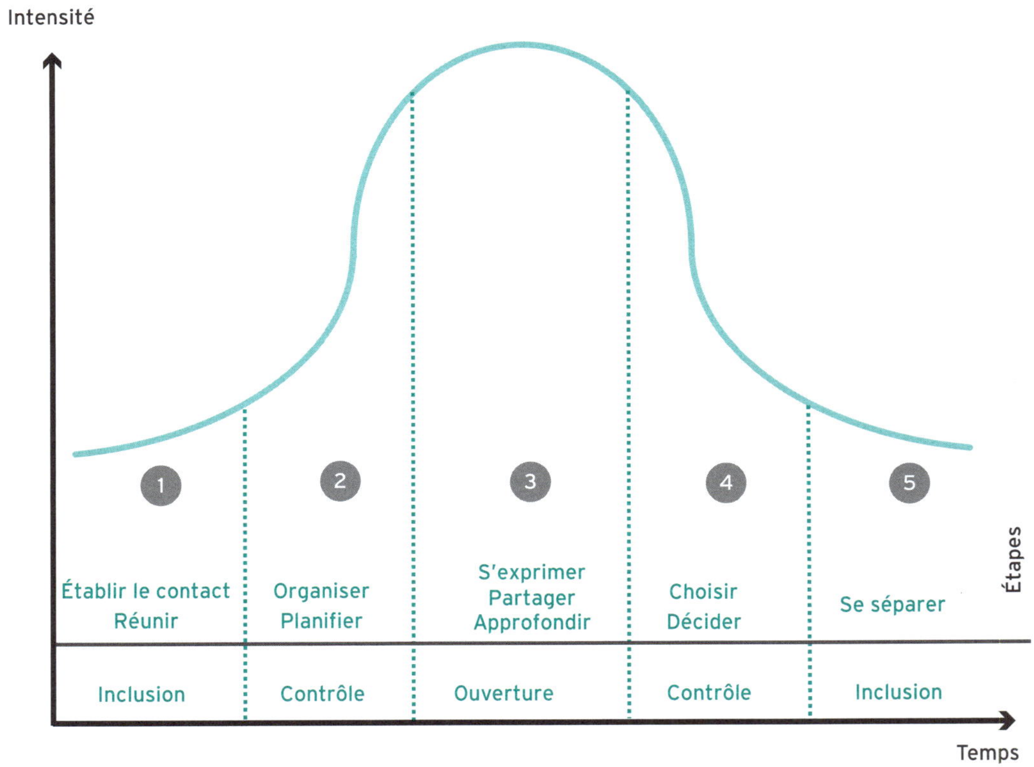

En résumé

Accompagner le cycle de vie de l'équipe, formalisé par Will Schutz et Alain Duluc dans l'ouvrage *Leaders, inspirez confiance* (4e éd., Dunod, 2017), donne au manager de managers les repères sur les comportements à mobiliser tout au long de la vie de son équipe, de sa constitution à sa séparation, sur la base des trois dimensions du comportement : inclusion, contrôle et ouverture.

Pourquoi l'utiliser ?

Objectif

Accompagner le cycle de vie d'une équipe de sa constitution à sa dissolution.

Contexte

Toute situation dans laquelle une forte interdépendance entre les managers est indispensable à la performance collective.

Comment l'utiliser ?

Étapes

Identifier les risques liés à chaque étape du cycle de vie de l'équipe.

› **Établir le contact, réunir**. Les risques : du retrait, de l'absentéisme des managers ; une faible implication ; un faible sentiment d'appartenance à l'équipe.

› **Organiser, planifier.** Les risques : des luttes de pouvoir et de la compétition entre les managers ; une absence de leadership et de coopération dans l'équipe.

› **S'exprimer, partager, approfondir.** Les risques : un manque de sincérité qui se traduit par de la manipulation ou de la rétention d'information ; de l'inertie dans l'équipe.

› **Choisir, décider.** Les risques : un manque d'adhésion aux décisions et un déficit d'apprentissage individuel et collectif.

› **Se séparer.** Les risques : difficulté des membres de l'équipe à s'investir dans de nouveaux projets.

Méthodologie et conseils

Il est important de mobiliser la dimension du comportement adaptée à chaque étape.

1. **Établir le contact, réunir : inclusion.** Créer l'envie de travailler ensemble et de développer le sentiment d'appartenance en mobilisant la dimension inclusion. Le leader propose un partage sur :

› une présentation de chacun et de son expérience ;

› ce que chacun va apporter à l'équipe et ce qu'il en attend ;

› ses intentions par rapport à l'équipe ;

› ce qui soutiendra son implication et le rôle qu'il aimerait tenir dans l'équipe ;

› ses craintes.

2. **Organiser, planifier : contrôle.** Définir la vision et la façon de travailler ensemble en clarifiant les points suivants :

› Quel est notre projet ?

› Quelle vision du management voulons-nous promouvoir ?

› Quelle est notre mission en tant qu'équipe ?

› Comment nous organiser pour remplir notre mission ?

3. **S'exprimer, partager, approfondir : ouverture.** Résoudre les difficultés en mobilisant la dimension d'ouverture pour aborder en toute franchise la façon de travailler ensemble et dépasser les rigidités de chacun.

› Comment pouvons-nous nous aider les uns les autres à surmonter les problèmes de management que nous rencontrons ?

4. **Choisir, décider : contrôle.** En mobilisant la dimension contrôle, clarifier les modalités de décision et faire un retour d'expérience sur les résultats de l'équipe et son mode de fonctionnement.

5. **Se séparer : inclusion.** Il s'agit de mettre un terme à la vie de l'équipe et de le signifier par un temps d'inclusion pour se séparer. ■

« Faites l'équipe, elle fera le reste. »
Olivier Devillard

Avantages

■ **Permet d'accompagner la vie de l'équipe et de dépasser les difficultés qu'elle rencontre.**

Précautions à prendre

■ **Développer sa flexibilité sur les 3 dimensions du comportement pour accompagner son équipe. Régler la problématique de chaque étape avant de passer à la suivante.**

OUTIL 26

Harmoniser les pratiques managériales de ses collaborateurs

CRÉER UNE ENVELOPPE CULTURELLE MANAGÉRIALE COMMUNE

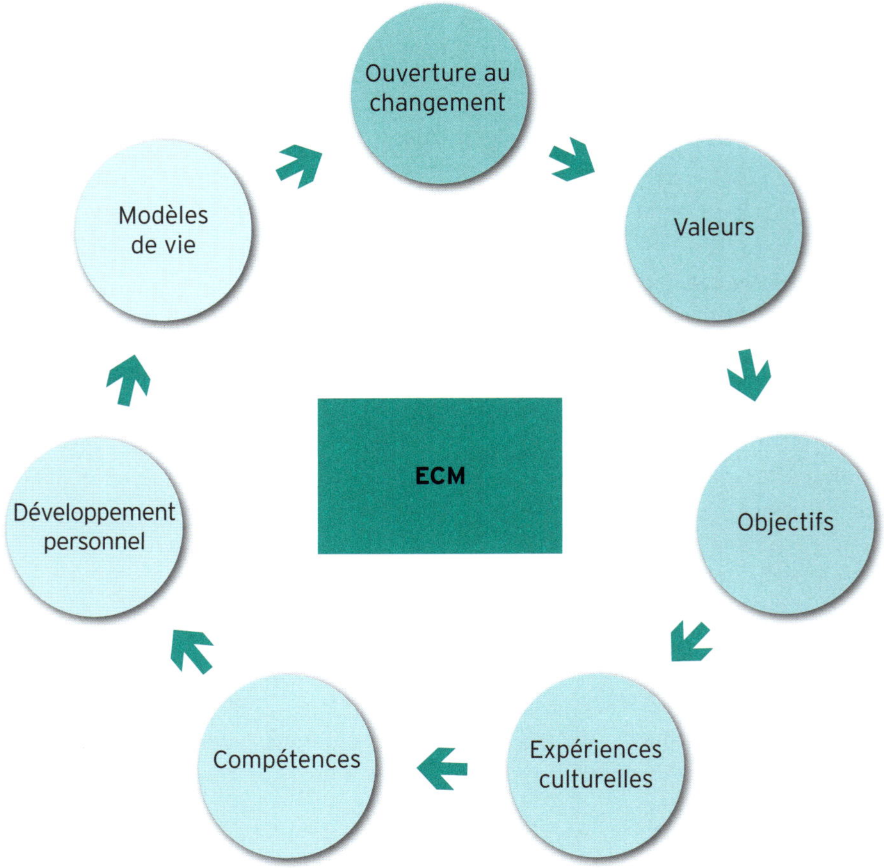

En résumé

Cet outil, inspiré des travaux de Vincent Lenhardt, postule que la mise en place et l'harmonisation collective des outils de management constituent une bonne clé d'entrée, car il est le reflet de la culture managériale, l'ECM : l'Enveloppe Culturelle Managériale.

Par exemple, l'utilisation d'outils de recrutement s'insère dans un système plus global de gestion des Ressources Humaines (implication des managers opérationnels, GPEC) qui lui-même correspond à l'ECM de l'entreprise : volonté de développer des compétences internes, valoriser le capital humain, responsabiliser à tous niveaux sur l'employabilité des salariés.

Pourquoi l'utiliser ?

Objectif

Rendre cohérente la culture managériale des managers.

Renforcer le sentiment d'appartenance.

Développer un sentiment de justice et d'équité. Chacun se sent « logé à la même enseigne ».

Contexte

Lorsque les différences de pratiques entre managers sont manifestes, surtout si elles conduisent à des tensions, des demandes de mutation, des dysfonctionnements.

Comment l'utiliser ?

Étapes

Harmoniser les pratiques managériales pour rendre cohérent le management, en utilisant trois leviers : outil, système et culture/valeur.

› **Outils** : le manager de managers met à plat, avec ses managers, les outils à leur disposition, puis ils les classent ensemble en fonction de leur utilité. Par exemple, dans une circonstance donnée, quels outils sont à notre disposition ? Sont-ils pertinents ? En manque-t-il ?

› **Système** : ils se mettent ensuite d'accord sur les règles d'utilisation de ces outils : s'il se passe tel événement, le comportement à tenir est de... Par exemple : dans quelle mesure pouvons-nous modifier un planning de présences/absences des personnels ? Quels sont les comportements de nos collaborateurs susceptibles d'entraîner des félicitations ou, au contraire, des sanctions ?

› **Valeurs** : ils clarifient ensuite leurs valeurs. Ils peuvent ainsi mieux définir leurs relations avec leurs collaborateurs pour aboutir au rôle du manager, son influence, sa marge de manœuvre, son exemplarité, ses limites : ce qu'il peut faire ou doit faire dans l'entreprise.

Méthodologie et conseils

Toutes les occasions sont bonnes pour faire réfléchir les managers aux ressorts qui les poussent à agir d'une certaine façon.

Dans le cas d'un rapprochement entre deux services, deux entreprises, il est préférable de provoquer une réunion sur **l'ECM** : Quelles sont nos valeurs communes ? Que voulons-nous communiquer à nos clients ? À nos salariés ? Quelle est la finalité de la nouvelle entité ? Quelles sont nos compétences spécifiques ? Nos modèles ?

Dans le cas d'un événement organisationnel – nouveau logiciel, nouveau projet, recrutement, ouverture/fermeture d'une activité, etc. – l'approche **système** est à privilégier : Quelles procédures devons-nous mettre en place ? Quelles actions d'accompagnement du changement ? Quel comité pour suivre les actions ? Il s'agit ensuite de vérifier si ces systèmes sont cohérents avec nos valeurs, notre stratégie (ECM).

Dans le cas d'événements plus ponctuels – indicateur(s) au rouge, charge d'activité en pic, conflit, etc. – l'utilisation ou la mise au point d'un **outil** est adéquate. Puis s'assurer de sa cohérence avec le système, puis avec l'ECM. ■

L'Enveloppe Culturelle Managériale est inspirée du livre Les Responsables porteurs de sens *de Vincent Lenhardt.*

Avantages

- Très facile à mettre en pratique sur des procédures ou des outils simples.
- L'ECM peut instaurer un nouvel état d'esprit et rendre tous les salariés plus sereins et plus fiers de leur entreprise, car adhérant davantage à ses valeurs.

Précautions à prendre

- Être attentif à ce que cette ECM prenne vie et impliquer les managers pour éviter le phénomène « langue de bois » qu'ils ressentiront si la cohérence n'y est pas.

OUTIL 27

Choisir le moyen de communication adapté

COMBINER LES DIFFÉRENTS MOYENS DE COMMUNICATION EN FONCTION DU BESOIN

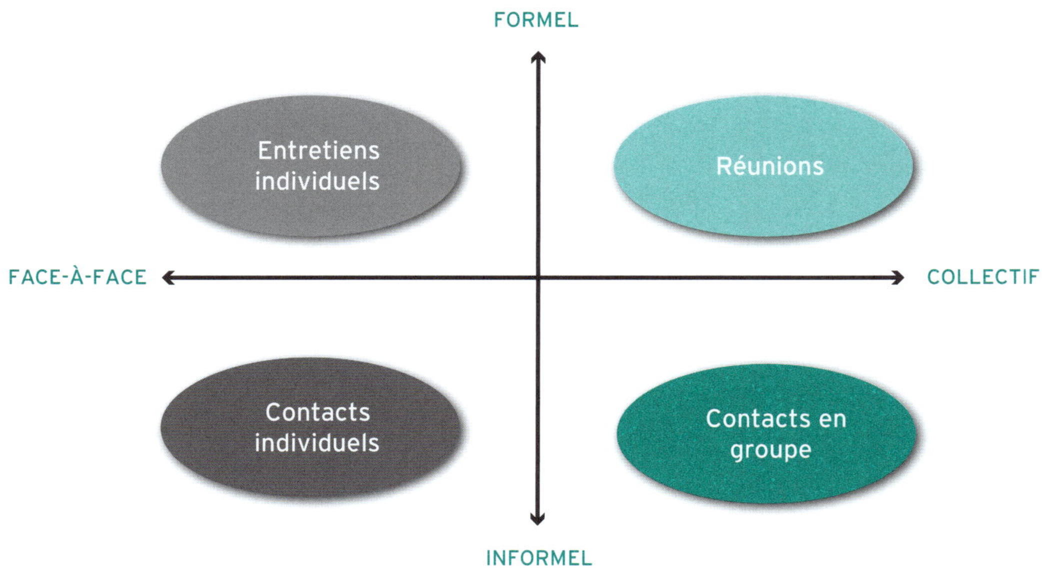

En résumé

Le manager de managers met en place un système de communication avec ses managers. Il va **choisir le moyen de communication adapté** en fonction de ses besoins et de ceux de son équipe de managers. À ce titre, les 4 quadrants de la communication l'aide à faire son choix en fonction du caractère :

- **Formel/Informel** : l'information revêt-elle un caractère officiel ou non ?
- **Individuel/Collectif** : la communication concerne-t-elle un manager en particulier ou bien l'ensemble de l'équipe ?

Pourquoi l'utiliser ?

Objectif

Choisir le moyen de communication le plus adapté entre le manager de managers et ses managers.

Contexte

Lors de tous les échanges entre le manager de managers et ses managers.

Comment l'utiliser ?

Les étapes

1. **Clarifier les caractéristiques de la situation.** Trois critères sont à prendre en compte :

› L'échange est-il centré sur du contenu technique (information) ou sur la relation, l'échange (communication) ?

› Le sujet à traiter est-il important ? Représente-t-il des enjeux forts ?

› Le traitement de la situation est-il urgent ?

2. **Choisir le moyen de communication adapté.**

Méthodologie et conseils

Pour choisir le moyen de communication adapté, il faut bien identifier la zone dans laquelle on se trouve.

1. **Zone formelle.** Elle correspond à des sujets importants sans caractère d'urgence.

› ***En face à face***. Les entretiens individuels concernent les managers dans leurs fonctions : entretiens d'embauche, d'évaluation, de délégation, de fixation et de suivi des objectifs, d'aide, de traitement d'un problème professionnel.

› **En collectif.**

– ***Les réunions d'information descendante :*** L'information organisationnelle traitée permet d'intégrer l'ensemble des managers autour d'objectifs et de lignes d'action communes, ainsi que les points de vue, avis et suggestions de chacun, l'analyse de situation et les décisions retenues. On s'attache aussi aux réalisations de chaque équipe vers l'atteinte des résultats globaux de l'unité.

Une réunion comportant une phase d'information, puis de discussion, est nécessaire pour traiter convenablement ce type d'information. Informer les managers, c'est leur permettre de mieux situer leur fonction au sein de l'entreprise, de donner du sens aux actions qu'ils mènent, condition indispensable à leur responsabilisation et leur prise d'initiative, mais aussi de prendre des décisions nécessaires à leur niveau et d'être reconnu dans leur identité.

– ***Les réunions d'information ascendante :*** Elles sont indispensables à tout manager de managers. La qualité de l'information qui remonte est fonction de la manière dont le manager de managers prend en compte l'information et du niveau de confiance réciproque.

2. **Zone informelle.** Les échanges spontanés créent un sentiment d'appartenance et permettent d'évaluer l'ambiance au sein de l'équipe. Ils favorisent l'ouverture et créent donc un climat de confiance. Ce qui compte dans l'information motivationnelle et relationnelle, c'est la relation avec le manager et les effets de cette relation sur sa motivation.

› **En face à face ou en collectif.**

À titre d'exemple, le bonjour du matin constitue une occasion de nouer des contacts informels avec chaque manager. Au même titre, un déjeuner avec son équipe constitue une opportunité de renforcer les liens au sein de l'équipe. ■

« La chose la plus importante en communication, c'est d'entendre ce qui n'est pas dit. »
Peter Drucker

Avantages

- Optimiser les temps de communication avec son équipe de managers.

Précautions à prendre

- Identifier s'il s'agit d'un besoin d'information ou de communication.
- Clarifier l'objectif de la communication et sa cible.

4 RENFORCER LES COMPÉTENCES DE SES MANAGERS

« Le plaisir des grands est de pouvoir faire des heureux. »
Pascal, *Les Pensées*

Le développement des compétences de ses managers est au cœur de la fonction du manager de managers. Il a besoin d'une équipe de managers solides, impliqués, performants et qui assurent suffisamment bien leurs fonctions pour lui permettre de se centrer sur sa mission principale : mettre en œuvre la stratégie.

Le manager de managers « modèle »

La toute première façon de développer les compétences de ses managers est d'être irréprochable sur ses propres comportements de manager. Il faut savoir prendre du recul sur les situations et les personnes, et savoir dégager l'essentiel du secondaire. Il ne projette pas ses propres fantasmes sur les événements. Il fait preuve d'authenticité et de spontanéité sans tomber dans l'impulsivité. Il ne perd pas de vue son cap tout en faisant preuve de souplesse. Il sait que son comportement influence considérablement celui de ses managers dans la mesure où il est considéré comme un « modèle ».

L'accompagnement des managers

Le manager de managers sait que le développement des compétences de ses managers ne se décrète pas. Ce développement ne sera réel que si ceux-ci s'investissent eux-mêmes dans une logique de progrès dont ils seront les premiers acteurs. Le manager de managers perçoit les efforts particuliers que ses managers mettent en œuvre pour être performants. Il les reconnaît et renforce ainsi la satisfaction qu'ils ont à faire ces efforts. Il valorise leurs réussites en leur donnant des signes de reconnaissance appropriés, personnalisés, tout en s'assurant qu'ils les ont bien reçus au bon niveau, sans orgueil ni lassitude.

L'aspect relationnel

Le management des hommes n'est pas une science exacte. Il demande des qualités techniques et humaines importantes. Faire des choix, prendre des décisions, sanctionner, encourager sont autant d'exemples de situations demandant aux managers de savoir s'affirmer, de gérer son stress et d'assumer une relation d'autorité face à des personnes de tout genre : des collaborateurs mais aussi des clients, des fournisseurs, la direction, les services supports, etc. Aider un manager à s'affirmer est un des points majeurs du rôle de manager de managers.

Le diagnostic de son équipe de managers

Le manager de managers connaît bien tous les aspects de la fonction managériale. Il perçoit les points particuliers qu'il souhaite développer chez ses managers. Il cible donc son approche en fonction des performances et des compétences qu'il a décelées chez chacun. Il échafaude plusieurs scénarios qu'il choisit au fur et à mesure des états de progression de ses collaborateurs. Il donne son feedback régulièrement et individuellement, en encourageant et consolidant les progrès tout en restant ferme sur les règles qui ont été établies.

Développer une relation pédagogique

Le manager de managers est un accompagnateur. Il fait évoluer sa relation hiérarchique vers une relation pédagogique. Il intègre les activités d'observation, d'évaluation et de fixation d'objectifs dans une stratégie managériale globale.

LES OUTILS

28 Jouer l'exemplarité 86

29 Agir sur le processus de motivation des managers 88

30 Valoriser ses managers 90

31 Individualiser la reconnaissance 94

32 Aider un manager à s'affirmer 98

33 Renforcer les compétences managériales 100

34 Utiliser la matrice "Performances/Compétences" . 102

35 Adapter son feedback à la situation 104

OUTIL 28

Jouer l'exemplarité

INFLUENCER PAR L'EXEMPLE

En résumé

Jouer l'exemplarité, c'est pouvoir **montrer à travers ses propres comportements ce qui est attendu et quel chemin est à suivre.**

De façon inconsciente, nous sommes influencés par le comportement de ceux qui nous entourent. Le modelage est la principale forme d'apprentissage social par lequel une personne apprendra à reproduire un comportement montré par un modèle.

Pour ses managers et leurs collaborateurs, le manager de managers est un modèle qu'ils auront tendance à imiter. Lorsqu'il incarne dans ses comportements quotidiens les valeurs et les qualités auxquelles il tient, il amène ses managers et tous ses collaborateurs à les reproduire, et inscrit son équipe dans une perspective d'amélioration continue. Il asseoit sa légitimité et installe la confiance.

Pourquoi l'utiliser ?

Objectif

Influencer par son comportement celui de ses managers, puis de tous les collaborateurs. Utiliser ce puissant levier de changement.

Contexte

Dans toutes les actions quotidiennes.

Comment l'utiliser ?

Étapes

1. **Identifier les qualités qui sont importantes pour soi et pour l'entreprise.** Exemples : ponctualité, proactivité, esprit d'équipe, politesse, attention aux autres, prise d'initiatives, sens des responsabilités, respect de l'autre, coopération, confiance mutuelle, esprit d'équipe, solidarité...
2. **Être clair et transparent sur son mode de fonctionnement et sur ses valeurs.** Expliquer en quoi elles sont importantes, les bénéfices qu'elles apportent et donner des exemples concrets. Exprimer précisément vos attentes.
3. **Mettre en œuvre au quotidien les valeurs et comportements prônés.** En être l'illustration vivante. Seuls les actes ont une véritable valeur. C'est la cohérence entre le discours et les actes qui génère la confiance et a un pouvoir d'influence.
4. **Faire preuve d'une vigilance constante sur ses comportements.** Développer la « conscience de soi », c'est-à-dire la capacité de faire et de se regarder faire, de s'observer soi-même et d'être toujours conscient de ce que l'on dit, de ce que l'on fait, et de comment on le dit et comment on le fait.
5. **Donner des signes de reconnaissance sur le respect des comportements attendus.**
6. **Encourager ses managers à suivre son exemple.** Adopter la posture du manager coach (voir outil 38) : donner des feedbacks, valoriser les aspects positifs des comportements, faire identifier les améliorations à apporter et la manière de les mettre en œuvre. Accompagner la mise en œuvre.

Méthodologie et conseils

Aucun manager de managers ne peut être exemplaire sur tout et en toute circonstance. Vous devez donc choisir stratégiquement, en tenant compte des attentes et des besoins de vos managers, les comportements que vous cherchez à promouvoir autour de vous, et les incarner impérativement.

Montrer l'exemple est mentalement aisé, mais, dans les faits, cela demande du courage et beaucoup de détermination. Si vous constatez vous-même que vous avez commis une erreur, prenez l'initiative de la reconnaître en toute transparence, de vous en excuser si nécessaire, et de montrer que vous en avez tiré les leçons.

Recherchez le feedback. C'est une manière de vérifier la perception de vos managers sur votre manière de fonctionner et de prendre conscience des éventuelles erreurs qui auraient échappé à votre vigilance. ■

« L'exemplarité, c'est l'ensemble des vertus destinées à être admirées et imitées. » Ch. Giordano (La Fabrique de l'exemplarité)

Avantages

- Le manager de managers montre par son exemple les comportements qu'il souhaite voir adopter par son équipe, et les avantages qu'ils peuvent en retirer. En montrant et expliquant comment il travaille, les membres de son équipe peuvent s'en inspirer.

Précautions à prendre

- L'exemplarité ne se décrète pas. Elle s'exécute. Elle n'est pas un état. Elle doit résulter d'une volonté permanente vers son accomplissement. Ne soyez pas trop ambitieux.

OUTIL 29

Agir sur le processus de motivation des managers

LE CERCLE DE LA MOTIVATION

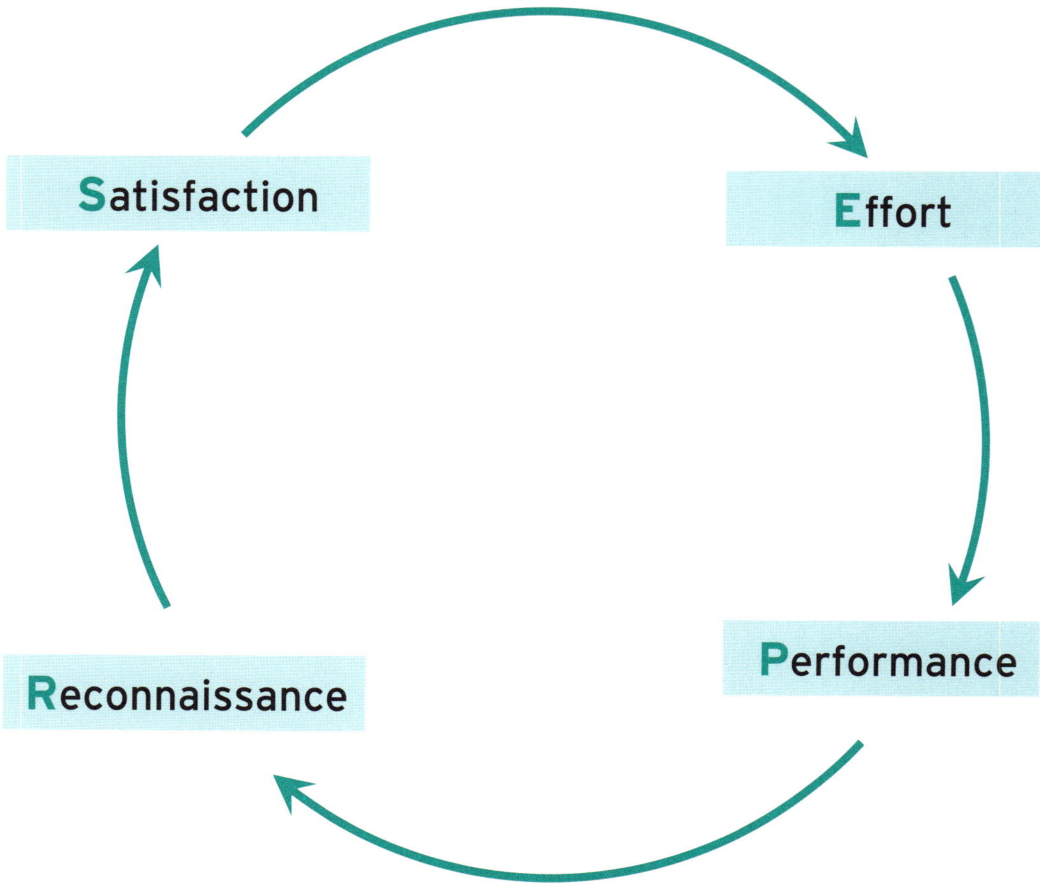

En résumé

L'outil Agir sur le processus de motivation des managers fournit au manager de managers une modèle explicatif de la démarche qui mène un individu à être motivé. C'est une réponse à la question « Comment se motive-t-on ? ».

Il peut ainsi créer **les conditions de la motivation ou de la remotivation** de ses managers en agissant sur les liens entre :

- Effort et Performance ;
- Performance et Reconnaissance ;
- Reconnaissance et Satisfaction ;
- Satisfaction et Effort.

Pourquoi l'utiliser ?

Objectif

Créer les conditions de la motivation individuelle de ses managers.

Remotiver un manager dont on a perçu des signes de démotivation.

Contexte

L'outil est utile pour agir sur la motivation individuelle : faire adhérer un manager à une délégation, à une mission nouvelle.

Comment l'utiliser ?

Étapes

Au cours d'un entretien de face-à-face, diagnostiquer les perceptions d'un manager concernant les différents liens :

› **Lien effort-performance** : le manager a besoin de ressentir que sa performance va croître avec l'effort supplémentaire qu'il fournit.

› **Lien performance-reconnaissance** : il a besoin de penser que sa performance sera reconnue et récompensée.

› **Lien reconnaissance-satisfaction** : il a besoin de savoir que la reconnaissance sera adaptée à ses attentes.

› **Lien satisfaction-effort** : il a besoin de savoir que les barrières et les obstacles pour enclencher des efforts plus soutenus seront levés.

Méthodologie et conseils

Définir et mettre en œuvre les actions individualisées pour créer les conditions de la motivation.

› Lien effort-performance : mettre à disposition les ressources disponibles dont a besoin le manager. Lui donner les connaissances, la formation, les capacités et les outils nécessaires. Vérifier le réalisme des objectifs de performance qui lui ont été fixés. Faire en sorte que le processus de travail contribue à la performance. Assurer le manager de son soutien et de celui de l'équipe.

› Lien performance-reconnaissance : proposer ou décider : un système d'évaluation juste et fidèle à la performance réalisée. Un système de reconnaissance cohérent et différencié pour le manager et son équipe. Une différence de reconnaissance suffisante pour une bonne ou une mauvaise performance. Une reconnaissance donnée rapidement après la performance.

› Lien reconnaissance-satisfaction : donner au manager la reconnaissance qu'il souhaite et non pour ce que souhaite le manager de managers. Apporter une réponse qui correspond à la satisfaction recherchée par le manager : de la responsabilité ? de la visibilité ? de la marge de manœuvre ? etc.

› Lien satisfaction-effort : faire connaître au manager la stratégie et les orientations. Définir des objectifs précis. Hiérarchiser les priorités pour que le manager investisse son énergie et celle de son équipe à bon escient. Laisser un temps de récupération avant de lui demander de s'investir dans un nouveau projet. ■

« Le bonheur ne réside pas dans le sommet de la montagne, mais plutôt dans la façon de la gravir. »
Confucius

Avantages

- L'outil permet d'agir de manière individualisée sur le processus de motivation. Il permet de traiter les cas de démotivation en identifiant et en agissant sur le facteur déficient.

Précautions à prendre

- Éviter de projeter ses propres modes de fonctionnement et ses propres motivations. Questionner son interlocuteur et pratiquer une écoute adaptée en étant attentif aux signaux verbaux, para verbaux et non-verbaux de son interlocuteur.

OUTIL 30

Valoriser ses managers

LES 4 TYPES DE SIGNES DE RECONNAISSANCE

	Signes de reconnaissance	
	Positifs	Négatifs
Conditionnels FAIRE ou l'AVOIR	« Vous avez bien mené dans les temps les entretiens d'évaluation de votre équipe. »	« Les résultats de votre équipe sont en baisse de 10 % par rapport à l'année dernière. »
Inconditionnels ÊTRE	« J'apprécie de travailler avec vous. »	« Vous manquez de leadership. »

En résumé

Les signes de reconnaissance, outil de l'Analyse Transactionnelle, permettent au manager de managers de valoriser ses managers. Ils peuvent être classés en **4 catégories** selon qu'ils sont :

- **positifs** ou **négatifs** ;
- **conditionnels** (donnés pour ce que la personne a fait ou ce qu'elle possède) ou **inconditionnels** (centrés sur la personne elle-même, ses qualités ou ses défauts).

Reconnaître leurs résultats et leur personne contribue à augmenter la performance des managers. En retour, le manager de managers doit gérer la reconnaissance qu'il donne ou qu'il reçoit directement, à la fois auprès de ses managers et, « en ricochet », auprès de l'ensemble des collaborateurs.

Pourquoi l'utiliser ?

Objectif

Agir sur la motivation de ses managers et de leurs équipes en leur donnant des signes de reconnaissance.

Contexte

Toutes les situations dans lesquelles le manager de managers ressent le besoin de donner du feedback à un manager : prise en main de ses responsabilités, exemplarité, résultats...

Comment l'utiliser ?

Étapes

1. Donner des signes de reconnaissance appropriés.
2. Donner des signes de reconnaissance directs et indirects.
3. Pratiquer une gestion des signes de reconnaissance.

Méthodologie et conseils

1. **Donner des signes de reconnaissance appropriés.** Pour qu'il soit efficace, un signe de reconnaissance doit être :

› *sincère* : donné dans une attitude de coopération (voir outil 36).

› *approprié à la situation* : adapté à ce qu'a fait le manager et au feedback qu'il attend.

› *dosé* : cohérent avec la qualité de la prestation. Dans le cas contraire, sa sincérité pourrait être mise en doute par le manager.

› *fondé sur des faits quand il est conditionnel* : et non pas sur des opinions.

› *adressé rapidement* : pour que le manager puisse faire le lien entre les faits et le feedback qui lui est donné.

› *personnalisé* : éviter les comparaisons entre les managers.

2. **Donner des signes de reconnaissance directs et indirects.** Le manager de managers peut donner des signes de reconnaissance de deux types :

› *Directs* : quand il donne du feedback oral à un manager.

› *Indirects* : quand il adopte un comportement qui est perçu comme un signe de reconnaissance de la part de son manager.

3. **Pratiquer une gestion des signes de reconnaissance.** Le manager de managers a intérêt à pratiquer une gestion des signes de reconnaissance. Cela consiste :

› **En tant qu'émetteur** : à donner des signes de reconnaissance positifs et négatifs en évitant les signes de reconnaissance inconditionnels négatifs.

› **En tant que récepteur : se donner des signes de reconnaissance** positifs et négatifs en évitant les signes de reconnaissance inconditionnels négatifs. Par exemple, fêter une réussite personnelle. **Accepter les signes de reconnaissance** inconditionnels positifs, conditionnels positifs et négatifs qui répondent aux critères précédents. Par exemple, accepter une confrontation de la part des managers fondée sur des faits précis. **Refuser les signes de reconnaissance** inconditionnels négatifs et les signes de reconnaissance qui ne répondent pas aux critères précédents. **Demander des signes de reconnaissance** de la part de ses managers ou de son directeur, par exemple, sur sa manière de manager.

Le concept de gestion des signes de reconnaissances a été élaboré par l'analyste transactionnel français Claude Steiner.

Avantages

- Les signes de reconnaissance favorisent l'ouverture à l'échange, renforcent la relation collaborative et instaurent un climat de confiance.

Précautions à prendre

- Être sincère.
- Donner à la fois des signes de reconnaissance indirects et directs. Éviter de donner des signes de reconnaissance négatifs inconditionnels. Dans le cas de signes de reconnaissance négatifs conditionnels, demander ou donner une piste d'amélioration.

SUITE OUTIL 30 →

Valoriser ses managers

Comment être plus efficace ?

Le manager de managers peut faire un saut qualitatif majeur dans le management de son équipe en utilisant les signes de reconnaissance.

En effet, le besoin de reconnaissance est vital. Vincent Lenhardt parle même de « survie psychologique » en entreprise, tant ce besoin est fondamental. En situation de manque, un manager peut entrer dans la spirale de la démotivation suivante :

- fatigue : perte d'énergie, lassitude, isolement, fléchissement du rythme ;
- alibis : perte de sens, critique ouverte, déresponsabilisation ;
- hors-jeu : perte des repères, défiance, test de l'autorité ;
- sabotage : tentative de sabordage consciente ou inconsciente.

Les signes de reconnaissance peuvent être directs ou indirects.

Les signes de reconnaissance directs

Quand le manager de managers donne du feedback oral à un manager.

Les signes de reconnaissance directs ont un effet à trois niveaux :

- **Sur le système managérial** : une insuffisance de signes de reconnaissance peut donner lieu à des jeux conflictuels de manipulation ou rompre la confiance nécessaire à la coopération interne. Donner des signes de reconnaissance et encourager ses managers à en donner permet d'optimiser le climat et l'ambiance au sein des équipes.
- **Sur la performance** : les signes de reconnaissance conditionnels permettent de développer le processus d'apprentissage et d'évaluation de la performance, au service de l'objectif collectif. À ce titre, l'entretien d'évaluation constitue un levier puissant pour relier la performance à la reconnaissance nécessaire des managers et de leurs équipes.
- **Sur les comportements** : le manager de managers agit sur l'origine des comportements, entend les signaux qui évoluent à bas-bruit dans son équipe de managers, traite les problèmes et évite les conflits internes. Il permet aux managers de se sentir responsables et facilite leur coopération.

Certains managers ont des difficultés à recevoir des signes de reconnaissance : ils cherchent à combler ce manque par des comportements de Persécuteur ou de Sauveur (voir outil 54). D'autres savent donner du positif, mais pas du négatif : ils accumulent les rancœurs et un jour ils « explosent ». Le manager de managers veillera à leur donner des signes de reconnaissance négatifs conditionnels (jamais inconditionnels) dans les moments appropriés et pas seulement lors d'un entretien annuel. D'autres encore ont des difficultés à donner des signes de reconnaissance positifs. Ici aussi, il est important qu'ils puissent modéliser sur la manière dont le manager de managers les reconnaît positivement.

Les signes de reconnaissance indirects

Quand le manager de managers adopte un comportement qui est perçu comme un signe de reconnaissance de la part du manager. L'écouter, lui consacrer du temps, le responsabiliser, lui laisser de l'autonomie, lui déléguer une mission ou un projet sont autant de signes de reconnaissance potentiels.

> Sortir des paradigmes « ce n'est pas la peine de leur dire que c'est bien, ils sont payés pour » ou « surtout ne pas leur dire que c'est bien, ils vont réclamer de l'argent. »

CAS Une directrice de production confond information et communication

Contexte

Virginie est directrice de production d'une *business unit* de l'industrie du pneu. Tout allait bien jusqu'à ce qu'elle engrange des contre-performances et que des conflits éclatent dans son équipe : amenée à manager à distance car responsable de plusieurs sites, elle ne parvient plus à susciter la participation, la responsabilisation et l'ouverture au sein de son équipe. Elle s'ouvre de cette difficulté auprès de Nathalie, son manager de managers.

Intervention

Pour aider Virginie à surmonter cette difficulté, Nathalie lui propose d'analyser la situation actuelle : pour piloter à distance, elle a mis en place des outils et des process de reporting très élaborés (tableaux de synthèse avec les objectifs et des données chiffrées), mais elle se contente d'e-mails lapidaires du type : « RAS », « OK », « TVB ».

L'absence de signes de reconnaissance a un impact direct sur la dégradation des conditions de fonctionnement de son équipe.

Plan d'actions

Virginie a pris conscience de la différence entre pilotage de l'activité et management des hommes, et entre information et communication (voir outil 27). Elle décide de rédiger des e-mails personnalisés, d'organiser des temps d'échange avec ses collaborateurs et de leur donner régulièrement du feedback. ■

La situation actuelle		Manque de participation, de responsabilisation et d'ouverture de l'équipe.
L'analyse des causes	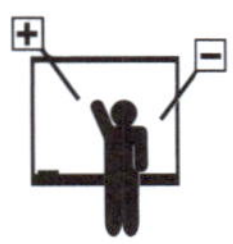	Confusion entre pilotage et management, entre information et communication. Déficit de reconnaissance.
Le plan d'actions		Information : rédaction d'e-mails personnalisés. Communication : organiser des temps d'échange avec ses collaborateurs et leur donner régulièrement du feedback.

OUTIL 31

Individualiser la reconnaissance

RÉPONDRE AUX 8 BESOINS PSYCHOLOGIQUES

- RECONNAISSANCE EN TANT QUE PERSONNE
- BESOINS SENSORIELS
- STRUCTURATION DU TEMPS
- RECONNAISSANCE DU TRAVAIL
- RECONNAISSANCE DES OPINIONS
- SOLITUDE
- EXCITATION
- CONTACTS LUDIQUES

En résumé

Le psychologue américain Taibi Kahler a mis en évidence dans son modèle **ProcessCom®** que chaque personne a 8 besoins psychologiques, mais que certains sont plus importants que d'autres.

Pour le manager de managers, **Individualiser la reconnaissance** consiste à identifier les besoins psychologiques dominants de son collaborateur pour créer les conditions de sa motivation.

Pourquoi l'utiliser ?

Objectif

Répondre aux besoins psychologiques des managers pour créer les conditions dont ils tireront leur motivation et leur implication.

Contexte

Toute relation individuelle avec un manager.

Comment l'utiliser ?

Étapes

1. Identifier les besoins psychologiques dominants du manager.
2. Répondre aux besoins psychologiques identifiés.

Méthodologie et conseils

Les 8 besoins psychologiques en ProcessCom®

› *Besoin d'être reconnu en tant que personne* : le manager a besoin d'une relation chaleureuse et attentive. Il veut sentir qu'il est important pour les autres et il souhaite être accepté inconditionnellement. Il apprécie une communication basée sur l'attention personnalisée.

› *Besoins sensoriels* : il a besoin d'un environnement agréable, harmonieux et chaleureux qu'il peut personnaliser.

Ces 2 besoins correspondent à un type de personnalité Empathique (voir outil 45).

› *Besoin d'être reconnu pour la qualité de son travail* : le manager a besoin d'être reconnu pour ses capacités de réflexion et pour ses réalisations.

› *Besoin de structuration du temps* : il a besoin de planifier son travail, de définir son emploi du temps et des délais. Il veut gagner du temps ou éviter d'en perdre.

Ces 2 besoins correspondent à un type de personnalité Travaillomane (voir outil 43).

› *Besoin d'être reconnu pour ses opinions* : le manager veut être respecté. Il a besoin d'être pris en considération pour ses opinions et ses convictions.

› *Besoin d'être reconnu pour la qualité de son travail* : il cherche à être reconnu pour son implication, sa fiabilité. Il a besoin d'avoir conscience de son rôle et de sa mission.

Ces 2 besoins correspondent à un type de personnalité Persévérant (voir outil 44).

› *Besoin de solitude* : le manager a besoin de pouvoir s'isoler sans être sollicité par les autres. Il a besoin de faire les choses à son rythme et il n'aime pas être bousculé. Il aime les directives claires, et pouvoir aller au fond des choses. Il a besoin de réfléchir et d'imaginer seul.

Ce besoin correspond à un type de personnalité Rêveur (voir outil 46).

› *Besoin de contacts ludiques* : le manager a besoin d'échanger avec les autres, d'avoir une forte dose d'interactions sur un mode ludique. Il a besoin de faire des choses variées pour ne pas s'ennuyer et déteste la monotonie. Il aime les environnements stimulants, amusants. Il aime exprimer sa créativité.

Ce besoin correspond à un type de personnalité Rebelle (voir outil 47).

› *Besoin d'excitation* : le manager a besoin de sensations fortes et de relever des défis et des challenges. Il aime le prestige de la réussite.

Ce besoin correspond à un type de personnalité Promoteur (voir outil 48).

« Ne jugez pas chaque journée par votre récolte, mais par les graines que vous avez plantées. »
Robert Louis Stevenson

Avantages

- Permet d'agir sur la motivation des managers de manière individualisée et personnalisée.

Précautions à prendre

- Chercher à répondre aux besoins des managers plutôt qu'aux siens.

Individualiser la reconnaissance

SUITE OUTIL 31 →

Individualiser la reconnaissance

Comment être plus efficace ?

Quelques pistes pour agir sur la motivation des managers en répondant à leur besoins psychologiques.

Manager de type Empathique

Il a besoin d'être reconnu en tant que personne : établir une relation chaleureuse, bienveillante et attentive ; s'intéresser sincèrement à lui ; s'intéresser à sa personne avant d'aborder le sujet de fond ; l'assurer de son soutien et de sa disponibilité.

Il a des besoins sensoriels : être attentif à son confort personnel ; lui laisser personnaliser son environnement.

Manager de type Travaillomane

Il a besoin d'être reconnu pour la qualité de son travail : reconnaître la qualité de ses réalisations, la pertinence et la clarté de ses analyses ; faire appel à sa logique, sa rigueur, son goût de la méthode ; lui donner toutes les informations dont il a besoin et le laisser analyser ; lui confier des travaux de recherche et de traitement de l'information.

Il a besoin d'une structuration du temps : planifier avec lui les étapes pour parvenir à un objectif ; lui donner des repères temporels (ordre du jour, horaires...) ; aller droit au but pour lui faire gagner du temps.

Manager de type Persévérant

Il a besoin d'être reconnu pour ses opinions : solliciter son avis et en tenir compte ; respecter ses valeurs, convictions et opinions (même en cas de désaccord), en valoriser les points positifs ; lui demander des conseils et de promouvoir les valeurs de l'entreprise ; l'écouter et reformuler son point de vue pour qu'il se sente compris et respecté ; souligner les points d'accord, puis lui proposer de réfléchir ensemble aux points de désaccord.

Il a besoin d'être reconnu pour la qualité de son travail : valoriser son travail et son implication, sa fiabilité et sa fidélité ; lui faire confiance.

Manager de type Rêveur

Il a besoin de solitude : lui confier des dossiers de fond pour solliciter ses capacités de réflexion ; faire appel à son imagination ; lui donner du temps et un espace tranquille ; respecter son rythme de travail ; privilégier les échanges brefs et sans effusion et lui donner des directives claires.

Manager de type Promoteur

Il a besoin d'excitation : lui lancer des défis, lui confier les missions difficiles, lui demander de relever des challenges ; reconnaître et fêter ses exploits ; aller droit au but, être bref et direct, fixer des objectifs clairs et ambitieux ; accepter son goût très limité pour l'organisation rigoureuse et le reporting systématique ; éviter les réunions longues et les travaux qui exigent trop de rigueur, de logique et de détails.

Manager de type Rebelle

Il a besoin de contacts ludiques : organiser des rencontres, des événements festifs. ; lui proposer de travailler avec des gens « sympas » et si possible « drôles » ; plaisanter avec lui, rire ou sourire de ses plaisanteries ; lui donner l'occasion d'exprimer ses talents devant un auditoire ; lui confier des missions variées, solliciter sa créativité ; favoriser l'expression et la mise en place d'idées nouvelles ; accepter son goût peu développé pour les conventions et les convenances.

CAS Adapter sa stratégie de motivation en fonction de ses managers

La situation antérieure

Le Directeur Marketing groupe d'une grande société industrielle, soucieux de créer les conditions pour que ses managers, les Responsables Marketing Marques, se motivent, reconnaît régulièrement la qualité de leur contribution. Il constate néanmoins que la relation avec le responsable marketing d'une marque n'est pas totalement satisfaisante. Celui-ci « perd » du temps dans des échanges sans rapport avec l'objet de leurs rencontres. Le Directeur Marketing Groupe est obligé de recentrer rapidement sur l'objectif pour éviter les dérives.

Le plan d'actions du Directeur Marketing groupe

Après avoir pris conscience de son besoin psychologique dominant (être reconnu pour la qualité de son travail) et de sa tendance à satisfaire chez ses interlocuteurs son propre besoin, il identifie celui du responsable marketing de la marque: être reconnu en tant que personne. Fort de cette analyse, il décide de modifier sa manière de mener les entretiens avec son interlocuteur : il crée les conditions pour que celui-ci se sente à l'aise et démarre par un temps informel au cours duquel il prend des nouvelles de son interlocuteur avant d'aborder l'objectif de la rencontre. Il se montre également plus flexible sur la structure de l'entretien. ■

	Le Directeur Marketing groupe	Le responsable marketing Marque
Besoin psychologique dominant	Besoin d'être reconnu pour la qualité de son travail.	Besoin d'être reconnu en tant que personne.
Avant	**Les comportements** Il structurait les entretiens et entrait directement dans le vif du sujet : l'activité.	**Le résultat** Il ne se sentait pas suffisamment reconnu et avait l'impression que le Directeur Marketing groupe ne s'intéressait pas à lui.
Maintenant	**Les nouveaux comportements** Il crée les conditions pour que le collaborateur se sente à l'aise en démarrant l'entretien par un temps informel.	**Le résultat** Il se sent plus à l'aise et est plus enclin à coopérer. Il apprécie de plus en plus les échanges avec le Directeur Marketing groupe.

OUTIL 32

Aider un manager à s'affirmer

RENFORCER LA LÉGITIMITÉ D'UN MANAGER

En résumé

Un manager doit assumer des responsabilités qui ne sont pas toujours faciles à prendre, notamment faire passer des messages auxquels il ne croit quelquefois pas. Des collaborateurs critiques, experts, peuvent impressionner un jeune manager et il peut ne pas savoir quelle posture adopter. Se sentant jugé, se croyant obligé d'avoir de la répartie, et devant faire preuve d'autorité, le manager a parfois besoin de renforcer sa confiance en soi pour retrouver de la légitimité à ses propres yeux ou aux yeux de son équipe. L'outil **Aider un manager à s'affirmer** permet au manager de managers de renforcer la confiance qu'a en lui le manager mais aussi à réfléchir sur son propre mode de management.

Pourquoi l'utiliser ?

Objectif

Pour renforcer la crédibilité et la légitimité d'un manager sans intervenir directement auprès de son équipe.

Contexte

Dans le cas d'une demande explicite d'un manager ou dans le cas où le manager de managers décèle des signes de plus en plus fréquents de dysfonctionnements dans une équipe et que le manager semble indécis.

Comment l'utiliser ?

Étapes

1. **Diagnostiquer avec le manager les points à travailler** pour trouver les meilleures aides possibles en utilisant la grille de questionnement suivante :

› Ai-je une vision claire de mon service ? Suis-je capable de la faire partager, d'en faire comprendre l'importance et de faire le lien avec la vision de l'entreprise ?

› Ai-je dit clairement à mon équipe ce que j'attends d'elle ? Ai-je instauré des règles du jeu claires, précises comprises et acceptées ?

› Suis-je suffisamment attentif à leurs besoins ? Suffisamment disponible pour les aider ? Est-ce que je leur donne régulièrement des signes de reconnaissance ?

› Est-ce que je prône et mets en pratique le respect de l'autre, la coopération, la confiance mutuelle, la solidarité, et toutes les valeurs importantes pour moi et l'entreprise ?

› Suis-je capable de m'exprimer calmement de manière claire, précise et affirmée ? Qu'est-ce qui m'aide à le faire ?

› Est-ce que j'invite mes collaborateurs à exprimer leur opinion, même s'ils sont en désaccord, et ai-je créé un climat de confiance qui facilite leur expression ? Suis-je capable de dire non en expliquant les raisons ?

› Ai-je un style de management adapté à chacun ?

2. **Appliquer le mode de management** du manager de managers pour répondre aux problèmes.

› Ce manque de légitimité de ce manager est-il lié à sa personnalité ou est-il représentatif d'un problème pour mes managers ? Se sent-il en sécurité ?

› Mes managers ont-ils bien assimilé la vision de l'entreprise, de notre domaine ? Ai-je suffisamment clarifié ce que j'attends de chacun d'eux ? Comment puis-je les encourager ? Ont-ils réellement les moyens pour asseoir leur légitimité : marge de manœuvre, champ de décision, organisation des équipes... ?

› Comment bâtir davantage de confiance avec eux et comment faire transparaître cette confiance auprès des équipes ?

Méthodologie et conseils

Cette checklist est très utile pour distinguer les points à travailler. Elle n'est pas à prendre « dans l'ordre ».

Donnez le temps à votre manager pour compléter cette grille et cherchez ensemble les meilleures solutions. ■

« En laissant briller notre propre lumière, nous donnons inconsciemment aux autres la permission de faire de même. »
Marianne Williamson

Avantages

■ Très opérationnelle, cette checklist exhaustive amène naturellement les actions correspondantes. Impliquant à la fois le manager et le manager de managers, elle est orientée sur les résultats davantage que sur les causes.

Précautions à prendre

■ Le manque de légitimité doit être un diagnostic accepté par le manager. S'il est seulement perçu par le manager de managers, il peut être vécu comme une intrusion.

OUTIL 33

Renforcer les compétences managériales

DÉFINIR LES RÔLES ET LES RESPONSABILITÉS DU MANAGER

http://dunod.link/vrjOp2t

En résumé

Le schéma **Renforcer les compétences managériales** représente les fonctions que l'on trouve généralement associées au management. Inspirez-vous en en définissant les responsabilités que vous souhaitez que vos managers assument et en imaginant pour chacune d'elles les comportements visibles et les résultats représentatifs de ces compétences. Complétez cette première réflexion en mettant à plat les situations courantes et les situations plus inattendues. Par exemple : orienter l'action collective : comment ? Dans quelles circonstances ? Quels effets observe-t-on ? Est-ce prioritaire de travailler cet axe-là pour ce manager-là ?

Pourquoi l'utiliser ?

Objectif

Cet outil a pour objectif de pointer les compétences à renforcer dans l'équipe ou par l'un des managers en particulier.

Contexte

Dans un but pédagogique, cet outil convient bien quand la relation est apaisée.

Comment l'utiliser ?

Étapes

« Qu'est-ce que je veux que mon manager fasse qu'il ne fait pas actuellement ? »

Ceci est à définir ensemble au cours d'un (ou plusieurs) entretien avec la trame suivante.

1. **Formuler le constat de départ**. Non pas en termes de cause ou de responsabilité mais en termes de faits constatés et de conséquences : résultat, performance, comportements...

› Exemple : il n'utilise pas d'indicateur de performance de son équipe. Il réalise lui-même une tâche qu'il gagnerait à déléguer.

2. **Fixer un objectif avec le manager.** L'objectif doit permettre de décrire un résultat à atteindre pour lui, mesurable grâce à des indicateurs pertinents, tout en lui laissant de l'autonomie sur la façon de l'atteindre.

› Exemples : responsabiliser l'équipe sur un tableau de bord d'ici la fin de l'année ; d'ici un mois, déléguer telle tâche à un collaborateur.

3. **Définir un plan d'actions.** Réfléchir ensemble aux modalités à mettre en œuvre pour atteindre l'objectif.

› Exemple : proposer un prototype de tableau de bord d'ici un mois, le faire tester et amender par l'équipe le mois suivant, l'instituer et faire un point sur son utilisation pour le 30 juin.

4. **Suivre régulièrement** : en faisant le point sur ses réussites, ses difficultés, sa propre motivation.

5. **Valoriser ses progrès.** Accorder le droit à l'erreur dans un cadre donné. Une performance d'une seule fois n'est pas le signe d'une compétence acquise définitivement ; c'est pourquoi le suivi régulier est important.

6. **Faire un bilan.** À l'échéance, faire le point sur l'atteinte de l'objectif et la montée en compétence managériale.

Prendre acte de la nouvelle compétence est un puissant facteur de motivation.

« L'exemplarité n'est pas une façon d'influencer les autres. C'est la seule. » Albert Schweitzer

Méthodologie et conseils

Lors des entretiens, on peut poser les 5 questions suivantes :

› **Qu'est-ce que le « manager idéal » pour vous ?** Doit-il faire mieux que ses collaborateurs ? Peut-il réussir même s'il ne délègue pas ? Doit-il intervenir quand il pressent qu'un collaborateur est démotivé ? Clarifier ce que vous attendez de vos managers.

› **Les règles sont-elles suffisamment explicites ?** Le mode d'emploi est-il clair pour vos managers ? Assurez-vous qu'ils ont compris vos attentes.

› **Qu'en est-il de l'exemplarité ?** Le premier modèle pour vos managers, c'est vous. Ils ont donc tendance à reproduire auprès de leurs collaborateurs les comportements que vous manifestez à leur égard.

› **Quels moyens prévoir pour développer les compétences managériales ?** Des formations externes ? Internes ? Par vous ? Par un coach ?

› **Est-ce le bon moment ?** Est-ce le bon moment pour développer les compétences managériales ? Existe-t-il un événement déclencheur ? ■

Avantages

- Les compétences managériales sont parmi les compétences les plus difficiles à acquérir : cet outil est efficace car il repose sur des comportements concrets.

Précautions à prendre

- Éviter d'avoir recours aux théories. Établir avec le/les managers le diagnostic ainsi que le plan d'actions.

Utiliser la matrice « Performances/ Compétences »

DIAGNOSTIQUER LE POTENTIEL DE SES MANAGERS

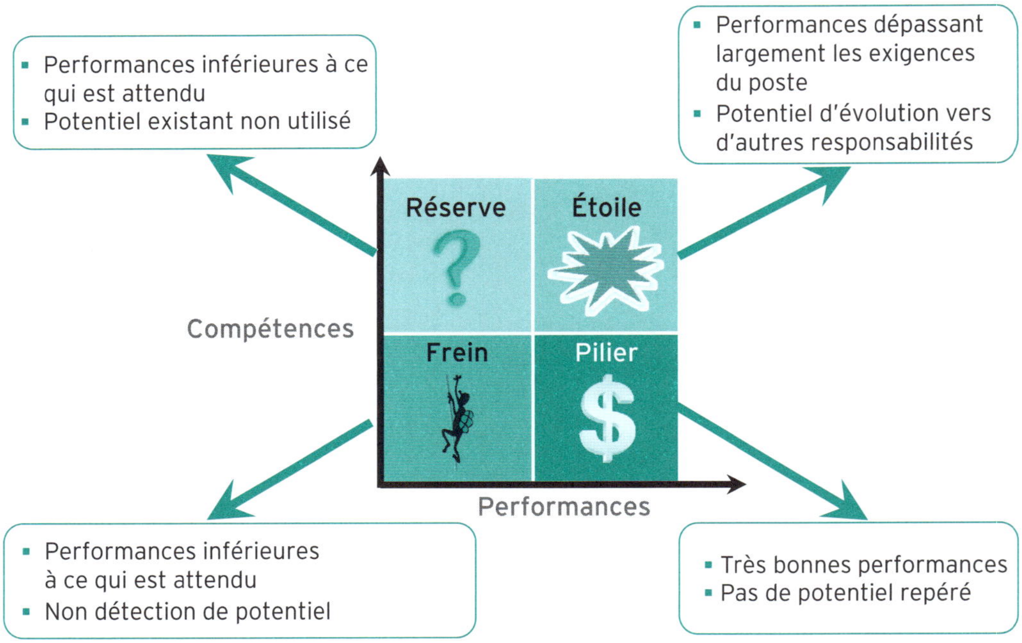

En résumé

Le mot « potentiel » vient du latin « potens », qui exprime ce qu'une personne possède en puissance, que celle-ci soit ou non exprimée ou utilisée. **Le potentiel correspond à notre capacité à évoluer, à devenir ce que nous pouvons être.**

Dans la pratique, il y a souvent un écart entre le potentiel d'une personne et le potentiel qu'elle mobilise. L'objectif de tout manager de managers est de faire émerger cette puissance que chacun porte en lui.

La matrice « Performance/Compétences » permet de positionner ses managers dans quatre grandes catégories et propose pour chacune d'elles les stratégies recommandées et les erreurs à éviter.

Pourquoi l'utiliser ?

Objectif

Développer les compétences de ses managers et améliorer leurs performances. Évaluer les ressources non utilisées et anticiper une évolution possible. Optimiser la gestion prévisionnelle des emplois et des compétences.

Contexte

Lors d'un feedback pendant l'entretien d'évaluation, lors de l'établissement de plans de formation, d'un changement d'affectation ou du lancement de nouveaux projets.

Comment l'utiliser ?

Étapes

1. **Diagnostiquer le niveau de potentiel des managers.**
2. **Définir les actions à mener.**

› **Les « Étoiles » :** les placer dans des situations de travail différentes. Leur laisser beaucoup d'autonomie et fixer des objectifs ambitieux. Valider constamment leurs compétences. Mettre en place une stratégie motivante. **À éviter** : ne pas les reconnaître comme étoiles. Ne pas mettre en place une stratégie motivante pour développer leurs compétences. Les laisser se reposer sur leurs lauriers (risques : démotivation, chutes de performances, voire départ).

› **Les « Piliers » :** les reconnaître dans leur emploi et valoriser leur contribution. Maintenir et développer leurs compétences. Mettre en place une politique de rémunération incitative. **À éviter** : ne pas les reconnaître. Ne pas maintenir et développer leurs compétences.

› **Les « Freins » :** encourager pour augmenter leur performance dans l'emploi. Pratiquer un management de proximité. Fixer des objectifs à très court terme. Mesurer les écarts régulièrement. Adapter le poste à leurs caractéristiques. **À éviter** : laisser la situation en l'état sans traiter le problème et rechercher un plan d'action.

› **Les « Réserves » :** rechercher ce qui les motive. Changer de poste ou changer de responsable hiérarchique. Proposer de nouvelles activités. Reconnaître leurs compétences. Pratiquer un management de proximité. **À éviter** : confondre avec les « Freins ». Oublier qu'il existe un potentiel latent.

« Connais-toi toi-même et tu connaitras l'univers et les dieux. »
Socrate

Méthodologie et conseils

Il est intéressant d'établir une grille d'évaluation du potentiel de chaque manager à partir de l'observation de situations concrètes : **leader d'un projet, en situation de travail collectif, en situation de prise de décision, en situation d'animation de son équipe, face à des situations nouvelles, en situation de conflit, etc.**

Communiquer l'évaluation à chaque manager et la valider avec lui. Lister et valoriser les points forts. Faire émerger les points à développer, les points à surveiller. **Définir avec lui les objectifs d'amélioration et les moyens à mettre en œuvre.**

Mettre ses managers en situation de confiance. Leur apporter les outils nécessaires. Évaluer avec eux les progrès accomplis et valoriser les réussites, capitaliser sur les acquis. ■

Avantages

- **Établir avec les managers un bilan partagé de leurs performances et de leurs compétences et les impliquer dans leur développement.**

Précautions à prendre

- **Suivre des règles précises lors de l'entretien de restitution : bienveillance, confidentialité, absence de jugement, appui sur des éléments factuels et objectifs.**

OUTIL 35

Adapter son feedback à la situation

FEEDBACK : TRAITER UNE ERREUR OU RECADRER UNE FAUTE

Erreur : le D.E.S.C.	
Décrire les faits	Quand **JE** constate
Exprimer son ressenti	**JE** ressens
Solutionner	**JE** demande ou **JE** propose
Conséquences positives	**NOUS** allons y gagner

Faute : le D.E.P.A.R.	
Décrire les faits	Quand **JE** constate
Exprimer son ressenti	**JE** ressens
Positionner la règle	**JE** te rappelle la règle
Affirmer son exigence	**JE** te demande
Renouveler l'engagement	Sommes-**NOUS** d'accord ?

http://dunod.link/jno31o3

En résumé

Le manager de managers a intérêt à adapter son feedback à la situation. Dans le cas d'une erreur, il utilisera le D.E.S.C., outil d'assertivité conçu par les psychologues américains Sharon Anthony Bower et Gordon H. Bower dans *Asserting Yourself, A Practical Guide For Positive Change*. L'objectif est de faire en sorte que le collaborateur ne reproduise pas l'erreur et développe ses compétences.

Le manager de managers utilisera la matrice D.E.P.A.R. (conçue par Véronique Binet et Jean-Pierre Testa de Cegos), pour recadrer le comportement d'un collaborateur qui n'a pas respecté une règle préalablement définie conjointement.

Pourquoi l'utiliser ?

Objectif

Donner un feedback critique efficace à un manager relais.

Contexte

Lorsqu'un manager a commis une erreur ou une faute.

Comment l'utiliser ?

Étapes

1. Clarifier s'il s'agit d'une erreur ou une faute en fonction des règles (voir page suivante).
2. Choisir d'utiliser le D.E.S.C pour traiter une erreur ou le D.E.P.A.R pour recadrer une faute.

Méthodologie et conseils

1. Clarifier s'il s'agit d'une erreur ou une faute en fonction des règles.

Il existe deux types de règles du jeu :

› **les Protections** : ce que les collaborateurs ne peuvent pas dire ou faire. Ce sont les devoirs, les comportements qui doivent être mis en œuvre. Par exemple : « je vous demande de m'alerter en cas de non-respect des délais. » ;

› **les Permissions** : ce que les collaborateurs peuvent dire ou faire. Ce sont les comportements valorisés. Par exemple « si vous avez besoin d'aide, vous pouvez me solliciter ».

Une **erreur** s'inscrit dans le respect de la règle et appelle une réponse en termes de formation, de développement des compétences.

Une **faute** correspond au non-respect d'une règle contractualisée précédemment.

2. Traiter une erreur avec le D.E.S.C.

Il s'agit de :

› **spécifier l'erreur** par une description factuelle : « j'ai constaté que… » ;

› **montrer son importance** en indiquant les conséquences négatives et en exprimant son ressenti face à la situation : « voilà les conséquences de votre erreur… et je me sens… » ;

› **rechercher des solutions** pour résoudre durablement le problème en demandant des solutions et en proposant son aide : « que me proposez-vous pour résoudre le problème ? Comment puis-je vous aider ? » ;

› **susciter l'envie de traiter l'erreur** en mettant en évidence les bénéfices au changement : « voilà ce que nous allons gagner à résoudre le problème ».

Protections et Permissions sont des concepts issus de l'Analyse Transactionnelle.

3. Recadrer une faute avec le D.E.P.A.R.

Il s'agit ici de :

› **décrire factuellement les comportements hors-jeu** : « j'ai constaté que… » ;

› **montrer l'importance de la faute** en indiquant ses conséquences négatives et en exprimant son ressenti face à la situation : « voilà les conséquences… et je me sens… » ;

› **rappeler la règle contractualisée** précédemment : « je vous rappelle que nous étions convenus de… » ;

› **demander le respect de la règle** dans le futur : « je vous demande dorénavant de… » ;

› **vérifier l'accord du collaborateur** : « nous sommes bien d'accord sur … ? »

Une même situation peut faire l'objet du traitement d'une erreur et du recadrage d'une faute. Le manager de managers distinguera les faits qui relève de la faute de ceux qui relèvent de l'erreur en commençant par confronter le non-respect de la règle (non négociable) avant de traiter l'erreur (négociable).

Avantages

■ Les règles du jeu permettent de clarifier le cadre de la relation entre le manager de managers et ses collaborateurs.

Précautions à prendre

■ Se méfier des évidences : ce qui paraît évident pour le manager de managers ne l'est pas nécessairement pour ses collaborateurs. Définir peu de règles à faire respecter par tous. Vérifier que la distinction erreur/faute est claire pour le manager.

SUITE OUTIL 35 →

Adapter son feedback à la situation

Comment être plus efficace ?

Les règles du jeu permettent au manager de managers de définir la frontière entre une erreur et une faute.

Identifier les domaines dans lesquels il est souhaitable de contractualiser des règles du jeu

Pour le manager de managers, il est utile de définir des règles dans les domaines suivants.

› Le droit à l'erreur et le devoir d'alerte en cas de problème. Par exemple : un souci avec un membre de l'équipe, un objectif inatteignable pour un collaborateur, une faute commise par un collaborateur…

› Le respect des délais et le devoir d'alerte en cas de dépassement.

› L'expression des désaccords dans le respect de l'autre.

› Le partage d'informations et le devoir d'information en cas de modifications de priorités, d'orientations.

› L'expression des difficultés et la possibilité de demander de l'aide.

› La confidentialité de certains sujets.

› Le traitement des différends.

Clarifier des règles du jeu efficaces

Des règles du jeu efficaces répondent aux **7 critères** suivants :

› **Explicites** : le manager de managers ne peut pas reprocher à ses managers le non-respect d'une règle si celle-ci n'a pas été explicitée et contractualisée.

› **Précises** : en effet, une règle floue est une incitation à la transgresser. Le collaborateur est à la recherche de la limite : jusqu'où puis-je aller ? Par exemple, on préférera : « faire remonter les informations pour le… » à : « faire remonter les informations le plus vite possible ».

› **Utiles** : il s'agit de vérifier que le respect de la règle permet de fonctionner efficacement ensemble. *A contrario*, le non-respect de la règle nuit à l'efficacité. Une règle inutile relève de l'autocratie ou de la bureaucratie.

› **Applicables** : vérifier qu'il n'y a pas d'obstacle qui empêcherait le manager et son équipe de respecter la règle.

› **Protectrices** : il s'agit d'assurer la sécurité psychologique des interlocuteurs. Ils connaissent leurs « droits et devoirs ».

› **Négociées** : il s'agit de contractualiser la règle entre les interlocuteurs en obtenant un engagement réciproque à la respecter.

› **Révisables** : lorsque qu'une règle n'est plus utile, applicable et/ou protectrice, il convient d'en définir une nouvelle avec son équipe de managers.

En cas de conflit : médiation ou arbitrage ?

En cas de conflit entre deux interlocuteurs, les règles du jeu permettent de déterminer le type d'intervention de la part du manager de managers.

› En cas de respect des règles du jeu, la **médiation** sera de mise : il s'agit d'aider les protagonistes à trouver un accord. La posture du manager est neutre.

› Le non-respect d'une règle du jeu de la part de l'un, de l'autre ou des deux nécessite **l'arbitrage** du manager de managers au nom de la règle enfreinte.

Faire respecter le cadre de travail défini conjointement et développer les compétences de ses collaborateurs.

CAS Traiter une erreur et une faute

Le problème

Marc, responsable du suivi administratif d'une filiale d'un groupe industriel, fait remonter en retard des données financières mensuelles à Stéphanie, la directrice administrative et financière du groupe. De plus, ces données sont erronées. Aussi, Stéphanie n'a pas pu consolider les comptes dans les délais impartis.

Son traitement

Après réflexion, elle décide d'aller voir Marc pour recadrer le comportement hors-jeu et traiter l'erreur. Elle a distingué ce qui relève :

- de la faute : le retard dans la transmission des données alors que le délai était connu. Elle va utiliser le D.E.P.A.R pour obtenir l'engagement de son interlocuteur à respecter dorénavant la règle définie conjointement ;
- de l'erreur : les données transmises sont erronées. Elle va utiliser le D.E.S.C pour que Marc trouve la solution par lui-même et pour lui donner envie de résoudre le problème. ■

Faute	Erreur
Décrire les faits *« Marc, je constate que vous ne m'avez pas prévenu que vous ne pourriez pas me fournir les données de votre filiale à temps pour la consolidation.* *Je n'ai pas pu communiquer les informations demandées par le Codir.*	**Décrire les faits** *« Par ailleurs, j'ai constaté que les données que vous m'avez transmises étaient erronées. J'ai dû corriger les données consolidées.*
Exprimer son ressenti *Je me suis sentie agacée face à cette situation.*	**Exprimer son ressenti** *Je ne suis pas satisfaite.*
Positionner la règle *Nous étions convenus de nous alerter en cas de problème.*	**Solutionner** *Que comptez-vous faire pour que ce type d'erreur ne se reproduise pas ?* *Je suis à votre disposition pour vous aider.*
Affirmer son exigence *Aussi, je vous demande dorénavant de m'alerter si vous ne pouvez pas respecter ce que nous avons défini ensemble.*	**Conclure positivement** *Je n'aurai plus besoin de vous solliciter et d'investir du temps à revérifier les comptes. »*
Renouveler l'engagement *Sommes-nous d'accord là-dessus ? »*	

DOSSIER

5 ADAPTER SON MANAGEMENT À CHAQUE RESPONSABLE OPÉRATIONNEL

« Qui parle sème, qui écoute récolte. »
Proverbe persan

Le manager de managers connaît bien l'effet multiplicateur de la position managériale. Un mot, une phrase, une réflexion sont parfois déformés, mal interprétés voire dénaturés. Il constate régulièrement les effets liés aux mécanismes de distorsion inhérents aux communications humaines. Ces effets sont accrus par la position d'autorité que lui confère son statut.

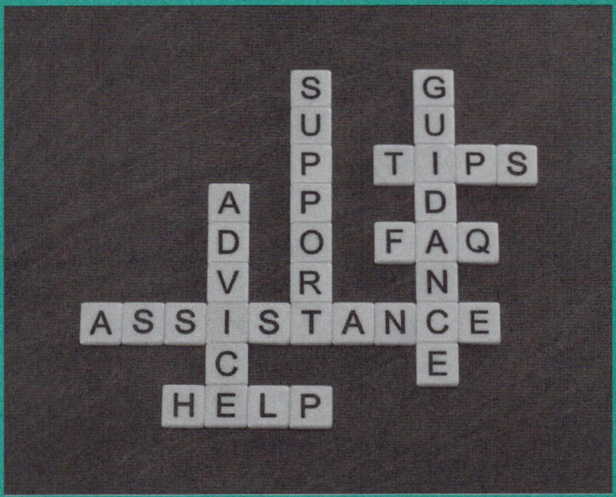

Personnaliser sa relation avec chaque manager

Il est indispensable de s'assurer que chaque manager est en phase avec les principes, la vision et les repères indispensables à la réussite collective. Il est important alors de mettre en place une approche très personnalisée à chacun, pour mieux comprendre ses besoins, son style, ses atouts, ses zones de confort et d'inconfort.

C'est en répondant au mieux à leurs modes de fonctionnement que le manager de managers obtiendra leur engagement et leur enthousiasme, propices à entraîner l'ensemble des collaborateurs vers les buts à atteindre. Il vise leur adhésion profonde ou du moins leur accord en privilégiant des relations ouvertes et harmonieuses.

Comprendre ses propres représentations

Cette recherche de relation équilibrée commence par soi-même : quel est mon état d'esprit en abordant ce point particulier avec ce manager ? Suis-je confiant ? Comment est-ce que je considère mon interlocuteur? Lui ai-je donné toutes les chances d'être « à la hauteur » ? Comment me mettre en situation de coopération maximale ?

Focus sur le manager

Le manager de managers porte ensuite toute son attention sur son interlocuteur : quel besoin cherche-t-il à satisfaire à travers notre relation ? A-t-il besoin que je le conseille ? Que je valide son idée ? A-t-il besoin d'être rassuré ? Cherche-t-il la confrontation ? Il s'agit de faire un diagnostic du positionnement du manager face à soi. Quel lien de dépendance y a-t-il entre nous ?

Le diagnostic suivant concerne l'état émotionnel dans lequel se trouve le manager. L'émotion étant le carburant de nos comportements, le manager de managers analyse les émotions réelles, cachées ou assumées, présentes chez son manager : est-il conscient d'être en colère ? Sa colère est-elle justifiée ? Quel en a été l'élément déclencheur ? Cache-t-elle une peur ?

En l'aidant à prendre conscience de cela, et à mieux canaliser ses ressorts internes, le manager de managers, tel un coach, fait progresser son manager.

Il sait doser ses interventions, il choisit les moments, les lieux et les situations les plus pertinents pour aborder des points personnels en ayant toujours à l'esprit l'idée de faire grandir ses collaborateurs-managers professionnellement et personnellement.

Le manager de managers, un professionnel de l'écoute

Par son approche personnalisée, répondant au mieux au degré de maturité relationnelle et émotionnelle, le manager de managers propose à chaque responsable, par une écoute appropriée, le bon niveau d'intervention et d'effort pour le stimuler et l'encourager. Il donne toutes les chances à chacun de s'engager sur la voie de la réussite.

LES OUTILS

36 Adopter une attitude de coopération 110
37 Développer la maturité relationnelle des managers 112
38 Accompagner ses responsables par du coaching 114
39 Comment et quand intervenir auprès des équipes 118
40 Développer la maturité émotionnelle des managers 120
41 Pratiquer le niveau d'écoute adapté 124

OUTIL 36 Adopter une attitude de coopération

SE METTRE EN POSITION DE VIE +/+ POUR ADOPTER UNE ATTITUDE DE COOPÉRATION

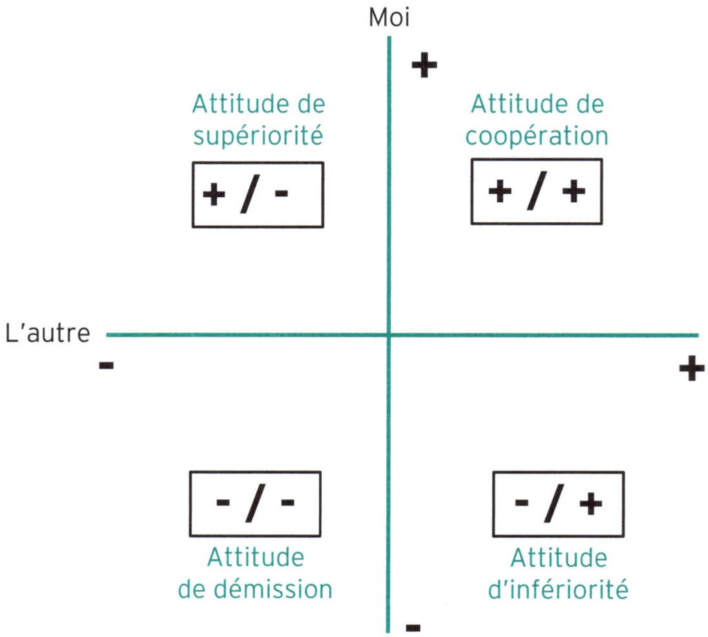

En résumé

L'outil **Adopter une attitude de coopération**, inspiré des positions de vie de l'Analyse Transactionnelle, fournit au manager de managers un moyen pour développer des **relations gagnant-gagnant** avec ses managers. Eric Berne, le fondateur de l'Analyse Transactionnelle, en donne la définition suivante : « La position de vie dans laquelle nous sommes dépend de la croyance que nous avons en notre propre valeur et en la valeur des autres. »

Le manager de managers, conscient de la représentation qu'il a de lui-même et de l'autre, pourra actionner le levier adapté (attitude de coopération) pour construire une relation de confiance avec ses managers.

Pourquoi l'utiliser ?

Objectif

Permettre au manager de managers de développer des relations de confiance avec ses managers en adoptant une attitude de coopération. Il aide à aborder la relation dans une optique gagnant-gagnant.

Contexte

Cet outil est utilisable dans toutes les situations dans lesquelles le manager de managers souhaite établir ou rétablir (à la suite par exemple d'un conflit) une relation de coopération durable avec ses managers.

Comment l'utiliser ?

Étapes

Prendre conscience de la représentation de soi-même et de son collaborateur.

› **Attitude de supériorité** : elle repose sur un jugement positif de soi (Je suis –) et un jugement négatif de l'autre (Tu es +). Le besoin ou l'intérêt du manager ne sont pas considérés comme légitimes par le manager de managers. Son style de management est **autocratique**. Il s'agit de dominer l'autre et de le mettre en position de soumission.

› **Attitude d'infériorité** : elle repose sur un jugement négatif de soi (Je suis –) et un jugement positif de l'autre (Tu es +). Le style de management du manager de managers est ici démagogique : il survalorise l'intérêt de son collaborateur et ne met pas suffisamment d'énergie à affirmer le sien.

› **Attitude de démission** : elle repose sur un jugement négatif de soi et de l'autre (Je suis – et Tu es –). Elle correspond à un sentiment d'impuissance à arriver à un accord qui prenne en compte les intérêts des deux parties.

› **Attitude de coopération** : elle correspond à un jugement de valeur positif de soi et de l'autre (Je suis + et Tu es +). Cette croyance en la capacité de chacun à coopérer et arriver à un accord satisfaisant est indispensable pour arriver à un accord gagnant-gagnant.

Méthodologie et conseils

Remplacer les représentations négatives de soi-même et/ou de l'autre en recadrant sa façon de voir et enclencher un comportement plus constructif.

Pour sortir d'une **attitude de supériorité** : chercher à comprendre le point de vue, le besoin ou l'intérêt de son collaborateur.

Pour sortir d'une **attitude d'infériorité** : clarifier ses intérêts et ses objectifs. Être ferme sur le non-négociable.

Pour sortir d'une **attitude de démission** : proposer une interruption ou une pause pour prendre du recul et réévaluer ses ressources et celles de l'autre.

Pour maintenir une **attitude de coopération** : se centrer sur ses capacités, ses compétences et celles de l'autre. ■

Notre comportement en relation est influencé par nos émotions, nos jugements, nos opinions et nos représentations.

Avantages

- **Outil particulièrement efficace pour aborder de façon constructive une nouvelle relation ou pour rétablir une relation satisfaisante avec un manager avec qui il est difficile de coopérer.**

Précautions à prendre

- **Prendre conscience de ses représentations avant la rencontre avec son collaborateur.**
- **Être attentif aux signaux qui indiquent le passage d'une attitude de coopération à une attitude improductive (supériorité, infériorité, démission).**

OUTIL 37

Développer la maturité relationnelle des managers

ACCOMPAGNER LES MANAGERS VERS L'INTERDÉPENDANCE

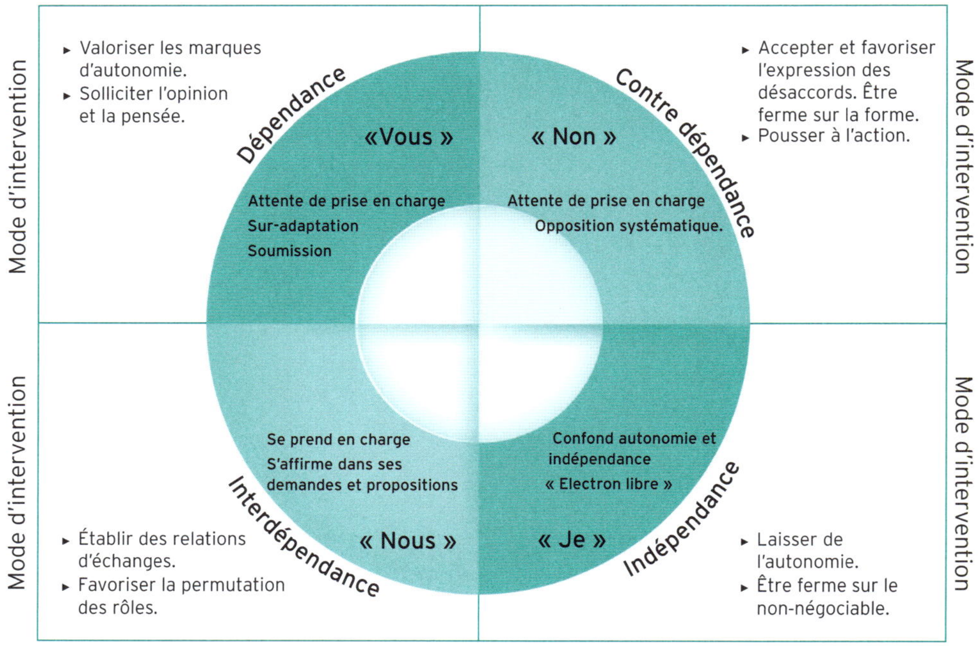

En résumé

La grille des degrés de maturité relationnelle, déjà utilisée pour établir une relation de coopération avec la hiérarchie (voir outil 4), permet au manager de managers de comprendre la manière dont un manager se positionne dans la relation face à la figure d'autorité qu'il représente et d'adapter son mode de communication.

Par analogie avec le développement de l'enfant, la grille propose 4 stades de maturité qui se présentent dans un ordre chronologique incontournable et qui se manifestent dans des comportements répétitifs observables.

Pourquoi l'utiliser ?

Objectif

Favoriser des comportements de coopération chez les managers.

Contexte

Toutes les situations dans lesquelles le manager de managers cherche à responsabiliser et mettre en pouvoir les managers de son équipe.

Comment l'utiliser ?

Étapes

1. **Diagnostiquer le degré de maturité relationnelle de chacun des managers.**

› **Le stade de la dépendance** : le manager est constamment en attente d'une approbation, d'une validation de la part du manager de managers. Il ne prend pas d'initiative et sollicite le manager de managers avant de démarrer une nouvelle activité. Il attend que celui-ci le prenne en charge. C'est le stade du « Vous ».

› **Le stade de la contre-dépendance** : le manager se positionne en opposition systématique face au manager de managers, mais sans se prendre en charge et sans être force de proposition. C'est le stade du « Non ».

› **Le stade de l'indépendance** : le manager confond autonomie et indépendance. Il ne dépend de personne, n'a besoin de personne. Il se montre peu enclin à travailler en équipe et à faire les reporting attendus. C'est le stade du « Je ».

› **Le stade de l'interdépendance** : le manager se prend en charge et est affirmé dans l'expression de ses besoins et des propositions. Il s'inscrit dans une relation de coopération et d'échange avec le manager de managers. C'est le stade du « Nous ».

2. **Adapter ses modes d'intervention** pour accompagner le manager vers un stade de maturité plus importante.

Méthodologie et conseils

Pour **sortir du stade de la dépendance**, le manager de managers valorise les marques d'autonomie, sollicite les suggestions et les avis du manager et l'invite à penser par lui-même.

Pour **sortir du stade de la contre-dépendance**, le manager de managers favorise l'expression et accepte les désaccords en étant ferme sur les règles du jeu de la forme du désaccord. Il sollicite des propositions pour que le manager se prenne en charge.

Pour **sortir du stade de l'indépendance**, le manager de managers laisse de l'autonomie en évaluant les risques et est ferme sur le non-négociable.

Pour **maintenir le stade de l'interdépendance**, le manager de managers favorise les échanges et la permutation des rôles : demander et recevoir des conseils et de l'aide, déléguer des responsabilités. ■

Le manager de managers accompagne le développement de la maturité relationnelle pour favoriser des comportements de coopération.

Avantages

- Cet outil permet au manager de managers d'adapter ses interventions pour progresser vers la coopération avec chaque manager.

Précautions à prendre

- Être attentif aux comportements répétitifs des managers qui donnent des indications sur le degré de maturité relationnelle.
- Avoir conscience que le degré de maturité relationnelle est un processus inconscient et que les degrés de maturité peuvent être différents en fonction des domaines de la vie professionnelle ou personnelle.
- Considérer que le degré de maturité n'est qu'une caractéristique parmi d'autres.

OUTIL 38

Accompagner ses responsables par du coaching

DEVENIR UN DÉVELOPPEUR DE COMPÉTENCES

En résumé

L'une des fonctions essentielles d'un manager de managers est de faciliter l'action des managers qu'il encadre, de développer leurs compétences et de les faire réussir. Cette mission ne va pas de soi. Elle nécessite de sortir de son rôle hiérarchique pour jouer le rôle d'entraîneur, de facilitateur, de coach, de fédérateur.

Accompagner des managers par du coaching revêt une double dimension : considérer la personne à la fois dans son fonctionnement actuel et dans son potentiel en train de se réaliser.

Savoir se positionner en coach de ses managers est l'un des facteurs clés de succès du manager de managers.

Pourquoi l'utiliser ?

Objectif

Pour augmenter les performances de ses managers, développer leur autonomie, les faire évoluer et développer le potentiel de l'équipe. Pour enrichir sa palette de comportements.

Contexte

Dans le cadre d'un programme de développement des compétences d'un manager. Dans le cadre d'un entretien d'aide.

Comment l'utiliser ?

Étapes

1. **Susciter la demande par le feedback.** Objectifs : renforcer, améliorer, corriger la manière de faire ou le comportement.
2. **Bâtir le contrat de coaching.** Définir le but général du coaching. Exemple : quels points voulez-vous travailler et quels sont ceux que vous ne voulez pas traiter ?
3. **Précisez les modalités d'organisation.** Exemple : X entretiens de 1 heure tous les 15 jours.
4. **Déterminer des règles,** pour garantir la sécurité du manager-coach et du manager : confidentialité, restitution.
5. **Fixer la contribution réciproque.** Le manager coach est disponible aux dates et heures fixées pour l'apport d'aide. Le coaché apporte des situations concrètes, réalise le compte-rendu d'entretien si nécessaire, mène à bien des actions entre chaque entretien.

Méthodologie et conseils

1. **La démarche : observer le manager.** Se préparer (feedback ciblé, dans un lieu adéquat).

› Faire le message feedback avec l'utilisation du « Je » : « Je décris », « Je donne mon interprétation », « J'exprime mon ressenti », « J'explore les possibilités et les solutions possibles avec l'autre ».

› Gérer la réaction du manager.

2. **La contractualisation et la stratégie d'objectif** : la situation actuelle n'est pas satisfaisante.

› Quel est l'objectif du manager ? Comment saura-t-il qu'il a atteint cet objectif ?

› Quelles sont ses ressources ? Les obstacles à surmonter ?

› Si l'objectif est atteint, quelles seront les éventuelles conséquences positives et négatives ?

3. **Les règles.**

› **Règle de confidentialité :** les informations restent entre les deux personnes.

› **Règles de protection et de permission** : penser, être créatif, réfléchir, trouver des solutions.

› **Règle de confrontation réciproque.** Exemple : « s'il y a quelque chose dans votre comportement qui m'alerte, est-ce que je peux vous le communiquer et puis-je vous demander de faire la même chose à mon égard ? »

› **Règle de restitution** : se mettre d'accord sur la manière dont sera restitué le travail fait en coaching.

4. **Les conditions d'une bonne formulation d'un objectif de progrès.**

› Il est formulé en termes positifs.

› Il est précis, mesurable, daté.

› Il s'inscrit dans un but plus large et doit être acceptable pour celui ou ceux qui doivent l'atteindre et en valoir la peine.

› Les conséquences de l'atteinte de l'objectif doivent être assumées.

« Un voyage de mille lieux commence toujours par un premier pas. » Lao-Tseu

Avantages

- La posture de coach du manager de managers renforce ses liens avec ses managers et est de nature à les inciter à reproduire ce mode de fonctionnement avec leurs collaborateurs.

Précautions à prendre

- Le coaching exige une grande capacité d'écoute pour identifier les opportunités de développement et les zones d'inconfort et faire émerger les vrais enjeux et les pistes de solution.

SUITE OUTIL 38 →

Accompagner ses responsables par du coaching

Comment être plus efficace ?

S'approprier les idées clés

Le développement managérial consiste plus à libérer l'énergie potentielle chez les personnes qu'à leur donner une motivation de l'extérieur.

- Accompagner les personnes comme des sujets en croissance.
- Considérer le facteur humain comme « facteur stratégique » de l'entreprise.
- Respecter le manager coaché.
- Développer l'autonomie du manager accompagné.
- Accorder une forte dimension individuelle.
- Prendre en compte les émotions que le manager laisse apparaître.
- Une réflexion sur le sens : Pourquoi ? Pour quoi ?

Prendre la posture du manager coach

Coacher, c'est se centrer sur les résultats ou sur la relation pour assurer le développement du manager. C'est développer un état d'esprit et des méthodes pour accroître les compétences de ses managers.

Choisir son mode d'intervention

Le mode d'intervention du manager coach doit être adapté à la situation et au degré d'autonomie du manager.

La démarche de coaching décrite précédemment concerne les managers ayant un niveau d'autonomie de « Modérée » à « Forte ». Pour les niveaux d'autonomie « Faible » et « Très faible », il s'agit plus de tutorat ou de pédagogie.

- **Niveau d'autonomie « Très faible »** : le manager coach donne des solutions.
- **Niveau d'autonomie « Faible »** : le manager coach donne des conseils et des suggestions.
- **Niveau d'autonomie « Modérée »** : le manager coach suggère, prend en compte les idées et suggestions, les valide, donne des permissions.
- **Niveau d'autonomie « Forte »** : le manager coach écoute, fait réfléchir et fait émerger les solutions et les accepte.

Gérer un problème opérationnel par le coaching

Valider la demande d'aide. 5 questions à se poser pour aider ses managers sans les assister :

- Est-ce que la demande est explicite ?
- Est-ce que j'ai les compétences et les moyens de l'aider ?
- Est-ce que c'est mon rôle de le faire ?
- Est-ce que je suis disponible ?
- Est-ce qu'il est prêt à faire au moins 50 % du chemin ?

Réaliser l'entretien d'aide.

- **Tenir compte du niveau d'autonomie.**

Autonomie faible : se centrer sur les faits et le comment. C'est le manager coach qui dirige l'entretien.

Autonomie forte : se centrer sur le sens, le pourquoi. C'est le manager coaché qui apporte la solution.

- **Questionner la demande** : quelle est la situation ? Quel est le problème ? En quoi est-ce un problème ? Pourquoi est-ce un problème pour le demandeur ?
- **Poser l'objectif** (centrage sur le futur) : Quel résultat souhaité ? Quand ? Comment ?
- **Rechercher des solutions** : Comment les solutions seront-elles élaborées ? Quelle sera la part de chacun ?
- **Contractualiser l'aide attendue** : Rôles respectifs du manager coach et du manager coaché ? Règles de fonctionnement ?

> Intégrer les valeurs, attitudes, postures et les processus à suivre pour accompagner ses managers par du coaching.

CAS Un coaching réussi

Stéphanie Bourgoin est DG de FLASHDESIGN, fabrique de vêtements pour la grande distribution, qui doit, pour survivre, développer de nouvelles gammes. C'est dans ce but que Philippe Lebel, responsable de la gamme « Hommes », a été, du fait de son expérience et de sa connaissance de l'entreprise (il a occupé plusieurs fonctions), nommé directeur du comité de développement qui compte 4 managers :

- Cécilia RIZZI, responsable de la gamme « Enfants », récemment arrivée ;
- Pauline DELBAR, responsable de la gamme « Femmes » depuis 2 ans dans l'entreprise ;
- Isabelle CESNA, responsable marketing, depuis 6 ans dans l'entreprise ;
- Nathalie RANOU, responsable de la communication depuis 6 mois.

La nouvelle collection doit sortir dans 9 mois et les relations entre les membres du comité sont tendues. La trop grande directivité de Philippe, à la forte personnalité, n'y serait pas étrangère.

Stéphanie décide de rencontrer Philippe pour examiner la situation.

À la suite de l'entretien, Philippe est d'accord pour être coaché par Stéphanie. Le tableau ci-dessous résume les résultats du feedback et le déroulement du coaching. ■

Un accompagnement réussi

1 Réactions au feedback →

- Philippe est surpris du constat. Stéphanie explique sa perception et les faits.
- Philippe reconnaît ce qui est dit et réfléchit aux solutions. Il accepte d'être coaché par Stéphanie.

2 But du coaching →

- **Objectif général** : produireles nouvelles gammes dans les trois mois.
- **Objectifs spécifiques**
  - ➢ **Adapter son style de management** et de communication à la personnalité et au degré d'autonomie de ses collaborateurs.
  - ➢ **Être plus à l'écoute.**
  - ➢ **Remobiliser l'équipe.**

3 Modalités d'organisation →

- **Séances:** 2 séances de 1h30 /semaine sur 5 semaines
- **Confidentialité :** les informations restent entre Stéphanie et Philippe.
- **Restitution :** Philippe réalise les comptes rendus d'entretien.
- **Contributions réciproques :**
  - ➢ Stéphanie est disponible aux dates et aux heures fixées.
  - ➢ Philippe est responsable et acteur principal de son changement.
  - ➢ Philippe réalise entre les séances, les actions décidées lors du coaching.

4 Bilan →

- Philippe est plus à l'écoute, moins directif et plus associatif.
- Le mode de fonctionnement de l'équipe a été redéfini et les attentes respectives prises en compte. La confiance est revenue et le délai de sortie de la collection sera tenu.
- Philippe doit rester vigilant sur son mode de fonctionnement et solliciter des feedbacks de son équipe.

OUTIL 39

Quand et comment intervenir auprès des équipes ?

DÉCIDER EN CONNAISSANCE DE CAUSE

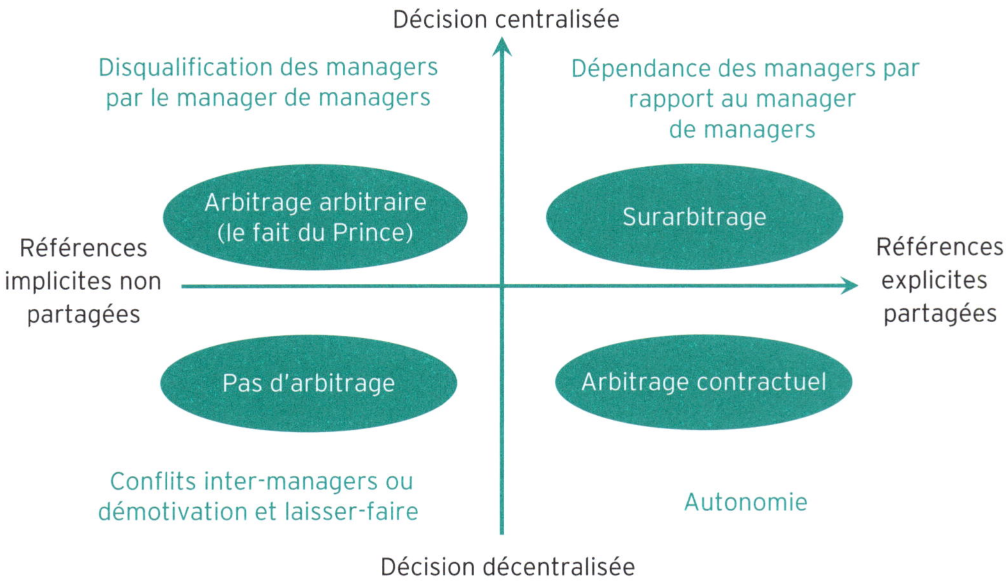

En résumé

Quand et comment intervenir auprès des équipes est une question centrale pour un manager de managers. En effet, le développement de l'équipe, et donc le développement de l'autonomie et des compétences des managers sont, pour lui, des missions fondamentales. Elles conditionnent la performance de l'équipe. Le manager de managers ne doit arbitrer que si la situation l'exige.

Cela implique d'avoir une vision claire de son rôle par rapport à celui de ses managers, et le passage d'une logique d'autorité à une logique de responsabilisation. Ce passage suppose, comme le suggère Vincent Lenhardt dans *Les Responsables porteurs de sens* des changements de rôles et de comportements que le manager de managers doit s'approprier.

Pourquoi l'utiliser ?

Objectif

Sensibiliser le manager de managers aux attitudes et comportements conformes à sa fonction. Renforcer sa légitimité et faire grandir ses managers.

Contexte

En cas de conflits ou de difficultés au sein de l'équipe.

Comment l'utiliser ?

Étapes

1. **Devenir avec ses managers co-responsables de la vision**, des valeurs, des objectifs de l'équipe.

› **Ne pas enfermer les autres dans un cadre rigide**, mais être à l'écoute et accueillir les visions des autres.

› **Ne pas confondre « écoute » et « interprétation »** et éviter de n'entendre que ce qui conforte ses propres points de vue.

2. **Gérer un processus d'accompagnement et un processus éducatif.**

› **Sortir du rôle hiérarchique** pour jouer le rôle d'entraîneur, de facilitateur, de formateur, de coach.

› **Apprendre à écouter** (plutôt qu'à parler).

› **Refuser de proposer des solutions.**

› **Acquérir une compétence dans l'animation de groupe**, la maîtrise des processus de communication et l'approche systémique.

3. **Être un exemple et un pôle ressource plutôt qu'un donneur d'ordre.**

› **Être cohérent** entre son discours et ses actes.

› **Se positionner comme une ressource.**

› **Accepter de ne pas être le plus compétent.**

› **Passer de la délégation à la subsidiarité** (transfert du pouvoir et de l'initiative).

4. **Se limiter à poser des principes fédérateurs et n'exercer des arbitrages qu'en cas d'absolue nécessité.**

› **But** : développer la capacité des managers à se rencontrer et à trouver des solutions. L'arbitrage est une décision rendue par un tiers pour départager, à leur demande, deux ou plusieurs personnes ou groupes en désaccord. Dans l'idée d'arbitrage, il y a l'idée de concilier différents points de vue.

› **L'arbitrage arbitraire et le surarbitrage.** Si le manager de managers est le seul arbitre des conflits, il déresponsabilise les managers dans leur capacité à trouver ensemble des solutions. Arbitrer, c'est reconnaître implicitement une insuffisance des processus de communication et de régulation.

› **L'arbitrage contractuel.** Si son intervention s'avère nécessaire pour ne pas laisser se développer des conflits, en cas d'enjeu très fort, de crise, d'urgence, et en cas d'incapacité des managers à évaluer et traiter les situations, il doit alors utiliser l'arbitrage contractuel.

« La dispute alimente la dispute et engloutit tous ceux qui s'y plongent. »
Sénèque

Méthodologie et conseils

L'arbitrage contractuel peut réussir selon certaines conditions : l'existence de références explicites et partagées : stratégie, vision, objectifs, règles du jeu, attitudes et comportements internes et externes. Il faut connaître le sujet à arbitrer et être en capacité d'analyser les options d'arbitrage en tenant compte des enjeux de toutes les catégories concernées et de choisir les options qui respectent l'éthique. Il faut une cohérence : positions, principes et valeurs affirmés conformes à la réalité. ■

Avantages

- Procurer au manager de managers une vision claire des comportements à adopter et lui permettre d'identifier les points sur lesquels il doit progresser.

Précautions à prendre

- En cas d'arbitrage, être vigilant sur la posture et sur la gestion de la relation.

OUTIL 40

Développer la maturité émotionnelle des managers

CLARIFIER LA DEMANDE D'AIDE DU MANAGER

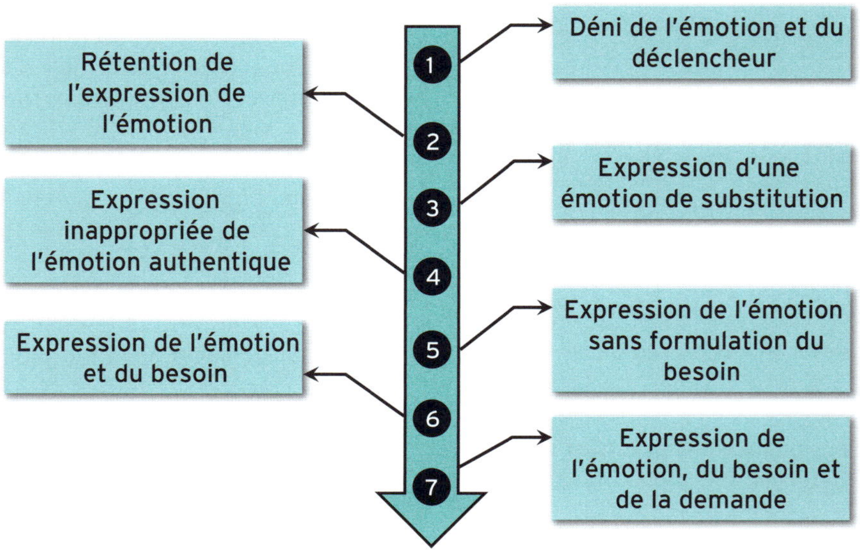

En résumé

Développer la maturité émotionnelle des managers constitue un véritable enjeu pour le manager de managers. En effet, si les managers n'ont pas conscience de leur émotion, ils sont dans l'incapacité d'établir une relation de coopération avec leur manager de managers (voir outil 37). De plus, s'ils n'expriment pas leurs émotions, celles-ci vont s'exprimer dans des comportements contre-productifs. Aussi, le manager de manager a intérêt à évaluer le niveau d'intelligence émotionnelle de chacun de ses managers. Elle suppose de leur part une capacité à :

- identifier leurs émotions : en avoir conscience et pouvoir les nommer ;
- leur donner du sens : mettre en relation le déclencheur et l'émotion et identifier le besoin à satisfaire ;
- exprimer avec justesse les émotions et les besoins ;
- formuler une demande claire au manager de managers.

Le manager de managers identifie le niveau de maturité émotionnelle exprimé et intervient pour aider le manager à développer sa maturité émotionnelle.

Pourquoi l'utiliser ?

Objectif

Aider un manager à développer sa maturité émotionnelle.

Contexte

Lorsqu'une demande d'un manager n'est pas formulée clairement : elle est masquée par l'expression verbale, para-verbale ou non-verbale d'une émotion.

Comment l'utiliser ?

Étapes

1. **Diagnostiquer** le degré de maturité émotionnelle du manager.
2. **Adapter** son mode d'intervention à cette maturité.

Méthodologie et conseils

1. Diagnostiquer le degré de maturité émotionnelle du manager.

› **Degré 1** : déni de l'émotion et du déclencheur. Le manager n'a pas conscience des caractéristiques de la situation et de l'émotion qu'elle suscite chez lui : « tout va bien ».

› **Degré 2** : rétention de l'expression de l'émotion. Il a conscience du déclencheur et de l'émotion qu'elle provoque chez lui, mais a des difficultés à nommer cette émotion. Par exemple il dira : « j'en ai assez ».

› **Degré 3** : expression d'une émotion de substitution. Il a conscience du déclencheur et est en contact avec un ressenti de substitution qui l'empêche d'être en contact avec son besoin et donc de faire une demande. Par exemple il dira « je me sens triste » alors qu'il est en colère.

› **Degré 4** : expression inappropriée de l'émotion authentique. Il a conscience du déclencheur et de l'émotion authentique qu'il exprime de manière disproportionnée par rapport à la situation : « je suis fou de rage ! »

› **Degré 5** : expression de l'émotion sans formulation du besoin. Il exprime son émotion mais pas le besoin correspondant : « je me sens agacé ».

› **Degré 6** : expression de l'émotion et du besoin. Il exprime son émotion et son besoin mais sans formuler de demande claire : « je me sens agacé et j'ai besoin de clarifier notre mode de fonctionnement ».

› **Degré 7** : expression de l'émotion, du besoin et formulation de la demande. Il se prend en charge et est affirmé dans l'expression de son émotion, son besoin et sa demande : « je me sens agacé, j'ai besoin de clarifier notre mode de fonctionnement et je vous demande de m'alerter en cas de problème ».

2. Adapter son mode d'intervention à cette maturité.

› **Degré 1** : le manager de managers fait décrire la situation et questionne sur l'émotion qu'elle pourrait provoquer.

› **Degré 2** : il reformule ce qu'il perçoit de l'émotion de son collaborateur.

› **Degré 3** : il aide à faire le lien entre le déclencheur et l'émotion authentique.

› **Degré 4** : il écoute le besoin.

› **Degré 5** : il questionne sur le besoin.

› **Degré 6** : il questionne sur la demande.

› **Degré 7** : il répond à la demande. ■

« Toutes les grandes découvertes sont faites par ceux qui laissent leurs émotions devancer leurs idées. »
Charles Henry Parkhurst

Avantages

- Cet outil permet au manager de managers de répondre à des demandes de la part des managers après avoir élucidé la dimension émotionnelle de la situation. Il développe de l'ouverture et de l'authenticité dans les relations.

Précautions à prendre

- Pratiquer une écoute empathique pour déceler le ressenti qui n'est pas exprimé clairement. Seule la personne sait ce qui se passe pour elle. Montrer de la bienveillance et de l'empathie.

SUITE OUTIL 40 →

OUTIL 40

Développer la maturité émotionnelle des managers

Comment être plus efficace ?

L'intelligence émotionnelle réside dans la capacité du manager à gérer ses émotions, c'est-à-dire savoir les identifier et les comprendre pour pouvoir ensuite les exprimer.

Identifier et comprendre l'émotion

Il s'agit d'abord de repérer l'émotion générée par une situation. L'Analyse Transactionnelle distingue cinq émotions de base.

- **La peur** : elle est liée à la perception d'un danger, d'une situation inconnue et renseigne le manager sur son besoin de protection.
- **La colère** : elle est générée par un obstacle qui empêche le manager d'atteindre son objectif et elle le renseigne sur le besoin de changement.
- **La tristesse** : elle est liée à une perte et renseigne sur le besoin de réconfort.
- **La joie** : elle est déclenchée par une réussite et renseigne sur le besoin de partage.
- **Le désir** : il est lié à un espoir et renseigne sur un besoin d'investissement.

Au-delà du repérage, il s'agit ensuite d'en comprendre le sens, c'est-à-dire mettre en relation l'émotion, son déclencheur et le besoin à satisfaire.

Aider à gérer les dysfonctionnements émotionnels

Trois mécanismes peuvent empêcher l'utilisation efficace des émotions.

1. **Le timbre.** L'émotion est ressentie mais non exprimée. Par exemple, le manager ne s'autorise pas à exprimer sa colère et l'accumule. Quand son carnet de timbres est plein, il explose en l'exprimant de manière disproportionnée et/ou vis-à-vis d'une personne qui n'est pas à l'origine de la rancœur.

- **Que faire ?** Proposer une hypothèse sur l'émotion authentique et la vérifier : « j'ai l'impression que vous êtes en colère... ».

2. **L'élastique.** L'émotion est authentique mais disproportionnée car attachée à une émotion ancienne non résolue. Il se produit quand la situation actuelle possède une ressemblance avec un événement passé non résolu émotionnellement.

- **Que faire ?** Écouter et questionner sur le besoin dans la situation actuelle.

3. **Le racket.** Le manager remplace une émotion « interdite » par un sentiment qui lui semble plus adapté à son rôle social. On parle de « racket » car ce mécanisme permet d'extorquer des signes de reconnaissance de la part de son entourage.

- **Que faire ?** Aider à faire le lien entre le déclencheur et l'émotion authentique.

Aider le manager à exprimer ses émotions

En s'inspirant des **4 étapes de la Communication Non Violente** – CNV –, conçue par le docteur Marshall B. Rosenberg, le manager de managers peut aider le manager à exprimer efficacement ses émotions.

1. **Faire décrire le comportement concret** qui affecte le bien-être et décrire les faits : « qu'est ce qui se passe ? », « quels sont les faits ? »
2. **Inviter le manager à exprimer l'émotion** ressentie face à ce comportement : « que ressentez-vous face à cette situation ? », « comment vous sentez-vous ? »
3. **Faire exprimer ses besoins** : « de quoi avez-vous besoin ? »
4. **Clarifier la demande d'actions concrètes** attendues par le manager pour retrouver le bien-être : « qu'attendez-vous de moi ? »

L'expression de l'émotion favorise la satisfaction des besoins.

CAS Répondre à la demande d'aide d'un manager

La situation

Chaque année a lieu la présentation du plan de formation des managers d'une grande compagnie internationale d'assurances. Si Valérie, la DRH du groupe, pilote le projet, elle délègue au Responsable Formation local l'organisation de l'événement. Fabio, le Responsable Formation, a été recruté récemment. C'est une belle opportunité pour lui de se faire connaître en particulier dans la présentation des grandes orientations en matière de développement des compétences managériales.

Valérie et Fabio font un point ensemble et ils en viennent à la présentation.

Valérie perçoit que son interlocuteur appréhende cet exercice.

L'intervention

Elle décide d'intervenir et de faire clarifier la demande implicite qu'elle a perçue.

- Elle fait un point sur le niveau de préparation de son interlocuteur.
- Puis, elle le questionne sur son ressenti. Comme elle perçoit un décalage entre ce que dit Fabio et ce qu'il montre (ton de voix incertain, hésitant), elle fait une reformulation et élucide le ressenti qu'elle discerne chez son interlocuteur et valide la justesse de sa perception.
- Elle aide ensuite son interlocuteur à formuler son besoin.
- Elle termine en clarifiant la demande d'aide. ■

Étape	Intervention de Valérie, la DRH Groupe	Réponse de Fabio, le Responsable Formation
Les FAITS	« C'est la première fois que tu vas intervenir face aux directeurs et aux managers du groupe. Où en es-tu dans la préparation de ton discours inaugural ? »	« Mon intervention est prête. »
Le RESSENTI	« Comment te sens-tu ? » « J'imagine que tu as le trac. »	« Ça va. » « Oui, c'est vrai que j'ai le trac. Il y a un vrai enjeu pour moi. »
Le BESOIN	« De quoi aurais tu besoin pour te sentir mieux ? »	« J'aurai besoin de pouvoir m'entraîner. »
La DEMANDE	« Qu'est-ce que tu attends de moi ? »	« Ce serait super si tu pouvais me faire répéter et me donner un feedback sur mes points d'amélioration. »

OUTIL 41

Pratiquer le niveau d'écoute adapté

ÉCOUTER POUR COMPRENDRE, COMPRENDRE POUR AGIR

> Écoutez-moi!
>
> Quand je vous demande d'écouter ***et que vous commencez à*** donner votre avis, ***vous ne faites pas ce que je vous ai demandé.***
>
> Quand je vous demande de m'écouter ***et que vous me dites pourquoi j'ai tort de ressentir ce que je ressens,*** vous bafouez mes émotions.
>
> Quand je vous demande de m'écouter ***et que vous pensez que vous devez faire quelque chose pour résoudre mon problème,*** vous m'écrasez, ***aussi étrange que cela puisse paraître.***
>
> Écoutez ! Tout ce que je vous demande c'est d'écouter, pas de parler ou de faire ! Entendez-moi.
>
> Ralph Roughton, MD

En résumé

Pratiquer le niveau d'écoute adapté est une des capacités clés du manager de managers. Récolter de bonnes informations, connaître et comprendre la manière de voir et de penser de ses interlocuteurs, comprendre son environnement et les situations dans lesquelles il se trouve, identifier les problèmes auxquels il est confronté et prendre de bonnes décisions, dépendent de la qualité de son écoute, c'est-à-dire de la compréhension de ce que veut lui communiquer son interlocuteur.

L'attitude d'ouverture et de compréhension, indispensable à une « bonne écoute », est à utiliser à tout moment, en toute rencontre, pour tout dialogue.

Pourquoi l'utiliser ?

Objectif

Sensibiliser le manager de managers à l'importance de l'écoute compréhensive et donner des clés pour la mettre en œuvre.

Contexte

À utiliser dans toute relation, dans toute interaction.

Comment l'utiliser ?

Étapes

1. **Pour mieux écouter : l'attitude de compréhension**. C'est une attitude d'intérêt, d'ouverture d'esprit, de disponibilité totale, sans préjugé ni *a priori*, ni réaction de défense. Elle consiste à saisir la démarche de l'autre en partant de son point de vue à lui. Le seul objectif est de comprendre la pensée de son interlocuteur. Ceci suppose :

› **une attitude de non jugement** qui exige que l'on sache tout accueillir, sans critique, conseil, ou manifestation quelconque (surprise, etc.) ;

› **une attitude d'acceptation** inconditionnelle de son interlocuteur, de ses valeurs, de ses croyances (ce qui ne veut pas dire que nous les partageons) ;

› **un effort** pour découvrir son univers personnel : « Qu'est-ce que cela signifie pour lui ? Comment voit-il la situation de son point de vue ? » ;

› **une réelle empathie**, c'est-à-dire comprendre ce qu'il éprouve.

2. **Comportements à mettre en œuvre.**

› **Créer un climat favorable** à l'échange. Mettre son interlocuteur à l'aise, en confiance. Écouter sans intervenir autrement que pour faire préciser, développer ou synthétiser, en utilisant les mots ou les idées exprimées par l'interlocuteur.

› **Être complètement disponible** à toutes les informations, y compris celles qui sont très éloignées et même opposées de ses propres références.

› **Prêter attention** aux signaux non verbaux. Respecter les silences.

› **Oublier provisoirement ce que l'on pense** soi-même du sujet. Résister à la tentation d'injecter ses idées ou son propre schéma, ou de satisfaire sa curiosité, ce qui pourrait orienter son interlocuteur et le faire dévier de sa pensée initiale.

› **S'astreindre à reformuler** : pour vérifier et montrer que l'on a compris et que l'on s'intéresse à son interlocuteur, puis pour faire corriger ses erreurs de compréhension.

« Parler est un besoin, écouter est un art. »
Goethe

Méthodologie et conseils

Il est important de savoir se taire et d'être disponible, détendu, réceptif, en mettant ses convictions et ses préoccupations de côté. Il faut se méfier de ses réactions spontanées, éviter mimiques et jugements hâtifs. Il s'agit aussi d'établir la synchronisation et de laisser l'interlocuteur aller jusqu'au bout de ses phrases, de sa pensée. ■

Avantages

- Permet de faire exprimer et de comprendre ce que pense réellement son interlocuteur.
- Suscite un sentiment de soulagement et de confort chez l'interlocuteur : satisfaction d'être accepté et compris.
- Crée un climat de confiance qui incite l'interlocuteur à aller plus loin dans son expression.

Précautions à prendre

- Avoir un grand niveau de vigilance pour ne pas faire dévier l'interlocuteur dans une direction qu'il n'aurait pas empruntée, ce qui risque de vous priver des informations qu'il était prêt à vous donner et que vos interventions « parasites » lui auront fait oublier.

6 INDIVIDUALISER LE MANAGEMENT DE SES COLLABORATEURS

« Il y a deux éléments essentiels du processus à prendre en considération lorsque vous souhaitez entrer en contact avec votre interlocuteur : les perceptions et les canaux. Une perception est un filtre au travers duquel nous appréhendons le monde. Un canal est une interaction positive, comprenant une offre et l'acceptation de l'offre. »
Taibi Kahler in *Le Grand livre de la Process Thérapie*.

Le manager de managers a intérêt à établir une relation de confiance durable avec des managers qui ont des personnalités différentes. S'adapter à chacun d'entre eux suppose d'agir sur les leviers de motivation adaptés et de choisir le mode de communication auquel chaque manager sera réceptif.

DOSSIER 6

Mieux comprendre chaque membre de l'équipe des managers

Le modèle de la ProcessCom®, élaboré par le psychologue américain Taibi Kahler, permet d'identifier le type de personnalité de chacun de ses managers à partir de caractéristiques observables. Chacun met en œuvre des points forts spécifiques lorsqu'il exerce ses responsabilités de manager. Chacun a une façon préférentielle de percevoir les situations et cette perception se traduit dans son langage. Le manager de managers notera également que chacun utilise de manière récurrente un canal de communication préférentiel, qu'il a des sources de motivation spécifiques pour s'investir dans ses fonctions et qu'il a un environnement de travail préféré.

Adapter sa communication à chacun de ses managers

Le manager de managers observera qu'intuitivement il établit un contact positif avec certains managers, qu'il peut communiquer avec eux longtemps et sans efforts alors qu'avec d'autres, communiquer efficacement lui demande plus d'énergie.

Identifier le type de personnalité du manager et parler la même langue que lui pour qu'il s'implique dans ses fonctions.

Rétablir une communication efficace avec un manager

Dans certaines situations, le manager de managers constatera que la communication devient plus difficile, tendue, voire conflictuelle avec certains managers. Selon la ProcessCom®, chaque type de personnalité a sa manière spécifique de montrer son stress et éventuellement de rentrer en conflit. Des comportements d'attaque, de manipulation ou encore de passivité sont spécifiques. Le manager de managers dispose des moyens lui permettant de rétablir une communication efficace avec chacun des managers.

Se gérer soi-même et gérer son stress

Enfin, le manager de managers est parfois confronté à des situations relationnelles déstabilisantes et génératrices de stress pour lui. Prendre conscience de son propre type de personnalité va lui permettre de comprendre et de dépasser les difficultés relationnelles qu'il rencontre avec certains managers. De plus, il identifiera les besoins psychologiques qu'il doit satisfaire en priorité pour éviter de rentrer sous stress.

LES OUTILS

42 Adapter son management avec la ProcessCom® .. 128

43 Manager un manager de type Travaillomane 132

44 Manager un manager de type Persévérant 134

45 Manager un manager de type Empathique 136

46 Manager un manager de type Rêveur 138

47 Manager un manager de type Rebelle 140

48 Manager un manager de type Promoteur 142

Adapter son management avec la ProcessCom®

S'ADAPTER À LA PERSONNALITÉ GRÂCE AU MODÈLE DE LA PROCESSCOM®

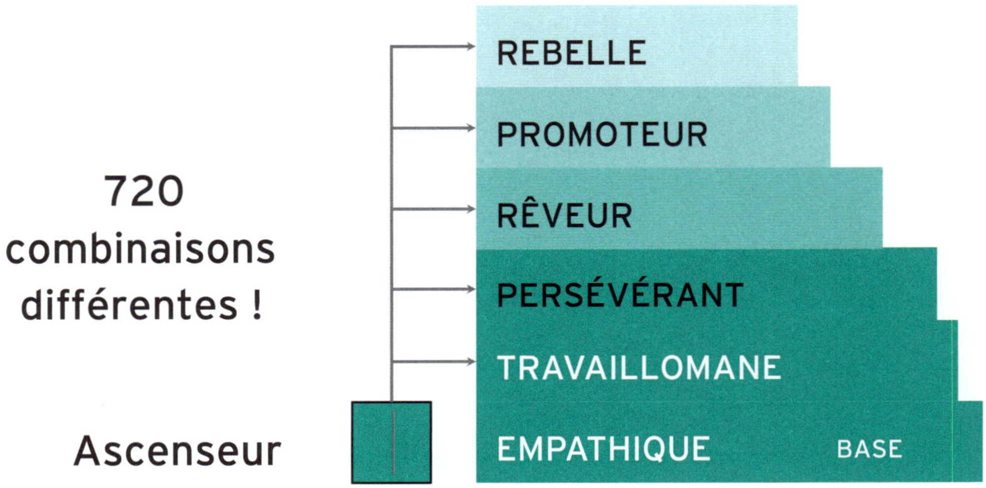

En résumé

Dans son modèle ProcessCom®, le psychologue américain Taibi Kahler a mis en évidence 6 types de personnalité, qui ont chacune des caractéristiques spécifiques et observables. Chaque individu est un dosage unique de ces 6 types de personnalité.

La structure de la personnalité est représentée sous la forme d'un immeuble de 6 étages. La taille d'un étage traduit l'énergie disponible à celui-ci.

Le manager de managers pourra communiquer longtemps et sans effort et énergie avec un collaborateur qui communique aux étages inférieurs de sa propre personnalité. Cela lui demandera plus d'énergie de communiquer avec des types de personnalité correspondant à ses étages supérieurs.

Pourquoi l'utiliser ?

Objectif

Adapter son mode de communication à ses managers.

Contexte

Toute situation d'entretien ou de réunion avec les managers qui lui sont rattachés hiérarchiquement.

Comment l'utiliser ?

Étapes

1. **Repérer le type de personnalité** ProcessCom® que montre le manager (voir outils 43 à 48).
2. **Utiliser un canal de communication adapté** à son interlocuteur.

Méthodologie et conseils

Utiliser un canal de communication adapté.

Il s'agit **d'établir la communication avec son interlocuteur** en fonction de son type de personnalité. Il y a communication si le manager de managers est en position de vie ++ (voir outil 36) et si l'émission (l'offre) et la réception (l'acceptation de l'offre) se font sur un même canal. **Un canal de communication met en relation deux ensembles cohérents** de comportements, de pensées et d'émotions, les « Parties de Personnalité ». Elles sont activées si au moins 3 des 5 critères suivants sont réunis : les mots, le ton de la voix, les expressions du visage, les gestes, l'attitude corporelle.

Canal 1 interruptif. Il est utilisé dans les situations d'urgence. Il a pour objectif d'aider son interlocuteur à retrouver sa lucidité.

› Offre : mode impératif, avec un ton calme et ferme. Elle s'adresse aux cinq sens.

› Acceptation de l'offre : le collaborateur retrouve son calme.

Canal 2 directif. Il permet de donner des directives en visant la partie pensante de son interlocuteur.

› Offre : les verbes sont à l'impératif. Le ton est calme, sans agressivité. Aucune expression. L'attitude est droite, calme, avec peu de gestes.

› Acceptation de l'offre : le collaborateur acquiesce ou agit immédiatement.

Canal 3 informatif. Il permet d'échanger des informations et de poser des questions.

› Offre : des questions, des affirmations donnant des informations. Le ton est calme, sans émotion particulière. Pas ou peu d'expressions. L'attitude est droite avec peu de mouvements.

› Acceptation de l'offre : la réponse est claire, directe, précise et donne de l'information.

Canal 4 nourricier. Il permet de témoigner compréhension, sympathie et chaleur à son interlocuteur.

› Offre : le ton est chaleureux, apaisant. L'expression est souriante. L'attitude est tournée vers l'autre et le contact est chaleureux.

› Acceptation de l'offre : des remerciements sincères ou l'expression d'émotions.

Canal 5 émotif/ludique. Il vise les réactions de l'interlocuteur.

› Offre : des onomatopées et des expressions métaphoriques. Le ton est enthousiaste, souvent ludique, avec beaucoup d'énergie. L'expression est vivante, les yeux pétillent. L'attitude est animée et les gestes plein de ressort.

› Acceptation de l'offre : la réponse est enthousiaste, enjouée, ludique.

Les deux piliers de la ProcessCom® : le processus de la communication et 6 types de personnalités aux caractéristiques observables.

Avantages

- Permet de se mettre en phase avec son manager en adoptant son mode de communication.

Précautions à prendre

- Éviter d'étiqueter ses managers. S'adapter à ce que montre le manager à l'instant *t*. S'entraîner à monter dans ses étages supérieurs pour gagner en aisance.

SUITE OUTIL 42 →

Adapter son management avec la ProcessCom®

Comment être plus efficace ?

Un modèle à la fois simple et riche

Nous avons tous une combinaison unique des 6 types de personnalité : 720 structures d'immeuble possibles, soit 4 320 combinaisons en tenant compte des changements de Phase éventuels et une infinité de possibilités en intégrant les niveaux d'énergie disponibles à chaque étage.

Le niveau d'énergie maximum se situe à la Base. Il décroît au fur et à mesure que l'on monte dans les étages. Ce qui compte, c'est notre capacité à prendre notre ascenseur pour circuler dans nos étages.

Le changement de phase

La Base

Le type de personnalité de Base (le rez-de-chaussée) se développe au tout début de la vie et ne change plus. Notre Base conditionne nos besoins les plus profonds et notre façon d'être : elle est notre langue maternelle.

La Phase

Lorsqu'une personne change de Phase, son besoin psychologique dominant (voir outil 30) change de manière durable. Cela se traduit par un changement de motivations et de comportements sous stress. Ce changement peut s'opérer lorsque la personne est confrontée à un événement entraînant un stress important et durable.

Un nouveau changement de phase se fera à l'étage immédiatement supérieur.

Les comportements sous stress

Une personne rentre sous stress lorsqu'elle est confrontée à un canal de communication qui ne lui convient pas et/ou parce que ses besoins psychologiques dominants ne sont pas satisfaits.

En fonction de l'intensité du stress, la personne adoptera les comportements sous stress de sa Phase actuelle ou, sous stress plus intense, ceux de sa Base.

Elle est en mécommunication et sort de la position ++.

Les séquences de stress se décomposent en 3 niveaux.

Niveau 1 : les drivers

Les comportements Drivers reflètent une position de vie conditionnelle de la personne soit pour elle-même : « j'ai de la valeur si....... », soit pour l'autre : « vous avez de la valeur si..... ».

Les Drivers pour Toi : Tu es +, Je suis + à condition de :

Les conditions sont :

- Être parfait (voir outil 43 Travaillomane)
- Faire plaisir (voir outil 45 Empathique)
- Être Fort (voir outil 46 Rêveur)
- Faire des Efforts (voir outil 47 Rebelle)

Les Drivers pour Moi : je suis +, Tu es+ à condition de :

- Être Parfait (voir outil 44 Persévérant)
- Être Fort (voir outil 48 Promoteur)

Niveau 2 : les mécanismes d'échec

Si la personne continue à être confrontée à un canal de communication qui ne lui convient pas et/ou que ses besoins psychologiques dominants ne sont toujours pas satisfaits, elle va montrer **les mécanismes d'échec caractéristiques de sa phase actuelle.** En fonction du type de personnalité, elle va passer en position +/- par exemple en attaquant ou en blâmant, -/+ en se positionnant en tant que victime.

Niveau 3 : 3° degré

La personne passe en position de vie -/- : « Je n'ai pas de valeur, tu n'en as pas non plus ». On parle de **masque du désespéré** qui est identique pour tous les types de personnalité.

Il faut utiliser le canal de communication adapté et répondre aux besoins psychologiques pour maintenir une communication efficace.

CAS Parler la même langue que son collaborateur

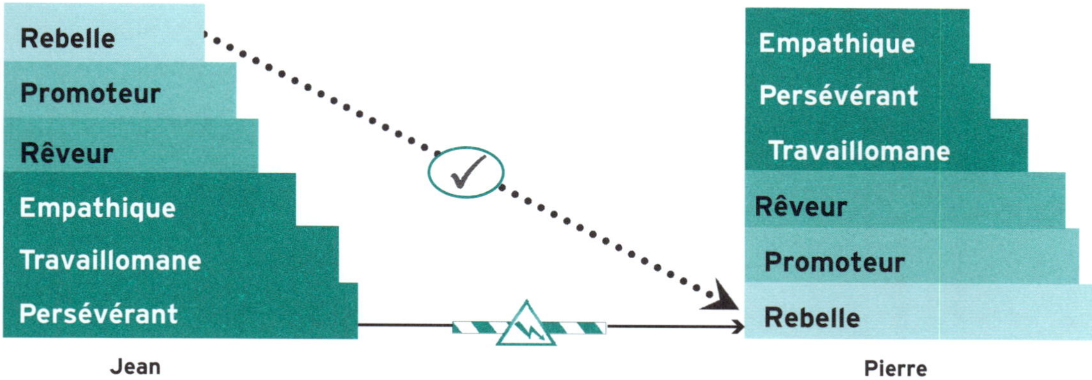

Le problème

Pierre, Directeur financier d'un grand groupe de services, est reconnu pour sa conscience professionnelle, son sérieux et son sens de l'organisation. Il rencontre des difficultés de communication avec Jean le Responsable financier d'une filiale du groupe. S'il reconnaît l'efficacité de sa contribution, Pierre est indisposé par les comportements de Jean qu'il juge désinvolte et il goûte peu son humour. Il considère que consacrer du temps à plaisanter est une perte de temps et que l'on est là pour travailler.

La solution

Formé à la ProcessCom®, Pierre prend conscience qu'il est de base Persévérant : il communique de manière naturelle sur le canal informatif. Il identifie que Jean est quant à lui de base Rebelle, type de personnalité qui est peu développé chez lui. Ils ne parlent pas la même langue.

Il décide de « prendre l'ascenseur » et de monter à son étage Rebelle : il prendra désormais contact avec son collaborateur sur un mode ludique et il cherchera à détendre plus l'atmosphère. ■

OUTIL 43

Manager un manager de type Travaillomane

REPÉRER LES CARACTÉRISTIQUES OBSERVABLES DU TYPE TRAVAILLOMANE POUR ADAPTER SON MODE DE COMMUNICATION

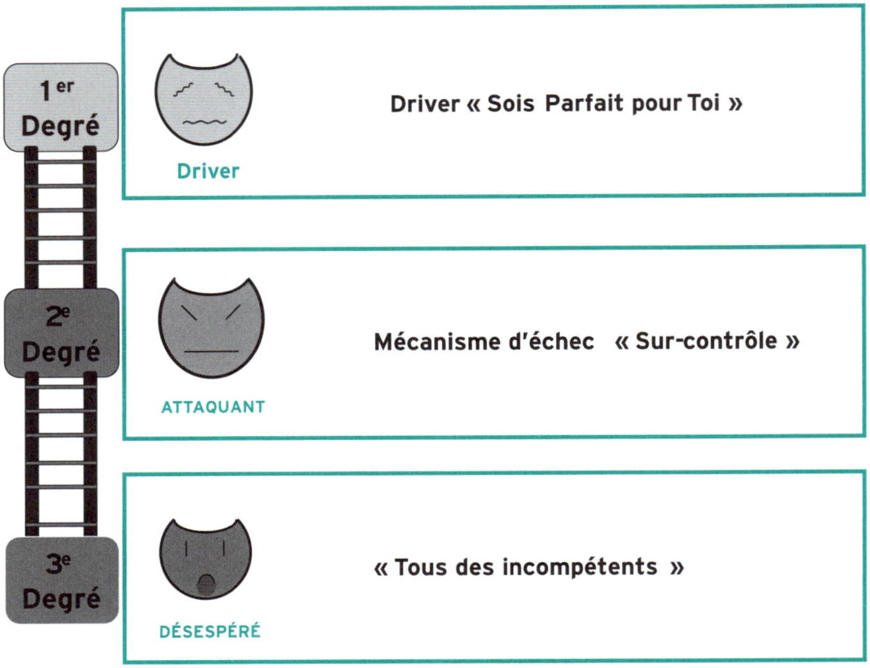

En résumé

Le type Travaillomane est l'un des six types de personnalité mis en évidence par Taibi Kahler dans son modèle de la ProcessCom® (voir outil 42). Le manager de managers peut identifier cette composante chez un manager à travers des caractéristiques observables spécifiques. Il sera en particulier attentif aux comportements sous stress de son collaborateur dans la séquence :

- 1er degré : le **driver** « Sois parfait pour Toi. »
- 2e degré : le **mécanisme d'échec** « Sur-contrôle. »
- 3e degré : le **masque de désespéré** « Tous incompétents. »

Fort de ce diagnostic, il pourra établir, maintenir ou rétablir une communication efficace avec le manager.

Pourquoi l'utiliser ?

Objectif

Communiquer efficacement avec un manager de type Travaillomane.

Contexte

Toute relation en face-à-face entre le manager de managers et un manager.

Comment l'utiliser ?

Étapes

Repérer les caractéristiques observables du type de personnalité Travaillomane et adopter un mode de communication adapté.

› Ses **points forts et aptitudes** : le manager est responsable, logique, organisé. Il pense logiquement, intègre les faits et les idées et les synthétise.

› Sa **perception** : il perçoit le monde au travers de la pensée factuelle.

› Son **canal de communication** préférentiel : il utilise le canal interrogatif et est réceptif à une communication établie sur ce canal.

› Son **environnement préférentiel** : il est plus efficace lorsqu'il travaille seul ou à deux.

Important : ces caractéristiques correspondent à la **Base** du manager.

› Ses **besoins psychologiques** : pour se motiver, il a besoin d'être reconnu pour son travail et ses compétences et de satisfaire son besoin de structuration du temps (voir outil 31).

Important : il cherche à satisfaire en priorité les besoins psychologiques de sa **Phase actuelle**.

Méthodologie et conseils

Repérer les signes de stress du manager et intervenir pour rétablir une communication efficace.

› **Le 1er degré** : le driver « Sois Parfait pour Toi. »

Sous stress, le manager a tendance au perfectionnisme et au surdétail. Il a des difficultés à déléguer (ce sera plus vite et mieux fait si je le fais moi-même !). Il peut accumuler les informations et reporter les décisions par peur de se tromper.

Comment rétablir une communication efficace : utiliser le canal informatif et s'adresser à la perception pensée logique (voir outil 42)

À éviter : le canal directif car il pense par lui-même.

› **Le 2e degré** : mécanisme d'échec « Surcontrôle. »

Si le stress augmente, le manager sur-contrôle de manière agressive et attaque les autres sur le désordre, le manque de ponctualité, le non-respect des délais, le manque de compétence.

Important : le manager montrera le plus souvent le mécanisme d'échec de sa Phase actuelle. Le fait de montrer le mécanisme d'échec de sa Base traduit un niveau de stress intense.

Comment rétablir une communication efficace : répondre aux besoins psychologiques.

› **Le 3e degré** : « Tous des incompétents. »

Le manager passe en position -/- : il rejette les autres. ■

Un manager de type Travaillomane est responsable, logique et organisé. Il pense logiquement, intègre faits et idées et les synthétise.

Avantages

- Permet au manager de managers d'établir, de maintenir ou de rétablir une communication efficace avec un manager de type Travaillomane.

Précautions à prendre

- Éviter « d'étiqueter » le manager et s'adapter à ce qu'il montre à l'instant *t* : les types de personnalité purs n'existent pas et la structure de personnalité du manager est un dosage unique et subtil des 6 types de personnalités.
- Les besoins psychologiques prioritaires et les mécanismes d'échec sont des marqueurs spécifiques de la Phase actuelle.

OUTIL 44

Manager un manager de type Persévérant

REPÉRER LES CARACTÉRISTIQUES OBSERVABLES DU TYPE PERSÉVÉRANT POUR ADAPTER SON MODE DE COMMUNICATION

En résumé

Le type Persévérant est l'un des six types de personnalité mis en évidence par Taibi Kahler dans son modèle de la ProcessCom® (voir outil 42). Le manager de managers peut identifier cette composante chez un manager à travers des caractéristiques observables spécifiques. Il sera, en particulier, attentif aux comportements sous stress du manager dans la séquence :

- 1er degré : le **driver** « Sois Parfait pour Moi. »
- 2e degré : le **mécanisme d'échec** « Part en croisade. »
- 3e degré : le **masque de désespéré** « S'ils ne sont pas avec moi, ils sont contre moi. »

Fort de ce diagnostic, le manager de managers pourra établir, maintenir ou rétablir une communication efficace avec le manager.

Pourquoi l'utiliser ?

Objectif

Communiquer efficacement avec un manager de type Persévérant.

Contexte

Toute relation en face-à-face entre le manager de managers et un manager.

Comment l'utiliser ?

Étapes

Repérer les caractéristiques observables du type de personnalité Persévérant et adopter un mode de communication adapté.

› Ses **points forts et aptitudes** : le manager est dévoué, observateur et consciencieux. Il affirme ses opinions, ses convictions et ses jugements.

› Sa **perception** : il perçoit le monde au travers de la « pensée-opinions », du jugement.

› Son **canal de communication préférentiel** : il utilise le canal interrogatif et est réceptif à une communication établie sur ce canal.

› Son **environnement préférentiel** : il est plus efficace lorsqu'il travaille seul ou à deux.

Important : ces caractéristiques correspondant à la **Base** du manager.

› Ses **besoins psychologiques** : pour se motiver, il a besoin d'être reconnu pour son implication et satisfaire son besoin de reconnaissance de ses opinions (voir outil n° 31).

Important : il cherche à satisfaire en priorité les besoins psychologiques de sa **Phase actuelle**.

Méthodologie et conseils

Repérer les signes de stress du manager et intervenir pour rétablir une communication efficace.

› **1er degré** : le driver : « Sois Parfait pour Moi. »

Sous stress, le manager a tendance à se focaliser sur ce qui ne va pas et son exigence de perfection vis-à-vis de lui-même et des autres peut inhiber l'action, par peur d'échouer ou crainte des reproches.

Comment rétablir une communication efficace : utiliser le canal informatif et s'adresser à la perception « opinions ».

À éviter : le canal directif car il se fait son opinion par lui-même.

› **2e degré** : le mécanisme d'échec : « Part en croisade ».

Sous stress plus intense, le manager part en croisade et impose ses opinions. Il se montre hypersensible au feedback négatif même approprié et attaque sur les manquements aux règles, aux valeurs.

Important : le manager montrera le plus souvent le mécanisme d'échec de sa Phase actuelle. Le fait de montrer le mécanisme d'échec de sa Base traduit un niveau de stress intense.

Comment rétablir une communication efficace : répondre à ses besoins psychologiques.

› **3e degré** : « S'ils ne sont pas avec moi ils sont contre moi ».

Le manager passe en position -/- et rejette les autres « ils ne s'impliquent pas, ils sont inutiles ». ■

Un manager de type Persévérant est dévoué, observateur et consciencieux. Il affirme ses opinions, ses convictions et ses jugements

Avantages

- Permet d'établir, de maintenir ou de rétablir une communication efficace avec un manager de type Persévérant.

Précautions à prendre

- Éviter « d'étiqueter » le manager et s'adapter à ce qu'il montre à l'instant t : les types de personnalité purs n'existent pas et la structure de personnalité de son interlocuteur est un dosage unique et subtil des 6 types de personnalités.
- Les besoins psychologiques prioritaires et les mécanismes d'échec sont des marqueurs spécifiques de la Phase actuelle.

OUTIL 45

Manager un manager de type Empathique

REPÉRER LES CARACTÉRISTIQUES OBSERVABLES DU TYPE EMPATHIQUE POUR ADAPTER SON MODE DE COMMUNICATION

En résumé

Le type Empathique est l'un des six types de personnalité mis en évidence par Taibi Kahler dans son modèle de la ProcessCom® (voir outil 42). Le manager de managers peut identifier cette composante chez un manager à travers des caractéristiques observables spécifiques. Il sera, en particulier, attentif aux comportements sous stress du manager dans la séquence :

- 1er degré : le **driver** « Fais Plaisir. »
- 2e degré : le **mécanisme d'échec** « Fait des erreurs. »
- 3e degré : le **masque de désespéré** « Je sentais bien qu'ils ne m'aimaient pas. »

Fort de ce diagnostic, le manager de managers pourra établir, maintenir ou rétablir une communication efficace avec le manager.

Pourquoi l'utiliser ?

Objectif

Communiquer efficacement avec un manager de type Empathique.

Contexte

Toute relation en face-à-face entre le manager de managers et un manager.

Comment l'utiliser ?

Étapes

Repérer les caractéristiques observables du type de personnalité Empathique et adopter un mode de communication adapté.

Les caractéristiques observables du type de personnalité Empathique :

› Ses **points forts et aptitudes** : le manager est compatissant, sensible, chaleureux. Il a une capacité à donner aux autres et à créer l'harmonie dans les relations.

› Sa **perception** : il ressent d'abord, perçoit les personnes et les situations par les émotions.

› Son **canal de communication préférentiel** : il utilise le canal nourricier et est réceptif à une communication établie sur ce canal.

› Son **environnement préférentiel** : il aime travailler en groupe à condition que celui-ci soit bienveillant.

Important : ces caractéristiques correspondant à la **Base** du manager.

› Ses **besoins psychologiques** : pour se motiver, il a besoin d'être reconnu en tant que personne (et non pour ce qu'il fait) et satisfaire ses besoins sensoriels.

Important : il cherche à satisfaire en priorité les besoins psychologiques de sa **Phase actuelle**.

Méthodologie et conseils

Repérer les signes de stress du manager et intervenir pour rétablir une communication efficace.

› **1er degré** : le driver « Fais plaisir. »

Sous stress, le manager commence à manquer de confiance en lui : il se sur-adapte et cherche à faire plaisir à l'autre sans tenir compte de ses propres besoins pour éviter de froisser ses interlocuteurs.

Comment rétablir une communication efficace : utiliser le canal nourricier (voir outil 42) et s'adresser à la perception « émotions. »

À éviter : le canal directif qui manque de chaleur.

› **2e degré** : mécanisme d'échec « Fait des erreurs ».

Si le stress augmente, le manager commet des erreurs qu'il ne fait pas habituellement. En position -/+ (voir outil 36) il manque de confiance en lui et se dévalorise. Il porte un masque de Geignard et a le sentiment d'être inadéquat.

Important : le manager montrera le plus souvent le mécanisme d'échec de sa **Phase actuelle**. Le fait de montrer le mécanisme d'échec de sa Base traduit un niveau de stress intense.

Comment rétablir une communication efficace : répondre à ses besoins psychologiques.

› **3e degré** : « Je sentais bien qu'ils ne m'aimaient pas. »

Le manager passe en position -/- : il est rejeté par les autres et se dit « je ne vaux rien ». ■

Un manager de type Empathique est compatissant, sensible, chaleureux. Il donne aux autres et sait créer l'harmonie dans les relations.

Avantages

- Permet d'établir, de maintenir ou de rétablir une communication efficace avec un manager de type Empathique.

Précautions à prendre

- Éviter « d'étiqueter » le manager et s'adapter à ce qu'il montre à l'instant *t* : les types de personnalité purs n'existent pas et la structure de personnalité de son interlocuteur est un dosage unique et subtil des 6 types de personnalités.
- Les besoins psychologiques prioritaires et les mécanismes d'échec sont des marqueurs spécifiques de la Phase actuelle.

OUTIL 46

Manager un manager de type Rêveur

REPÉRER LES CARACTÉRISTIQUES OBSERVABLES DU TYPE RÊVEUR POUR ADAPTER SON MODE DE COMMUNICATION

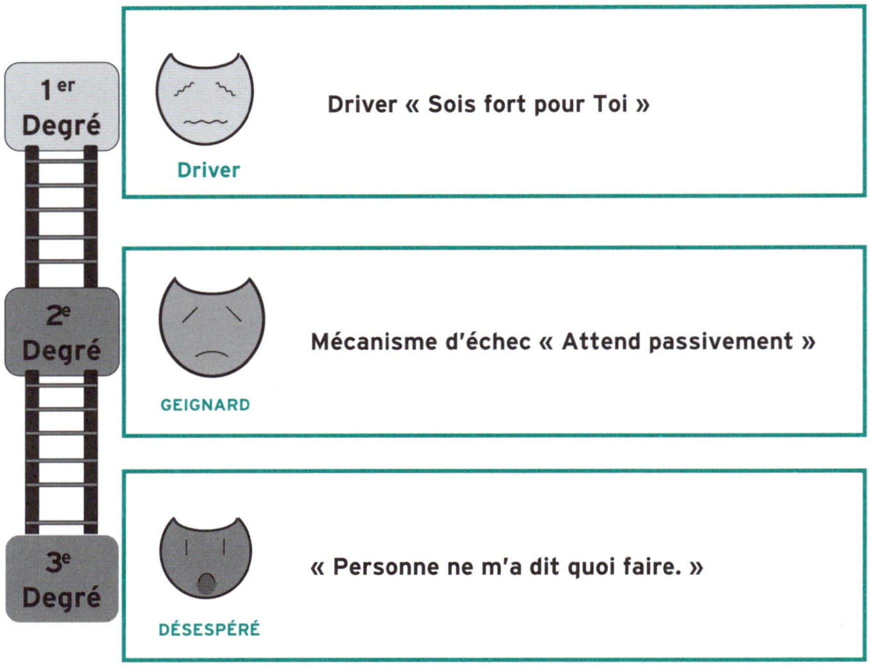

En résumé

Le type Rêveur est l'un des six types de personnalité mis en évidence par Taibi Kahler dans son modèle de la ProcessCom® (voir outil 42). Le manager de managers peut identifier cette composante chez un manager à travers des caractéristiques observables spécifiques. Il sera, en particulier, attentif aux comportements sous stress du manager dans la séquence :

- 1er degré : le **driver** « Sois fort pour Toi. »
- 2e degré : le **mécanisme d'échec** « Attend passivement. »
- 3e degré : le **masque de désespéré** « Personne ne m'a dit quoi faire. »

Fort de ce diagnostic, le manager de managers pourra établir, maintenir ou rétablir une communication efficace avec le manager.

Pourquoi l'utiliser ?

Objectif

Communiquer efficacement avec un manager de type Rêveur.

Contexte

Toute relation en face-à-face entre le manager de managers et un manager.

Comment l'utiliser ?

Étapes

Repérer les caractéristiques observables du type de personnalité Rêveur et adopter un mode de communication adapté.

› Ses **points forts et aptitudes** : le manager est imaginatif, calme, réfléchi. Sa réflexion et son imagination lui permettent de résoudre des problèmes complexes.

› Sa **perception** : il perçoit le monde au travers de l'imagin'action. Il a besoin d'être motivé à l'action par son environnement.

› Son **canal de communication préférentiel** : il utilise le canal interrogatif et est réceptif au canal directif qui l'invite à l'action.

› Son **environnement préférentiel** : il peut travailler longtemps seul de façon autonome si ses objectifs sont clairs.

Important : ces caractéristiques correspondent à la **Base** du manager.

› Ses **besoins psychologiques** : pour se motiver, il a besoin de calme, de solitude et de temps pour lui.

Important : il cherche à satisfaire en priorité les besoins psychologiques de sa **Phase actuelle**.

Méthodologie et conseils

Repérer les signes de stress du manager et intervenir pour rétablir une communication efficace.

› **1er degré** : le driver : « Sois fort pour toi. » Sous stress, le manager a tendance à se retirer en lui-même et à se couper des autres. Il a du mal à transformer en action : il visualise si bien le futur qu'il le « vit » déjà. Mais rien n'est commencé, et il se laisse ballotter par les événements.

Comment rétablir une communication efficace : utiliser le canal directif (voir outil 42) et s'adresser à la perception « imagin' action ».

À éviter : le canal nourricier qu'il n'est pas en mesure d'accepter et le canal interrogatif qui n'invite pas à l'action.

› **2e degré** : le mécanisme d'échec : « Attend passivement. »

Si le stress augmente, le manager se retire dans une passivité totale, attendant que les événements ou les autres l'aident à en sortir.

Important : le manager montrera le plus souvent le mécanisme d'échec de sa Phase actuelle. Le fait de montrer le mécanisme d'échec de sa **Base** traduit un niveau de stress intense.

Comment rétablir une communication efficace : répondre à ses besoins psychologiques.

› **3e degré** : « Personne ne m'a dit quoi faire. »

Le manager passe en position -/- : il est rejeté et se sent non désiré, « en trop ». ■

Un manager de type Rêveur est imaginatif, calme, réfléchi. Il a des capacités de réflexion et d'imagination.

Avantages

- Permet d'établir, de maintenir ou de rétablir une communication efficace avec un manager de type Rêveur.

Précautions à prendre

- Éviter « d'étiqueter » le manager et s'adapter à ce qu'il montre à l'instant *t* : les types de personnalité purs n'existent pas et la structure de personnalité de son interlocuteur est un dosage unique et subtil des 6 types de personnalités.
- Les besoins psychologiques prioritaires et les mécanismes d'échec sont des marqueurs spécifiques de la Phase actuelle.

Manager un manager de type Rebelle

REPÉRER LES CARACTÉRISTIQUES OBSERVABLES DU TYPE REBELLE POUR ADAPTER SON MODE DE COMMUNICATION

En résumé

Le type Rebelle est l'un des six types de personnalité mis en évidence par Taibi Kahler dans son modèle de la ProcessCom® (voir outil 42). Le manager de managers peut identifier cette composante chez un manager à travers des caractéristiques observables spécifiques. Il sera, en particulier, attentif aux comportements sous stress du manager dans la séquence :

- 1er degré : le **driver** « Fais des efforts. »
- 2e degré : le **mécanisme d'échec** « Blâme. »
- 3e degré : le **masque de désespéré** « Tu vas me le payer. »

Fort de ce diagnostic, le manager de managers pourra établir, maintenir ou rétablir une communication efficace avec le manager.

Pourquoi l'utiliser ?

Objectif

Communiquer efficacement avec un manager de type Rebelle.

Contexte

Toute relation en face-à-face entre le manager de managers et un manager.

Comment l'utiliser ?

Étapes

Repérer les caractéristiques observables du type de personnalité Rebelle et adopter un mode de communication adapté.

› Ses **points forts** et **aptitudes** : le manager est spontané, créatif et ludique. Sa créativité lui permet de trouver des solutions nouvelles. Il a une capacité à jouer et à apprécier l'instant présent.

› Sa **perception** : la réaction. Il réagit aux gens et aux choses en les aimant ou en les détestant.

› Son **canal de communication préférentiel** : le manager utilise le canal ludique (voir outil 42) et est réceptif à une communication établie sur ce canal.

› Son **environnement préférentiel** : il adore travailler en équipe et passer d'un groupe à un autre.

Important : ces caractéristiques correspondent à la **Base** du manager.

› Ses **besoins psychologiques** : pour se motiver, il a besoin de contacts ludiques.

Important : il cherche à satisfaire en priorité les besoins psychologiques de sa **Phase actuelle**.

Méthodologie et conseils

Repérer les signes de stress du manager et intervenir pour rétablir une communication efficace.

› **1er degré** : le driver « Fais des Efforts. »

Sous stress, le manager a tendance à « ramer » : il fait des efforts visibles et audibles. En même temps, il invite de manière implicite les autres à faire à sa place sans formuler de demande claire. Il se laisse déconcentrer facilement et a du mal à travailler seul longtemps sur un même sujet.

Comment rétablir une communication efficace : utiliser le canal ludique et s'adresser à la perception « réactions ».

À éviter : le canal directif.

› **2e degré** : le mécanisme d'échec « Blâme ».

Si le stress augmente, le manager rejette la responsabilité de la situation sur les autres, le système : il se plaint, conteste, joue à « oui, mais... ». Il a du mal à faire des choix et peut rester bloqué sur un dossier important.

Important : le manager montrera le plus souvent le mécanisme d'échec de sa **Phase actuelle**. Le fait de montrer le mécanisme d'échec de sa **Base** traduit un niveau de stress intense.

Comment rétablir une communication efficace : répondre à ses besoins psychologiques.

› **3e degré** : « Tu vas me le payer. »

Le manager passe en position -/- : il est rejeté et revanchard.

Un manager de type Rebelle est spontané, créatif et ludique. Sa créativité lui permet de trouver des solutions nouvelles.

Avantages

- Permet d'établir, de maintenir ou de rétablir une communication efficace avec un manager de type Rebelle.

Précautions à prendre

- Éviter « d'étiqueter » le manager et s'adapter à ce qu'il montre à l'instant *t* : les types de personnalité purs n'existent pas et la structure de personnalité de son interlocuteur est un dosage unique et subtil des 6 types de personnalités.
- Les besoins psychologiques prioritaires et les mécanismes d'échec sont des marqueurs spécifiques de la Phase actuelle.

OUTIL 48

Manager un manager de type Promoteur

REPÉRER LES CARACTÉRISTIQUES OBSERVABLES DU TYPE PROMOTEUR POUR ADAPTER SON MODE DE COMMUNICATION

En résumé

Le type Promoteur est l'un des six types de personnalité mis en évidence par Taibi Kahler dans son modèle de la ProcessCom® (voir outil 42). Le manager de managers peut identifier cette composante chez un manager à travers des caractéristiques observables spécifiques. Il sera en particulier attentif aux comportements sous stress du manager dans la séquence :

- 1er degré : le **driver** « Sois Fort pour Moi. »
- 2e degré : le **mécanisme d'échec** « Manipule ».
- 3e degré : le **masque de désespéré** « Tous des minables. »

Fort de ce diagnostic, le manager de managers pourra établir, maintenir ou rétablir une communication efficace avec le manager.

Pourquoi l'utiliser ?

Objectif

Communiquer efficacement avec un manager de type Promoteur.

Contexte

Toute relation en face-à-face entre le manager de managers et un manager.

Comment l'utiliser ?

Étapes

Repérer les caractéristiques observables du type de personnalité Promoteur et adopter un mode de communication adapté.

› Ses **points forts** et **aptitudes** : le manager est adaptable, plein de ressources et charmeur. Il agit et fait avancer les choses. Il a du flair et une capacité à repérer et saisir les opportunités et décider rapidement. Il prend des risques et relève des défis ambitieux.

› Sa **perception** : il perçoit le monde par l'action et sent immédiatement ce qu'il y a à faire.

› Son **canal de communication préférentiel** : il utilise le canal directif et est réceptif à une communication établie sur ce canal.

› Son **environnement préférentiel** : il travaille seul ou en groupe au gré des opportunités.

Important : ces caractéristiques correspondant à la **Base** du manager.

› Ses **besoins psychologiques** : pour se motiver, il a besoin d'action et d'excitation !

Important : il cherche à satisfaire en priorité les besoins psychologiques de sa **Phase actuelle**.

Méthodologie et conseils

Repérer les signes de stress du manager et intervenir pour rétablir une communication efficace.

› **1er degré** : le driver « Sois Fort pour Moi. »

Sous stress, le manager a tendance à attendre que les autres se débrouillent seuls : il ne les aide pas et ne fournit pas toutes les informations utiles. Il peut avoir tendance à foncer sans réfléchir.

Comment rétablir une communication efficace : utiliser le canal directif et s'adresser à la perception action.

À éviter : le canal informatif qui manque de directives et le canal nourricier qui peut être perçu comme suspect.

› **2e degré** : le mécanisme d'échec « Manipule ».

Si le stress augmente, pour retrouver une forme d'excitation, le manager sème la zizanie. Il ignore les règles, les transgresse. Il se moque des autres avec ironie ou cynisme.

Important : le manager montrera le plus souvent le mécanisme d'échec de sa **Phase actuelle**. Le fait de montrer le mécanisme d'échec de sa **Base** traduit un niveau de stress intense.

Comment rétablir une communication efficace : répondre à ses besoins psychologiques.

› **3e degré** : « Tous des minables. »

Le manager passe en position -/- : il est rejeté et rejette les autres. Il les ridiculise. Il les abandonne. ■

Un manager de type Promoteur est adaptable, plein de ressources et charmeur. Il a une capacité à décider rapidement.

Avantages

- Permet d'établir, de maintenir ou de rétablir une communication efficace avec un manager de type Promoteur.

Précautions à prendre

- Éviter « d'étiqueter » un manager et s'adapter à ce qu'il montre à l'instant *t* : les types de personnalité purs n'existent pas et la structure de personnalité de son interlocuteur est un dosage unique et subtil des 6 types de personnalités.
- Les besoins psychologiques prioritaire et les mécanismes d'échec sont des marqueurs spécifiques de la Phase actuelle.

7 GÉRER LES SITUATIONS SPÉCIFIQUES ET DÉLICATES

« Les querelles ne dureraient pas longtemps, si le tort n'était que d'un côté. »
François de La Rochefoucauld

Dans le contexte actuel où les organisations s'internationalisent et développent la transversalité, les managers de managers deviennent de plus en plus des réducteurs de distances en même temps qu'ils sont amenés à intervenir dans les conflits.

Manager des distances

Le manager de managers est de plus en plus amené à manager ses collaborateurs à distance. De fait, il est bien souvent séparé de ses managers par plusieurs distances : géographiques, temporelles, générationnelles, culturelles ou linguistiques.

Il a intérêt à repérer ces différentes distances pour anticiper les contraintes de son environnement et identifier des actions prioritaires pour les transformer en opportunités et se rapprocher de ses managers.

Pour éviter de succomber aux stéréotypes, le manager de managers qui encadre des managers de cultures ou de générations différentes, prend en compte les grands facteurs véritablement différenciants comme le rapport au pouvoir, les styles de communication, le lien à l'environnement ou encore le rapport au temps.

Gérer les conflits

Dans les relations transversales, le manager de managers doit contractualiser sa relation avec des collègues et leurs collaborateurs qu'il est amené à solliciter sans lien hiérarchique.

Par ailleurs, pour comprendre et intervenir efficacement dans un conflit, il faut adopter un point de vue systémique en appréhendant la situation conflictuelle aux différents niveaux psychologique, interpersonnel, sociologique et organisationnel.

Au niveau interpersonnel, il doit comprendre la dynamique des conflits dans lesquels il est impliqué ou qu'il doit traiter. En effet, chaque personne a sa manière spécifique de rentrer en conflit.

Le manager de managers doit également entreprendre un travail de clarification afin d'identifier ce qui le gêne dans le comportement de son interlocuteur avant de pouvoir l'exprimer, alors qu'il est peut-être tenté par le déni ou par le désir de blâmer l'autre. Il a aussi intérêt à développer sa flexibilité et à apprendre à s'ouvrir pour identifier ce qu'il peut dire sans blesser et sans attaquer son interlocuteur.

Enfin, en cas de conflit entre les membres de son équipe, le manager de managers peut être tenté d'utiliser l'arbitrage. Nombreux sont les managers ayant fait les frais d'une attitude qui est souvent perçue comme injuste, brutale et partiale. L'efficacité sur le court terme et la position affichée de leur manager de managers les ont souvent poussés dans cette direction. Les attentes des équipes, même si elles sont moins explicites, peuvent également les inciter à jouer cette carte. L'attitude de médiation, plus longue, plus incertaine, plus indirecte qui repose sur la volonté des parties prenantes, est souvent plus payante à long terme mais plus difficile à mettre en place. Le manager doit trouver le juste équilibre entre efficacité et responsabilité.

LES OUTILS

49 Manager ses managers à distance 146

50 Manager dans un contexte interculturel 148

51 Manager une équipe intergénérationnelle 150

52 Clarifier les relations transversales 152

53 Appréhender les différents niveaux d'un conflit 156

54 Gérer les conflits interpersonnels 158

55 Traiter la dimension émotionnelle du conflit 162

56 Choisir entre arbitrage et médiation 166

OUTIL 49

Manager ses managers à distance

DYNAMISER SON MANAGEMENT À DISTANCE

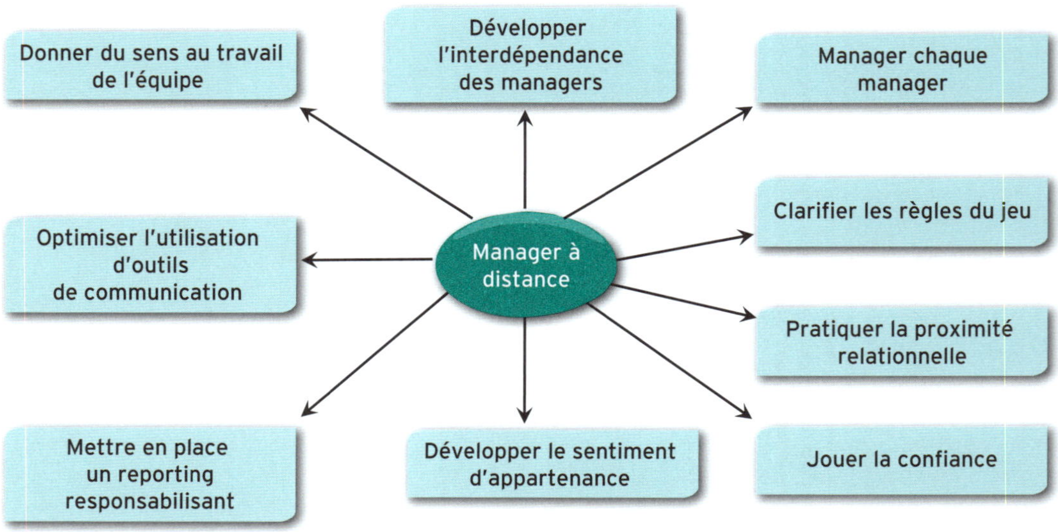

En résumé

Le manager de managers est de plus en plus amené à manager à distance. Cette nouvelle donne nécessite une approche particulière du pilotage et de l'animation. En actionnant 9 leviers, le manager de managers se donne les moyens de faire de la distance une variable à prendre en compte, plutôt qu'une contrainte. Il s'agit de :

Piloter l'équipe

- donner du sens au travail ;
- clarifier les règles du jeu ;
- mettre en place un reporting responsabilisant ;
- optimiser l'utilisation des outils de communication.

Animer l'équipe

- développer le sentiment d'appartenance ;
- développer l'interdépendance des managers ;
- manager chaque manager ;
- développer la proximité relationnelle ;
- jouer la confiance.

Pourquoi l'utiliser ?

Objectif

Manager efficacement ses managers à distance.

Contexte

Quand le manager de managers travaille à distance.

Comment l'utiliser ?

Étapes

Mettre en place des actions de pilotage pour actionner les 4 leviers :

› **Donner du sens au travail de l'équipe.** À distance, il est primordial pour le manager de managers de donner du sens au travail de son équipe de managers, pour qu'ils orientent leurs actions au quotidien. C'est le rôle de la vision commune et partagée (voir outils 9 et 10).

› **Clarifier les règles du jeu.** Du fait de l'éloignement, le manager a besoin de s'appuyer sur des règles du jeu explicites, partagées (voir outil 16). Elles seront d'autant plus intégrées qu'il mettra en cohérence son discours et ses actes.

› **Mettre en place un reporting responsabilisant.** Il convient de mettre en place des indicateurs qui rendent compte régulièrement de l'état d'avancement des dossiers. Il est recommandé de planifier des points réguliers pour éviter l'effet de « flicage ». Cela passe aussi bien par des visites programmées que par des déjeuners informels, des coups de fil ou des échanges d'e-mails.

› **Optimiser l'utilisation des outils de communication.** Le manager de managers s'assure de la compétence des managers à l'utilisation pertinente des outils de communication à distance : la messagerie électronique, la visio-conférence, le wiki ou le réseau social... (voir outil 62).

Méthodologie et conseils

Mettre en place des actions d'animation pour actionner les 5 leviers.

› **Développer le sentiment d'appartenance.** La capacité à travailler ensemble peut devenir un enjeu dès lors que l'activité pousse chacun à privilégier ses propres objectifs et résultats. Les réunions d'équipe représentent un moment particulièrement important pour développer la convivialité et le plaisir de partager (voir outil 27).

› **Développer l'interdépendance des managers.** Le fait que les managers aient une maturité relationnelle élevée (voir outil 37) et se positionnent dans l'interdépendance avec le manager de managers est essentiel lors d'un management à distance.

› **Manager chaque manager.** Le manager de managers ne doit jamais perdre de vue que son équipe est constituée de managers qui ont des personnalités différentes. À ce titre, il doit savoir personnaliser son management à distance et répondre aux besoins et demandes individuels (voir outils 31 et 42 à 48).

› **Pratiquer la proximité relationnelle.** Les managers travaillant à distance ne doivent pas se sentir isolés. Aussi, les moments de rencontres, même virtuelles, avec ses managers distants doivent permettre au manager de managers de nouer un lien fort avec son équipe afin de renforcer leur sentiment d'appartenance au même groupe (voir outil 27).

› **Jouer la confiance.** Le management à distance amplifie la nécessité de la confiance. Le manager de managers doit réfréner ses tentations de surcontrôle et évaluer les résultats sans se préoccuper de la méthode (voir outil 21). ■

« La distance rend toute chose infiniment plus précieuse. »
Arthur C. Clarke (Extrait de 2001 l'Odyssée de l'espace)

Avantages

- Permet de manager efficacement ses managers à distance.

Précautions à prendre

- Confondre pilotage et management des personnes.

OUTIL 50

Manager dans un contexte interculturel

ACTIONNER LES BONS LEVIERS CULTURELS

Rapport au pouvoir	• Hiérarchique • Egalitaire
Style de communication	• Explicite • Implicite
Relations personnelles	• Individuelles • Collectives
Besoin de structure	• Ordre • Souplesse
Mode de pensée	• Déductif • Inductif
Lien avec l'environnement	• Contrôle • Contrainte
Relation au temps	• Monochrone • Polychrone

En résumé

Pour éviter de succomber aux stéréotypes, le manager qui encadre des managers de cultures différentes doit prendre en compte les grands facteurs différenciant les cultures : le rapport au pouvoir, les styles de communication, les relations personnelles, le besoin de structure, le modèle de pensée, le lien à l'environnement et le rapport au temps. Cet outil Management interculturel (inspiré des travaux de Joseph Aoun dans *Managez une équipe multiculturelle*) lui permet de prendre conscience de sa propre culture et de celle de ses managers et d'élargir son approche aux différents sens du mot culture : culture professionnelle, sociale, nationale ou encore celle liée à l'entreprise.

Pourquoi l'utiliser ?

Objectif

Comprendre les différences interpersonnelles liées aux différences culturelles pour éviter les impairs et mieux répondre aux attentes spécifiques des managers.

Contexte

Dans toutes les situations où l'équipe de managers est issue de cultures différentes.

Comment l'utiliser ?

Étapes

Identifier les caractéristiques majeures sur les différentes dimensions culturelles.

› **Rapport au pouvoir**. *Hiérarchique* : le statut est très important. Lien de subordination. Le « by-pass » est hors de question. *Égalitaire* : peu de niveaux hiérarchiques. Management participatif. Les décisions sont discutées.

› **Style de communication**. *Explicite* : les choses sont dites clairement. Les tensions sont vécues comme stimulantes. *Implicite* : du temps pour gagner la confiance. Beaucoup de négociations. L'expression des émotions est bannie.

› **Relations personnelles.** *Individuelles* : les intérêts individuels prévalent. La performance liée à des objectifs individuels est privilégiée. La base du travail est le contrat de chacun. *Collectives* : les relations au sein du groupe sont plus importantes que les tâches. La solidarité est une valeur promue.

› **Besoin de structure.** *L'ordre* : nécessité de définir des procédures, des règles du jeu. Le manager est le garant de la loi et de l'ordre. *La souplesse* : la mobilité est valorisée. La curiosité, l'approche essai-erreur, le pragmatisme sont de mise.

› **Modèle de pensée.** *Déductif* : les idées, les théories, les principes sont privilégiés. Ils déterminent les conduites à tenir. *Inductif* : les faits sont collectés puis analysés et servent de base aux prises de décision. Du spécifique vers le général.

› **Lien à l'environnement.** *Contrôle* : le but de chacun est de s'imposer face au marché, aux concurrents, à la nature. Esprit de conquête, de combat. *Contrainte* : l'environnement est tel qu'il est. Il faut s'adapter.

› **Rapport au temps.** *Monochrone* : engagement personnel fort sur ce qui est prévu. Focus sur une seule chose à la fois. *Polychrone* : la souplesse du planning est importante, le temps est davantage lié aux relations qu'à la réalisation des tâches.

« La culture, c'est ce qui demeure dans l'homme lorsqu'il a tout oublié. » (Maxime japonaise citée par Edouard Herriot)

Méthodologie et conseils

Il est important de bien repérer ses propres traits culturels et d'avoir l'humilité de comprendre et d'admettre des traits culturels différents. Le langage corporel est souvent un très bon indicateur de ces facteurs. Clarifier, proposer des méthodes de travail qui conviennent à tous les managers en vérifiant explicitement leur compréhension avant de s'assurer qu'ils mettent réellement en œuvre les décisions prises. ■

Avantages

- « La culture » peut être un très beau sujet de discussion, intéressant et constituant un esprit d'équipe par la tolérance.
- L'accord explicite sur les actions à mener est le meilleur moyen d'être sûr de ne pas aller à l'encontre des racines culturelles.

Précautions à prendre

- Penser que tous les humains sont identiques. Il faut donc se méfier des inévitables stéréotypes et prendre le temps de connaître chaque manager.

OUTIL 51

Manager une équipe intergénérationnelle

FAIRE DES DIFFÉRENCES UNE RESSOURCE

En résumé

L'allongement des carrières et les formations qui favorisent l'apprentissage sur le terrain favorisent la cohabitation dans l'entreprise de plusieurs générations de personnes issues de contextes sociaux et éducatifs différents, et dont le rapport au travail n'est pas le même. Le management intergénérationnel est devenu un vrai enjeu pour le manager de managers.

Pour conserver la cohésion et la performance des équipes, l'objectif pour le manager de managers est de mettre en place avec ses managers un style de management et un mode de fonctionnement qui amènent les générations à échanger, à partager, à se nourrir mutuellement et à travailler et évoluer ensemble.

Pourquoi l'utiliser ?

Objectif

Fournir au manager de managers des principes de management intergénérationnel qui lui permettront d'obtenir une saine coopération de son équipe de managers.

Contexte

Principes applicables à tout moment.

Comment l'utiliser ?

Étapes

1. **Établir la carte du profil générationnel de ses managers** et, surtout, identifier les valeurs, les attentes, les intérêts et le mode de fonctionnement de chacun.
2. **Adapter son mode de communication** et de management à la spécificité de chaque manager : attentes, valeurs, niveau d'autonomie, type de personnalité, etc.
3. **Savoir concilier les valeurs** centrées sur l'entreprise : objectifs, performance, rentabilité… et celles centrées sur les hommes, comme l'ambiance, l'équilibre famille/travail, l'éthique du bien-être.
4. **Favoriser la connaissance** et la compréhension mutuelle des managers de générations différentes et faire émerger les valeurs communes. Créer des moments d'échange où chacun s'exprime sur ses façons de voir, ses centres d'intérêts, ses compétences, ses attentes.
5. **Encourager les échanges et le travail collaboratif.**
   - Mixer les équipes sans tenir compte des différences d'âge.
   - Organiser des tutorats inversés où, par exemple, les juniors coachent les seniors sur les nouvelles technologies et les seniors transmettent leur savoir aux juniors.
   - Édicter ensemble les règles de conduite.
   - Organiser des réunions d'échange sur la manière de travailler ensemble et partager les points de vue sans jugement.
6. **Assurer le transfert des connaissances.** Assurer la pérennité des savoirs et des savoir-faire développés au sein de l'entreprise en favorisant leur partage et leur transmission à toutes les générations.
7. **Veiller à la qualité de l'accueil** et à l'intégration des jeunes. Mener l'entretien d'accueil. Remettre un livret d'accueil. Informer sur l'organisation et la structure de l'entreprise, sur le poste, les missions et les facteurs de réussite. Recueillir les impressions et les attentes. Organiser un circuit de présentation. Donner des repères clairs. Faire établir un « rapport d'étonnement ». Sensibiliser l'équipe à l'accueil du jeune. Nommer un référent.
8. **Mettre en place les actions de formation** nécessaires pour faire face aux changements techniques et organisationnels, éviter l'obsolescence des compétences et maintenir l'employabilité.

« Et enfin, quand tout fut terminé, Aragorn entra en possession de l'héritage de ses pères. » Tolkien, Le Seigneur des anneaux

Méthodologie et conseils

Le management intergénérationnel impose d'avoir un regard sans jugement. Aucune génération n'est meilleure que les autres. Chacune possède ses caractéristiques, qui sont seulement des tendances. Le partage, l'écoute et la confiance sont des maîtres mots.

L'arrivée de nouvelles générations est une opportunité de dynamiser les équipes en place et un levier pour développer les compétences individuelles. ■

Avantages

- Permet de maintenir la cohésion et la performance de l'équipe.

Précautions à prendre

- Créer un sentiment d'équité entre les personnes indépendamment de leur appartenance générationnelle.

OUTIL 52

Clarifier les relations transversales

LE CONTRAT TRIPARTITE

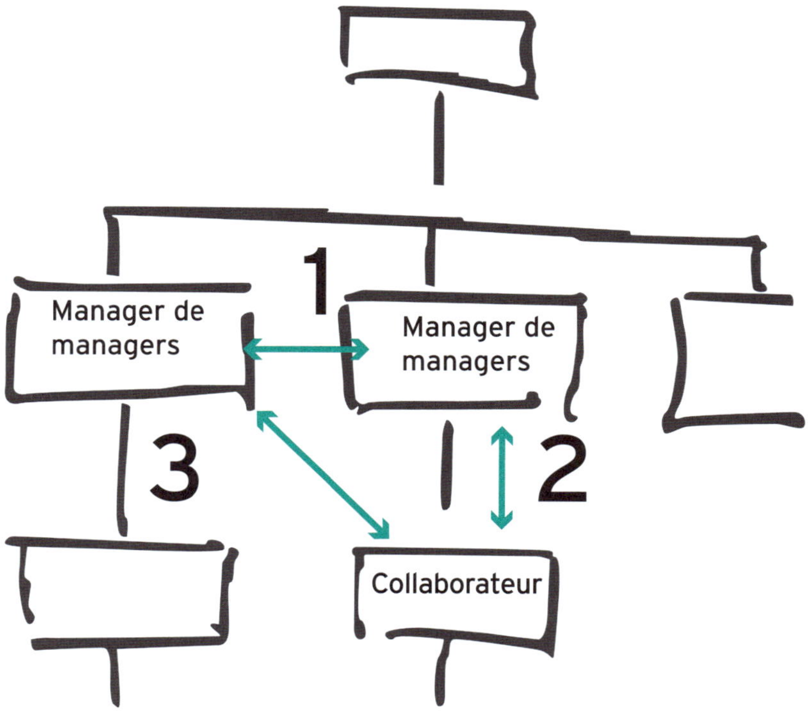

En résumé

L'outil Clarifier les relations transversales permet au manager de managers de contractualiser sa relation avec des collègues et leurs collaborateurs, qu'il est amené à solliciter sans lien hiérarchique. Il précise en particulier les engagements de chacun en ce qui concerne :

- leurs rôles et leurs objectifs ;
- les règles du jeu communes en matière de coordination et de communication ;
- les résultats attendus par chacun ;
- les enjeux communs ;
- les modalités de contrôle, de suivi.

Pourquoi l'utiliser ?

Objectif

Expliciter le mode de fonctionnement entre le manager de managers, le collègue et le collaborateur qu'il est amené à solliciter en transversal.

Contexte

Toute mission transversale qui implique des collaborateurs qui dépendent hiérarchiquement d'un autre manager.

Comment l'utiliser ?

Étapes

Contractualiser les responsabilités et les engagements de chacun.

› **Contrat n° 1, entre le manager de managers et son collègue.** Il concerne les attentes et les besoins du manager de managers et son collègue ; les règles d'information réciproque ; les modalités d'évaluation de la contribution des collaborateurs du collègue.

› **Contrat n° 2, entre le collaborateur managé en transversal et son manager hiérarchique.** Il précise les objectifs et les contributions attendues dans la mission transverse ; la place de la mission transverse dans les priorités du collaborateur ; les moyens mis à disposition ; les règles d'information réciproque.

› **Contrat n° 3 : entre le manager de managers et le collaborateur.** Le manager de managers explicite le sens de sa mission transversale avant de définir les objectifs et les contributions attendus de la part du collaborateur ainsi que les modalités de soutien. Le collaborateur précise les contributions qu'il va apporter en fonction de ses besoins, de ses contraintes et de ses priorités. Il indique clairement à quoi il s'engage.

Méthodologie et conseils

Le contrat tripartite à plusieurs intérêts.

› Il évite que le collaborateur ne vive la situation comme un **conflit de priorités** ou de légitimité entre son **hiérarchique** et le manager de managers, et que le hiérarchique ne fantasme une collusion possible entre le manager de managers et le collaborateur qu'il manage : « est-ce que les priorités de mon collègue ne vont pas à l'encontre des priorités que j'ai définies ? » (**Contrat n° 1**).

› Il donne au manager de managers de la **visibilité** sur ce que dit et fait son collègue avec son collaborateur à propos de la **mission transversale.** Il lui évite des fantasmes de collusion entre l'acteur et sa hiérarchie : « est-ce que la hiérarchie joue vraiment le jeu dans la mission transversale ? » (**Contrat n° 2**).

› Il permet d'éviter que toutes les relations ne transitent par le hiérarchique. **L'implication** du collaborateur et les **ressources affectées** à la mission transversale sont ainsi **partagées** entre le hiérarchique et le manager de managers. Il permet aussi que le collaborateur considère le manager de managers comme légitime car il a des contacts directs avec lui. Il évite le fantasme d'une collusion entre son hiérarchique et le manager de managers : « ils ne me disent pas tout. » (**Contrat n° 3**).

L'outil est inspiré du concept de « contrat triangulaire » développé par l'analyste transactionnelle Fanita English.

Avantages

- Permet d'obtenir un engagement explicite et clair de la part des collègues et de leurs collaborateurs dans le cadre d'une mission transversale.

Précautions à prendre

- Prendre le temps pour expliciter les contrats.
- Veiller à actualiser les contrats dans le temps (changement d'orientations, nouvelles priorités...)

SUITE OUTIL 52 →

Clarifier les relations transversales

Comment être plus efficace ?

Comment intervenir dans un conflit entre un de ses managers et un autre d'une autre entité ?

Rencontrer le manager de son équipe

Tout d'abord, se mettre en position d'écoute et laisser le manager s'exprimer sur sa perception du conflit et laisser retomber la charge émotionnelle.

Clarifier si le conflit s'inscrit dans le respect des règles ou si l'un ou l'autre ou les deux ont enfreint une règle, pour mener une démarche de médiation ou d'arbitrage (voir outil 56).

Ensuite, avec bienveillance, et en s'inspirant de l'outil 55, le manager de managers aidera le manager à :

- exprimer son émotion : « qu'est-ce que tu ressens ? » ;
- décrire les faits : « qu'est qui s'est passé ? ». Le manager de managers sera attentif à être ferme sur la non-acceptation d'opinions ou de blâmes et incitera le manager à être factuel ;
- exprimer son besoin dans la relation avec le collègue : « de quoi as-tu besoin dans la relation avec ton collègue ? »;
- formuler sa demande : « qu'as-tu envie de lui demander ? ».

Être transparent sur la suite : le manager de managers va rencontrer son collègue.

Rencontrer son collègue manager de managers

Être clair sur sa volonté de résoudre le problème et d'associer son collègue à la démarche. Faire un point sur la perception et les remontées de la part du manager rattaché au collègue. Expliquer la démarche suivie avec le collaborateur. Co-construire la suite de la démarche avec son collègue en se répartissant les rôles et en suggérant une rencontre à quatre après la phase d'entretiens individuels.

Rencontrer les deux managers en conflit

Provoquer une réunion entre les deux managers de managers et les managers en désaccord en étant clairs et transparents sur l'objectif : résoudre le conflit.

Définir des règles du jeu à faire respecter par les deux parties : écoute, respect mutuel. En fonction de la situation, proposer une démarche de médiation ou d'arbitrage.

Une démarche de médiation

Les deux managers de managers s'engagent à garder une posture neutre.

Proposer au manager A de s'exprimer pendant que le manager B écoute:

- son ressenti;
- les faits;
- son besoin dans la relation.

Demander au manager B comment il pourrait satisfaire les besoins du manager A.

Puis inverser les rôles.

Questionner les protagonistes sur les actions sur lesquelles ils sont prêts à s'engager.

Une démarche d'arbitrage

Rappeler les faits, objet du désaccord.

Rappeler la règle qui n'a pas été respectée.

Demander qu'elle soit respectée dorénavant.

Valider l'accord et l'adhésion des protagonistes.

Prendre rendez-vous pour assurer le suivi des engagements des managers en présence de leurs managers de managers.

Il est essentiel que les deux managers de managers conservent une posture bienveillante vis-à-vis de leurs managers.

CAS Assurer une médiation pour traiter un conflit interservices

La situation

Sur ce site industriel, le Responsable de production est en conflit avec son collègue de la maintenance. Le taux d'utilisation des machines est inférieur aux objectifs que lui a fixés sa Direction. Les pannes fréquentes font que le Responsable de Maintenance fait des interventions nécessaires mais impromptues. La vétusté du matériel requiert des interventions qui durent plus en plus de longtemps. Le Responsable de la Maintenance a déjà signalé plusieurs fois la nécessité de remplacer certaines machines.

Les entretiens individuels

Le manager de managers de la Production décide d'avoir un entretien avec son manager pour mettre à plat la situation. Il rencontre ensuite son homologue de la Maintenance qui décide d'avoir une démarche analogue avec le Responsable de Maintenance.

La réunion des protagonistes

Ils organisent une réunion avec les deux managers en conflit.

Dans une posture neutre et en fixant une règle d'écoute réciproque, ils proposent qu'à tour de rôle chacun s'exprime son ressenti, les faits, son besoin dans la relation avec son collègue avant de leur faire définir un plan d'action commun. Ils terminent la réunion en définissant une date pour le suivi. ■

	Responsable Production	Responsable Maintenance
Ressenti	Colère	Colère
Faits	Le taux d'utilisation des machines est inférieur à mes objectifs.	Je ne peux pas anticiper les interventions.
Besoin	Limiter le temps de non disponibilité des machines.	Avoir suffisamment de temps en continu pour effectuer les réparations de fond.
Demande	Être prévenu suffisamment tôt pour anticiper l'arrêt.	Ne pas intervenir en urgence.
Engagements pris	Ils définissent un plan d'action commun : délais d'alerte, information sur le temps estimé de maintenance…	

OUTIL 53

Appréhender les différents niveaux d'un conflit

SE DONNER LES MOYENS D'APPRÉHENDER DES SITUATIONS COMPLEXES

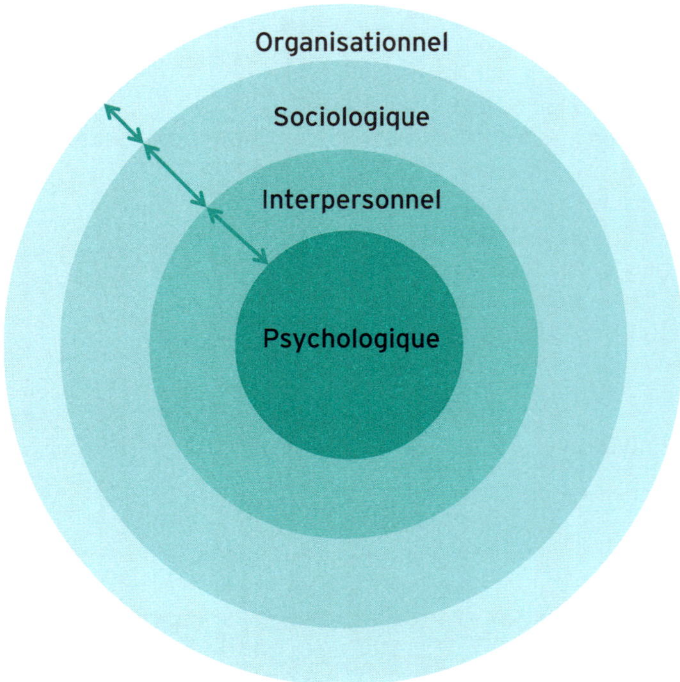

En résumé

Pour comprendre et intervenir efficacement dans un conflit, le manager de managers a intérêt à adopter un point de vue systémique et appréhender les différents niveaux du conflit :

- le niveau **psychologique** : ce qui se passe au niveau de la personne ;
- le niveau **interpersonnel** : ce qui se joue dans les relations entre les personnes ;
- le niveau **sociologique** : il se réfère aux diverses positions sociales des individus et aux relations hiérarchiques du système où ils évoluent ;
- le niveau **organisationnel** qui concerne le système et les modes d'organisation.

Pourquoi l'utiliser ?

Objectif

Appréhender les différents niveaux de lecture d'une situation conflictuelle.

Intervenir aux niveaux qui sont dans la zone de pouvoir du manager de managers.

Contexte

Les situations qui comportent une dimension humaine : problèmes managériaux, gestion des conflits.

Comment l'utiliser ?

Étapes

1. Appréhender la situation aux différents niveaux de lecture.
2. Identifier ses modalités d'action à chaque niveau.

Méthodologie et conseils

Le niveau psychologique : c'est dans le psychisme de l'individu que réside l'explication de la situation.

Modalité d'action : ici, le manager de managers peut formuler des hypothèses qu'il prendra soin de valider avec l'interlocuteur lui-même.

Le niveau interpersonnel : c'est le niveau des interactions entre les interlocuteurs. Une relation est un système auto-renforçant : les comportements de l'un viennent renforcer les comportements de l'autre. Par exemple, le manager de managers est directif et son collaborateur ne prend pas d'initiative.

Modalités d'action : plutôt que de vouloir changer l'autre, le manager de managers s'interrogera sur ce qu'il peut changer dans ses comportements pour obtenir un autre comportement-réponse de la part de son collaborateur.

Le niveau sociologique : c'est parce que les individus vivent en groupe que les conflits éclatent.

Modalités d'action : à ce niveau, le manager de managers enquêtera sur les éventuels conflits de rôles, de statuts ou encore les antagonismes intergroupes.

Le niveau organisationnel : les conflits peuvent être générés par trois types de situations :

› **La distribution des responsabilités et des ressources** : le partage des mêmes ressources par deux entités, le recouvrement des responsabilités, les attributions imprécises de responsabilités ou encore les rivalités entre fonctionnels et opérationnels sont autant de sources de conflits potentielles.

› **L'organisation du travail et la répartition des tâches** : la marge de manœuvre dont dispose chacun pour gérer son activité doit permettre d'éviter des frictions et des tensions. Si celle-ci est trop mince, les frictions sont inévitables. D'autre part, la manière dont les informations circulent – rythme, précision, fiabilité – peut également générer des conflits.

› **Le système de récompense de l'organisation** : en incluant des récompenses qui déterminent des stratégies contradictoires, il peut induire des comportements individuels et collectifs conflictuels.

Modalités d'action : à ce niveau, le manager de managers élargit sa vision du problème au niveau de l'organisation formelle et informelle et est force de proposition. ■

« Un système : une construction mentale élaborée pour faciliter la compréhension d'un réel complexe. »
Jean-Louis Le Moigne

Avantages

- Permet de prendre en compte les différents niveaux d'une situation conflictuelle.
- Permet d'identifier les niveaux auxquels le manager de managers peut agir directement ou indirectement.

Précautions à prendre

- Chercher à comprendre plutôt que juger.
- Agir directement aux niveaux qui sont dans la zone d'influence du manager de managers et être force proposition aux autres niveaux.

OUTIL 54

Gérer les conflits interpersonnels

COMPRENDRE LA DYNAMIQUE D'UN CONFLIT

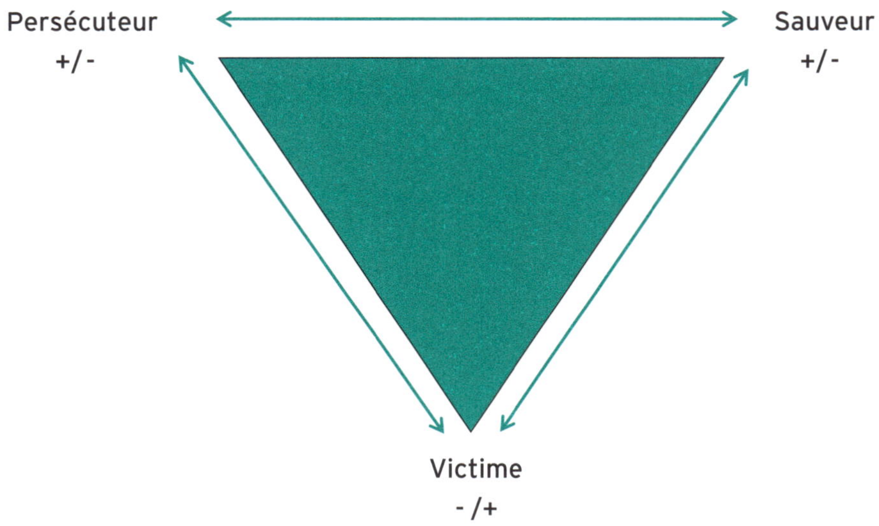

http://dunod.link/iku0z6q

En résumé

Pour **gérer les conflits interpersonnels**, le manager de managers dispose d'un outil opérationnel pour comprendre la dynamique des conflits dans lesquels il est impliqué ou qu'il doit traiter, les jeux conflictuels de l'Analyse Transactionnelle. Steve Karpman a formalisé la dynamique des jeux dans le concept de triangle dramatique : chaque personne a ses jeux favoris et les répète dans le temps. Elle entre traditionnellement dans le triangle avec un rôle de prédilection (Persécuteur, Sauveur, Victime). Lorsque les rôles permutent brusquement, le conflit devient ouvert.

Pourquoi l'utiliser ?

Objectif

Comprendre la dynamique des conflits interpersonnels pour en sortir ou les éviter.

Contexte

Les conflits interpersonnels résultent d'une succession de sous-entendus, de sentiments non exprimés, qui échappent souvent à la conscience des protagonistes.

Comment l'utiliser ?

Étapes

Identifier les rôles tenus dans le triangle.

Le rôle de Persécuteur : la personne entre dans ce rôle quand elle commence à se survaloriser et à dévaloriser son interlocuteur (position de vie +/-) en adoptant une attitude de domination qui se manifeste par le fait de :

- mépriser son interlocuteur ;
- pratiquer l'ironie ;
- chercher à humilier l'autre en pointant ses défauts ;
- créer une rivalité entre deux personnes et se positionner en observateur.

Le Persécuteur invite son interlocuteur à endosser un rôle de Victime.

Le rôle de Sauveur : la personne entre dans un rôle de Sauveur en dévalorisant son interlocuteur (position de vie +/-) mais de manière différente :

- elle apporte un secours et une assistance qui ne lui ont pas été demandés. En cas de refus, elle ne se sent pas apprécié à sa juste valeur puisque son aide n'est pas reconnue ;
- elle surprotège son interlocuteur en le prenant en charge, en lui évitant de prendre des risques.

Le Sauveur cherche à trouver une Victime qui accepte de se faire prendre en charge.

Le rôle de Victime : la personne se dévalorise (position de vie -/+) en adoptant des comportements tels que :

- se plaindre sans cesse ;
- justifier ses erreurs et ses échecs par son manque de compétence, son absence de formation ou de diplôme ;
- se déresponsabiliser et rendre le contexte ou ses interlocuteurs responsables de sa situation.

La Victime cherche inconsciemment un Sauveur et attire un Persécuteur.

Chacun affectionne particulièrement l'un des trois rôles qui sont complémentaires : une Victime va attirer un Persécuteur ou un Sauveur, un Persécuteur et un Sauveur vont chercher une Victime.

Le triangle dramatique a été conceptualisé en 1968 par le Dr Steve Karpman, psychologue américain et analyste transactionnel.

Méthodologie et conseils

Se donner les moyens d'éviter d'entrer en conflit ou d'en sortir.

- Face à une personne dans un rôle de **Victime** : faire clarifier la demande. Par exemple : « que souhaitez-vous que je fasse pour vous ? Qu'attendez-vous de moi ? En quoi puis-je vous aider ? »
- Face à une personne dans un rôle de **Sauveur** : remercier pour la proposition et clarifier sa demande. Par exemple : « votre sollicitude, votre gentillesse me touche, je vous remercie, j'ai besoin de... »
- Face à une personne dans un rôle de **Persécuteur** : faire clarifier le sous-entendu. Par exemple : « que souhaitez-vous me dire ? »

Avantages

- Comprendre la dynamique des conflits interpersonnels.
- Être en capacité d'éviter ou de sortir du conflit.

Précautions à prendre

- Identifier ses rôles favoris dans le triangle pour être en capacité de les éviter.
- Conserver une représentation positive de soi-même et de son interlocuteur.

SUITE OUTIL 54 →

Gérer les conflits interpersonnels

Comment être plus efficace ?

La dynamique d'un conflit selon Eric Berne

Eric Berne, le concepteur de l'Analyse Transactionnelle, a décrit la dynamique d'un jeu psychologique avec la formule :

A + PF = R ➔ CT ➔ MC ➔ BF

Elle se décompose de la manière suivante :

A pour Amorce du jeu : il y a un message caché derrière le message apparent. Par exemple, derrière l'affirmation de Victime « je n'y arrive pas » se cache « j'ai besoin d'être aidé ». Le sous-entendu cherche à toucher un point faible chez l'interlocuteur.

PF pour Point Faible : l'interlocuteur va « mordre à l'hameçon » car le sous-entendu a touché ce qu'il perçoit comme un point faible chez lui, comme par exemple « je ne suis pas assez disponible aux autres, pas assez compétent ».

R comme Réponse : l'interlocuteur rentre dans un des trois rôles du triangle. Il se met en position de Victime face à un Persécuteur ou un Sauveur, en position de Persécuteur ou de Sauveur face à une Victime.

CT pour Coup de Théâtre : les interlocuteurs permutent leurs rôles dans le triangle dramatique : par exemple, la Victime passe dans un rôle de Persécuteur et reproche au Sauveur l'inefficacité de son aide. Celui-ci passe dans un rôle de Victime.

MC pour Moment de Confusion : de vieux ressentiments et des non-dits sortent...

BF pour Bénéfice Final : les protagonistes empochent leurs « bénéfices » sous la forme d'un sentiment négatif (frustration, rancœur).

Outre ce sentiment, deux autres éléments permettent d'identifier la présence d'un jeu : la sensation de revivre une scène déjà vécue et d'en connaître à l'avance l'issue et un ancrage émotionnel de la représentation négative de soi-même et/ou de l'autre.

Comment éviter d'entrer dans un jeu

Au niveau de l'intention :

- Souhaiter maintenir la qualité de la relation.
- Respecter la personne pour ce qu'elle est et distinguer ce qu'elle fait de ce qu'elle est.
- Se focaliser sur la recherche d'une solution au problème et non sur les causes.

Au niveau des comportements :

- Formuler des demandes et des réponses claires.
- Prendre conscience du point faible potentiellement touché par l'amorce.
- Faire préciser les demandes implicites derrière les amorces ou sous-entendus.
- Être ferme sur les signes de reconnaissance acceptables ou non.
- Exprimer son ressenti.
- Confronter l'initiateur du jeu.
- Dévoiler l'intention cachée.

Attention : un message peut en cacher un autre.

CAS : un manager de managers et un manager sont en conflit

Contexte

Le manager de managers d'un service administratif d'une grande administration n'est pas satisfait de la relation avec l'un des managers. Il a l'impression qu'à chaque fois qu'il est en interaction avec lui, la même scène se rejoue et qu'elle se termine systématiquement par un sentiment de malaise.

Le décodage du jeu

Le manager initie le jeu dans un rôle de Victime : il ne formule pas de demande claire. Lui se dit qu'il n'aide pas suffisamment ses managers et entre dans le jeu dans un rôle de Sauveur. S'en suivent une série d'interactions Sauveur-Victime jusqu'au coup de théâtre où les rôles permutent : le manager passe en Persécuteur et le manager de managers passe en Victime.

Les décisions prises par le manage de managers

Lorsque le manager rentrera dans son rôle de Victime, il lui fera clarifier sa demande plutôt que de lui proposer une solution : « qu'attendez-vous de moi ? En quoi puis-je vous aider ? ». Ou il reformulera le sous-entendu : « est ce que cela veut dire que vous avez besoin d'aide ? » ■

Dialogue	Décodage du jeu
Manager : « J'en ai marre, j'ai demandé à un collaborateur de traiter un dossier pour aujourd'hui et il n'a rien fait ! J'en ai besoin demain… je ne suis pas prêt de rentrer chez moi. Je me demande comment je vais m'en tirer ! »	**Amorce** du jeu avec un sous-entendu probable : « faites quelque chose pour m'aider ». Rôle de Victime
Manager de managers : « Ah ! Je comprends. Je peux peut-être faire quelque chose pour vous. »	**Point faible** : « je ne suis pas un bon manager, je n'aide pas suffisamment mes managers ». Rôle de Sauveur
Manager : « Oui et non. Vous savez bien comment c'est ! »	Rôle de Victime
Manager de managers : « Écoutez, je vous propose que nous partagions le dossier, cela vous permettra de gagner du temps. »	**Réponse** Rôle de Sauveur
Manager : « C'est sympa, mais le temps que je vous explique ce qu'il faut faire… En fait on va plutôt perdre du temps. »	Rôle de Victime
Manager de managers : « Ah ! Eh bien, vous me confiez ce que je peux faire, si vous voulez. »	Rôle de Sauveur
Manager : « Non, vous risquez de faire des erreurs et il faudra que je reprenne tout. »	Rôle de Victime
Manager : « Bon, eh bien débrouillez-vous, moi, j'ai autre chose à faire. »	**Coup de théâtre** Rôle de Persécuteur
Collaborateur : « Merci !! »	Rôle de Persécuteur
Manager (seul) : « et moi qui essayais de l'aider… »	**Bénéfice final** Rôle de Victime

OUTIL 55

Traiter la dimension émotionnelle d'un conflit

S'OUVRIR À SOI ET À L'AUTRE

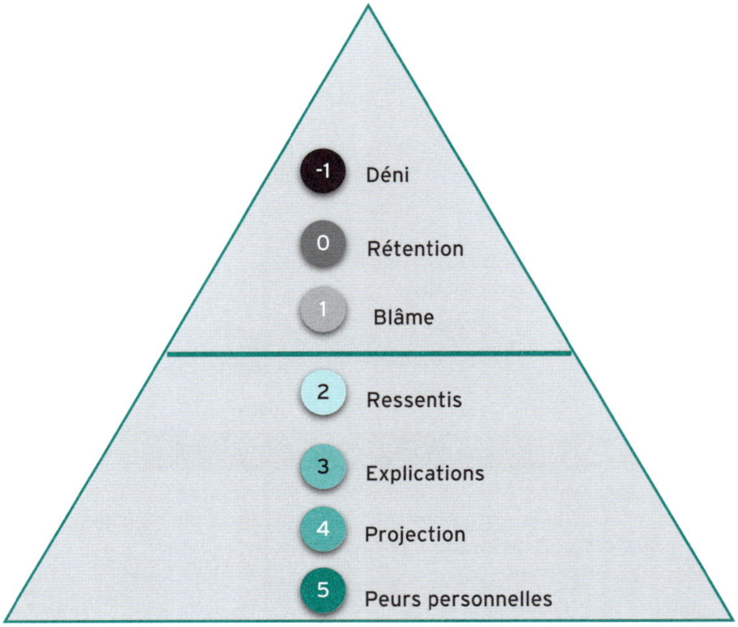

En résumé

Les niveaux d'ouverture, outil conçu par Will Schutz, permettent de traiter la dimension émotionnelle d'un conflit. En effet, ils décrivent les niveaux de conscience d'une personne confrontée à une situation émotionnellement déstabilisante.

Aux niveaux -1, 0 et 1, elle rend son interlocuteur totalement responsable de la difficulté relationnelle.

Aux niveaux 2, 3, 4 et 5, elle assume sa responsabilité personnelle dans la situation.

L'ouverture comporte 2 facettes:

- l'ouverture à soi : rendre consciente une partie de ce qui était jusqu'à présent hors du champ de la conscience ;
- l'ouverture à l'autre : choisir de divulguer à l'autre une partie de l'expérience pour améliorer la relation.

Pourquoi l'utiliser ?

Objectif

Gérer la dimension émotionnelle d'un conflit.

Contexte

Toute situation qui génère un ressenti négatif : relation insatisfaisante, tendue ou ouvertement conflictuelle.

Comment l'utiliser ?

Étapes

Identifier les niveaux d'ouverture en zone rouge qui maintiennent le conflit.

Prenons l'exemple d'un manager qui évoque un souci avec un collaborateur auprès de son manager de managers.

Aux trois premiers niveaux d'ouverture, le manager de managers rend l'autre responsable de la situation : il tend à entretenir ou amplifier le conflit.

› **Niveau -1 :** le déni est l'absence de conscience de soi (de ses comportements, ses sensations, ses émotions) et de la situation. La personne se leurre. Ici, le manager de managers se dit « je ne vois pas quel est le problème ».

› **Niveau 0 :** la rétention consiste à être conscient de la situation mais sans le reconnaître totalement et sans l'exprimer. Le manager de managers pense qu'il devrait proposer une formation au manager mais ne l'exprime pas.

› **Niveau 1 :** le blâme consiste à s'ouvrir en accusant l'autre et en le rendant responsable de la situation. À ce niveau, le reproche est une attaque formulée de manière agressive : « Si tu prêtais plus attention à tes collaborateurs, ça ne t'arriverait pas ! »

Méthodologie et conseils

Les niveaux d'ouverture en zone verte pour sortir du conflit.

À ces niveaux d'ouverture, le manager de managers a conscience et assume la responsabilité de ses comportements et de son ressenti dans le conflit.

› **Niveau 2 :** le ressenti : il prend conscience de ses émotions et est en capacité de les exprimer : « Je me sens agacé... ».

› **Niveau 3 :** l'explication consiste à décrire les faits concrets qui sont à l'origine de la situation : « parce que je constate que tu ne me sollicites pas pour que je t'aide. »

› **Niveau 4 :** la projection consiste à prendre conscience de ce que j'imagine que l'autre pense de moi, des pensées que j'attribue à mon sujet. « J'ai l'impression que tu penses que je ne suis pas compétent en tant que ton manager. »

› **Niveau 5 :** la peur est le niveau ultime de la prise de conscience de soi, celui où la personne identifie la peur sous-jacente qui, non gérée, explique l'implication dans le conflit et la difficulté à en sortir : « et j'ai très peur de ne pas être compétent. »

Identifier le(s) niveau(x) d'ouverture actuel(s) utilisé(s) avec son interlocuteur et choisir le niveau adapté pour sortir du conflit.

Il s'agit d'identifier les niveaux d'ouverture utilisés avec son interlocuteur - probablement niveaux -1, 0 ou 1- et de choisir le niveau adapté pour sortir du conflit - niveaux 2, 3, 4 voire 5.

« Partout où il y a conflit, partout où vous êtes en face d'un opposant, triomphez de lui par l'amour. »
Gandhi

Avantages

- Permet au manager de managers de prendre conscience de son ressenti négatif et de le désamorcer pour sortir d'un conflit.
- Utile dans les situations où il ne comprend pas de prime abord l'émotion négative qu'il ressent.

Précautions à prendre

- Le niveau -1 du déni nécessite une aide extérieure pour prendre conscience de son ressenti. S'isoler au calme facilite la prise de conscience.

SUITE OUTIL 55 →

Traiter la dimension émotionnelle d'un conflit

Comment être plus efficace ?

L'ouverture à soi (la conscience de soi)

Pour accroître la conscience de soi, le manager de managers se posera utilement les questions suivantes :

Niveau 2 : le ressenti. Qu'est-ce que je ressens face à cette situation ?

Il cherchera à identifier son émotion (colère, peur, tristesse, joie) et son intensité. Par exemple, dans le registre de la colère : « je me sens agacé, en colère » ou dans le registre de la peur : « j'ai le trac, je me sens angoissé, paniqué ».

Niveau 3 : l'explication. Quelle est la situation ?

Il s'agit d'expliciter le(s) déclencheur(s) de l'émotion en décrivant factuellement la situation. Les faits, les comportements sont observables : ce sont les éléments que pourrait capter une caméra vidéo.

Niveau 4 : la projection. Qu'est-ce que j'imagine que l'autre pense de moi ?

Il prend conscience du « film » qu'il se fait à propos de la situation. Quelle est l'interprétation que je donne aux comportements de mon interlocuteur ? Par exemple : « Il ne m'a pas invité à la réunion, donc il pense que je ne suis pas suffisamment important », « Il a délégué cette mission à l'un de mes collègues, donc il pense que je ne suis pas assez compétent » ou encore « Il ne m'a pas proposé de déjeuner avec lui, donc il ne m'apprécie pas ».

Niveau 5 : la peur. Quelle est la peur qui est activée chez moi ?

Selon Will Schutz, les trois peurs personnelles profondes sont :

- la peur d'être insignifiant : la crainte de ne pas avoir de valeur, de ne pas être digne d'attention ;
- la peur d'être incompétent : la crainte de ne pas savoir faire, de ne pas être en capacité de faire face aux situations ou de se prendre en charge de façon autonome ;
- la peur de ne pas être aimable : la crainte de ne pas être digne d'être apprécié, de ne pas être sympathique.

Chacun est plus ou moins concerné par l'une de ces peurs et une même situation donnera lieu à une explication et une projection différente en fonction de la problématique qui concerne plus particulièrement la personne. Par exemple, « Il ne m'a pas invité à la réunion » (explication) pourra être interprété (la projection) comme « Il considère que je ne suis pas assez important, que je ne suis pas compétent ou il ne m'apprécie pas ».

S'ouvrir à l'autre

L'hypothèse est que le conflit est entretenu par manque d'ouverture à l'autre (niveaux -1, 0 ou 1) et que pour en sortir, il convient de s'ouvrir davantage.

Le choix du niveau d'ouverture à l'autre sera fonction du degré de confiance dans la relation : les niveaux 2 et 3 sont bien souvent suffisants pour débloquer la situation. Les niveaux 4 et 5 supposent une confiance élevée dans son interlocuteur.

S'ouvrir à l'autre va consister à exprimer son ressenti : « Vis-à-vis de vous, je ressens... » (niveau 2) ; décrire les faits : « parce que j'ai constaté... » (niveau 3) ; verbaliser sa projection : « je me suis imaginé que vous pensiez que j'étais... » (niveau 4) ; exprimer sa peur : « et j'ai peur d'être... » (niveau 5).

Terminer en exprimant son besoin et en formulant sa demande : « j'ai besoin de... aussi je vous demande. »

S'ouvrir à soi permet de choisir le niveau d'ouverture à l'autre.

CAS Résoudre un conflit ouvert

Contexte

Le manager de managers, responsable du parc automobile d'une grande entreprise publique, et un manager, responsable de l'atelier d'une dizaine de mécaniciens et d'opérateurs, travaillent ensemble depuis quatre ans et sont en conflit ouvert depuis trois ans. Plusieurs tentatives ont été faites pour résoudre le conflit mais rien n'y fait.

Intervention

À l'aide des niveaux d'ouverture, ils prennent conscience qu'ils sont tous les deux très en colère (niveau 2). Le manager verbalise les faits qui se sont produits il y a trois ans (niveau 3) et prend conscience de l'interprétation (niveau 4) qu'il en a fait : il a imaginé que son manager de managers avait refusé de lui accorder l'intitulé de poste qu'il souhaitait parce qu'il le considérait comme incompétent. En fait, l'intitulé de poste « chef d'atelier » n'était pas prévu dans la nomenclature des emplois. Cette situation le mettait en contact avec sa peur personnelle d'être incompétent (niveau 5). Le manager était de son côté confronté à la même problématique. Après que les deux ont fait ces prises de conscience, ils ont pu échanger sur leurs besoins respectifs dans la relation et formuler des demandes sans agressivité. ■

Niveau	Le manager de managers	Le manager
2. Ressenti	« Vis-à vis de vous, je ressens de la colère. »	« Vis-à vis de vous, je ressens de la colère. »
3. Explication	« Parce que depuis trois ans, vous ne me communiquez pas les informations sur votre activité. »	« Parce qu'il y a trois ans, je n'ai pas eu l'intitulé de poste que je souhaitais et j'ai imaginé que vous étiez à l'origine de ce refus. »
4. Projection	« J'ai l'impression que vous pensez que je suis incompétent. »	« J'ai l'impression que vous pensez que je suis incompétent. »
5. Peur	« et j'ai peur d'être incompétent. »	« et j'ai peur d'être incompétent. »

OUTIL 56 Choisir entre arbitrage ou médiation ?

CHOISIR LE MODE D'INTERVENTION APPROPRIÉ

	Médiation	Arbitrage
Définition	Méthode qui vise à permettre aux parties de **négocier** une solution. Intervention sur la **forme.**	Méthode qui vise à **imposer** une solution aux parties. Intervention sur le **fond.**
Avantages	Permet de trouver une solution durable dans le temps. Relation de type « adulte-adulte » entre le médiateur et les parties, et entre les parties.	Rapide. Met fin au conflit, permet de trouver une issue à court terme.
Inconvénients	Nécessite du temps pour négocier. Processus qui peut être long alors que le conflit/l'environnement appelle une réponse rapide. Nécessite l'accord des deux parties.	Limites de la méthode « imposer » par rapport à la méthode « négocier ». Moyen terme : risque que le conflit ressurgisse. Légitimité de l'arbitre. Relation de type « parent-enfant » entre l'arbitre et les parties.

En résumé

Pour résoudre un conflit, la tentation pour un manager – et *a fortiori* pour un manager de managers – est d'utiliser **l'arbitrage**. Pourtant, nombreux sont les managers qui ont fait les frais d'une attitude trop souvent perçue comme injuste, brutale et partiale. L'efficacité sur le court terme et la position affichée de leur dirigeant ont souvent poussés les managers de managers dans cette direction. Les attentes des équipes, même si elles sont moins explicites, peuvent également les inciter à jouer cette carte. L'attitude de **médiateur,** plus longue, plus incertaine, plus indirecte car reposant sur la volonté des parties prenantes, est souvent plus payante à long terme mais plus difficile à mettre en place. Efficacité ou responsabilité ? L'outil médiation ou arbitrage ? permet au manager de managers de faire le point et d'utiliser la bonne attitude en connaissance de cause.

Pourquoi l'utiliser ?

Objectif

Clarifier son positionnement entre une attitude visant à responsabiliser ses managers ou au contraire à utiliser son pouvoir de décision. Apaiser les esprits et ne pas entretenir une éventuelle ambiguïté sur les rôles des uns et des autres.

Contexte

Dans une situation de conflit, quels que soient les protagonistes, lorsque le manager de managers décide d'agir.

Comment l'utiliser ?

Étapes

1. Choisir le bon moment

Quand le/les désaccord/s perdure/nt, quand le sujet de discussion s'envenime et qu'il semble que l'on ait épuisé toutes les solutions de fond.

2. Pratiquer le rôle de médiateur.

La médiation a pour but de rétablir la communication entre les parties et de les aider à poursuivre une relation respectueuse.

Le médiateur doit donc leur proposer une structure de discussion les aidant à mettre au jour les enjeux pour chacun afin de préserver leurs intérêts mutuels.

3. Pratiquer le rôle d'arbitre.

L'arbitre utilise son autorité pour imposer une solution qui lui semble « juste ».

Utilisant sa légitimité, il décide, entre deux ou plusieurs approches, celle qui lui semble la plus appropriée.

4. Communiquer sur son choix.

L'ambiguïté éventuelle résultant du flou sur l'attitude du manager de managers peut conduire les protagonistes à des jeux de manipulation, de revanche ou de relations malsaines.

Méthodologie et conseils

Devant « savoir ce qui se passe sur le terrain sans y être » le manager de managers doit mettre en place au préalable un système d'informations fiables (voir outil 15).

Il doit se rappeler en permanence qu'il manage des managers, c'est-à-dire des personnes capables de trier les informations et de régler les premiers niveaux de conflits : imprévus de toutes sortes, frictions interpersonnelles, contraintes liées à l'activité...

Il est le mieux placé pour relativiser : d'une part, avec une vision sur le long terme, il peut davantage évaluer les tendances des indicateurs : absentéisme, défauts, incidents qualité, tendances plus ou moins dirigistes de ses managers, etc. D'autre part, il possède une vision plus large : à la fois en comparant ses équipes, mais également en les comparant avec les pratiques de l'entreprise.

Enfin, c'est généralement à ce niveau de management (ni Direction Générale, ni encadrement de proximité) que la jurisprudence cherche les responsabilités.

Pour toutes ces raisons, et **en cas de doute sur le choix entre médiation et arbitrage, il gagnera à commencer systématiquement par la médiation.** ■

« Faisons le pari de l'intelligence. »
Dirigeant.fr

Avantages

- Faire le pari de l'intelligence et de la confiance en privilégiant la médiation est gagnant sur le long terme.
- Doser médiation et arbitrage permet de légitimer aussi bien la médiation, en développant le sens des responsabilités des managers, que l'arbitrage en l'utilisant de façon crédible.

Précautions à prendre

- Prendre le temps de peser le pour et le contre mais annoncer le choix une fois fait.

DOSSIER

8 ACCOMPAGNER LES MANAGERS DANS LES TRANSFORMATIONS

« Ce que la chenille appelle la fin du monde, le Maître l'appelle un papillon. »
Richard BACH

Par son expérience antérieure d'expert et de manager, le manager de managers a vécu de nombreuses transformations. Qu'elles soient techniques, organisationnelles, managériales, stratégiques, commerciales, personnelles ou sociales, il a constaté qu'elles étaient toujours difficiles à vivre par certains, enthousiasmantes pour d'autres, parfois superficielles, parfois profondes.

Le voilà en position « méta », c'est-à-dire dans une posture où il est au-dessus de la mêlée, tout en devant être sur le terrain avec ses managers s'il ne veut pas être perçu comme abandonnant le navire.

Donner du sens

À l'instar du titre de l'ouvrage de Vincent Lenhardt, *Le Responsable porteur de sens*, le fil conducteur pour le manager de managers est d'avoir constamment à l'esprit le sens, les valeurs et les représentations liés à ces transformations.

L'accompagnement des changements

Pour donner du sens, il doit bien sûr anticiper les changements, savoir repérer les signes avant-coureurs externes ou internes. Il va provoquer des changements – ou des pré-changements – car il aura pressenti le bon moment, les bonnes informations, les bons facteurs sur lesquels agir. Il sait qu'ils vont susciter inexorablement des résistances, qui sont autant de mécanismes naturels de réaction des organismes. Il devra les prévoir, les comprendre, voire favoriser leur émergence s'il ne veut pas les subir. C'est ainsi qu'il pourra les transformer en ressources utiles pour des changements réussis.

Seule sa position de manager de managers lui permet de faire ce travail, attendu aussi bien par les dirigeants qui veulent que leur stratégie soit mise en œuvre, que par les managers qui ont besoin d'être aidés dans l'application au quotidien.

Comprendre ce qui se joue

Le manager de managers possède les clés de compréhension pour analyser les représentations que se font les acteurs (managers, collaborateurs internes ou externes) de ces changements : Quels sont leurs enjeux ? Leurs positionnements ? Sur quoi sont-ils prêts à avancer ? À céder ? Qui seront les pionniers prêts à se lancer dans ces nouveaux défis ? Quels seront les freins, quelles que soient les concessions accordées ?

Procéder par étapes

Le manager de managers sait que ces changements ne se font pas d'un coup de baguette magique, qu'ils peuvent être longs et qu'ils donnent souvent lieu à des événements inattendus, heureux ou malheureux. Il connaît les étapes par lesquelles il faudra passer et il sait que ce ne sera pas un chemin linéaire et facile. Il y aura des moments d'espoir et d'autres de découragement, d'hésitation, d'ambiguïté ou d'illusion.

Il faut être particulièrement vigilant, dans le cas où ces changements n'auraient pas été bien menés, bien compris et parfois même démentis par la suite. En changeant de paradigme, les acteurs changent leurs représentations. En faisant évoluer les missions, ils changent leurs priorités. En modifiant les enjeux, ils doivent adapter leurs comportements. Tout cela, le manager de managers en connaît le sens, il l'incarne. Il définit les accompagnements qui seront nécessaires à la réussite du changement.

LES OUTILS

57 Activer les 4 clés pour réussir le changement........170

58 Transformer les résistances en ressources..............172

59 Positionner les managers dans un changement......174

60 Accompagner les 5 étapes de l'intégration du changement..........176

61 Gérer les changements d'orientation.......................178

62 Utiliser les outils digitaux pour le management.....182

OUTIL 57

Activer les 4 clés pour réussir le changement

4 CLÉS POUR RÉUSSIR LE CHANGEMENT

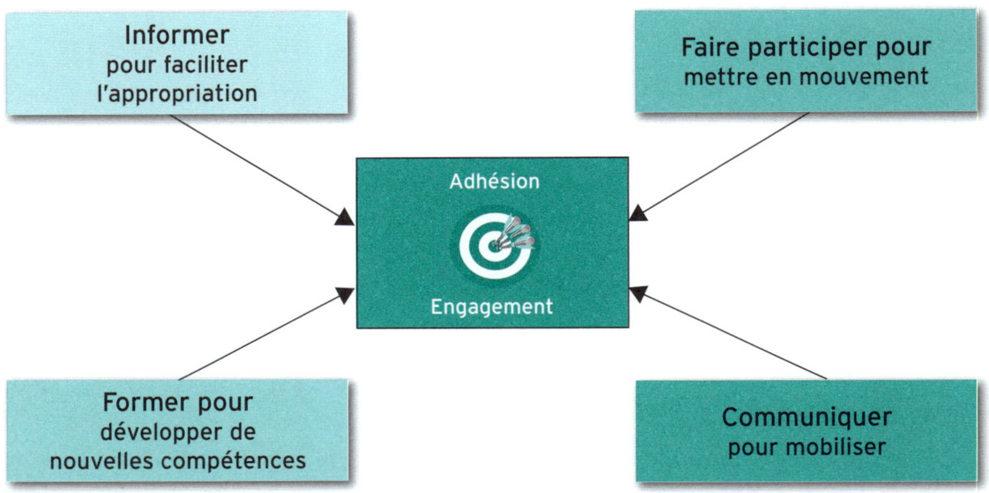

En résumé

Au sein d'un environnement en **perpétuelle mutation**, les entreprises sont de plus en plus amenées à changer pour s'adapter. Aujourd'hui, il ne suffit plus d'être entreprenant et efficace, il faut être capable non seulement de repérer les changements et d'y faire face, mais aussi d'être apte à les provoquer et à les conduire. La réussite des actions de changement est devenue une des compétences clés d'un manager de managers.

L'outil **Les 4 clés pour réussir le changement** énumère les actions à mener pour sensibiliser, mobiliser et faire adhérer les équipes au changement, et obtenir les résultats attendus.

Pourquoi l'utiliser ?

Objectif

Fournir une ligne directrice pour la conduite du changement.

Contexte

Toute opération de changement, quelle que soit sa dimension.

Comment l'utiliser ?

Étapes

1. **Informer pour favoriser l'appropriation.**

› Le plus tôt possible pour prévenir doutes, rumeurs et scepticisme et réduire la part d'inconnu.

› Pour donner du sens et transmettre la vision, bien faire comprendre les enjeux, les raisons du projet, indiquer les axes principaux et les délais.

› Pour faire apparaître concrètement, pour chacun, les conséquences du changement dans son activité quotidienne.

› Pour montrer la volonté des dirigeants et le caractère irrévocable du process.

2. **Faire participer pour mettre en mouvement et créer une dynamique de changement.**

› Les personnes ne changent que ce sur quoi elles sont associées. Plus elles le seront en amont du changement, meilleures en seront l'appropriation et l'adhésion.

› Identifier les « porteurs » (favorables au projet), les « attentistes », les « freins ». Transformer les managers en porteurs du changement et les associer en priorité.

› Cibler en priorité les attentistes. Ils représentent souvent la majorité des personnes concernées par un changement. C'est leur adhésion qui rendra le changement effectif. Éviter de chercher à convaincre les « freins ». Il est plus efficace de compter sur l'effet de contagion qui les amènera progressivement à suivre le mouvement.

3. **Communiquer pour mobiliser.** Communiquer sur le changement ne se résume pas à transmettre des informations mais à valoriser et faire vivre le projet.

› Être disponible pour rencontrer tous ceux qui veulent parler du projet. Augmenter son temps de contact et de présence sur le terrain pour rassurer.

› Écouter les remarques et faire exprimer les craintes et les résistances. Mettre en place des relais de communication proches des acteurs.

› Informer sur l'avancement du projet. Montrer les réussites et les changements déjà réalisés.

› Encourager et valoriser les efforts quotidiens fournis dans le sens du changement.

4. **Former pour développer les compétences nouvelles.**

› Informer très tôt sur le dispositif de formation mis en place. Planifier la formation peu de temps avant la mise en place pour éviter la déperdition.

› Prévoir un accompagnement terrain pour aider en situation de travail et des modalités de partage de « bonnes pratiques ».

› Mettre en place des « référents » garants de la bonne application.

« Nous devons être nous-mêmes le changement que nous souhaitons voir se produire dans le monde. » Gandhi

Méthodologie et conseils

L'information doit être claire et complète et faire apparaître clairement la cohérence du projet avec la stratégie de l'entreprise.

Il est important de rendre compte des résultats obtenus, mais aussi des difficultés rencontrées et des solutions trouvées.

Il faut être exemplaire soi-même sur ce que l'on veut voir changer, et accompagner les acteurs au cours des différentes étapes du changement. ■

Avantages

- **Donner les principaux points à prendre en compte pour la réussite du changement.**

Précautions à prendre

- **Accorder une grande importance à l'écoute et au dialogue.**

OUTIL 58

Transformer les résistances en ressources

ÉCOUTER POUR COMPRENDRE, COMPRENDRE POUR AGIR

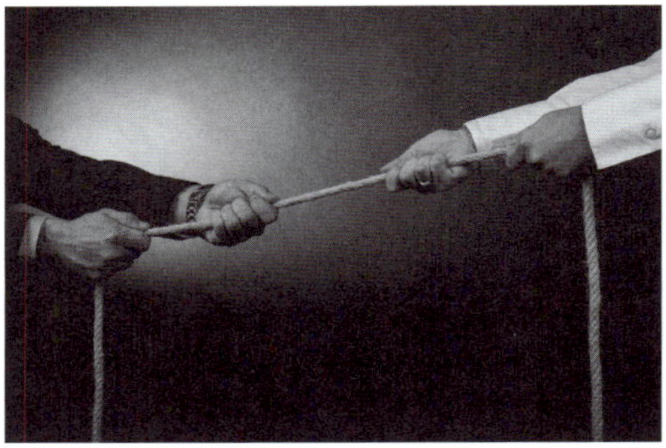

En résumé

Tout changement dans un système remet en question son équilibre. La résistance au changement est une réaction fonctionnelle, naturelle et inévitable d'un système qui tente de maintenir son équilibre.

Elle exprime de manière implicite les préoccupations, les craintes, les attentes des personnes concernées. C'est l'absence de résistances qui pourrait poser question.

Comprendre les raisons des résistances est donc, pour le manager de managers, une opportunité d'identifier les problèmes et les attentes des personnes pour mieux y répondre et transformer les résistances en ressources et en leviers de changement.

Pourquoi l'utiliser ?

Objectif

Créer de l'adhésion en prenant en compte les craintes exprimées par les managers concernés par le changement et en y apportant des réponses.

Contexte

Lorsque le manager de managers est confronté aux résistances inhérentes à toute action de changement.

Comment l'utiliser ?

Étapes

1. **Connaître et comprendre les sources des résistances au changement**. Les résistances au changement peuvent avoir de nombreuses causes.

› La méfiance, la peur de l'inconnu, l'interrogation sur les conséquences du changement et des contraintes qui en résultent.

› Les sentiments de perte ressentis (perte d'autonomie, de pouvoir, de sécurité, de prestige, d'identité).

› Les peurs : ne pas être à la hauteur dans la nouvelle activité, être trompé, la remise en cause de ses valeurs et des normes et règles de fonctionnement du groupe.

2. **Anticiper les résistances.**

› Informer pour répondre par anticipation aux inquiétudes pressenties (voir outil 57).

› Associer les personnes concernées le plus tôt possible. C'est le moyen de leur faire appréhender la portée réelle du changement et d'y intégrer leurs souhaits.

3. **Encourager l'expression des résistances et en identifier les motifs.**

› À la suite de la présentation du projet et au cours de toutes les phases de mise en œuvre.

› Les résistances peuvent être liées à la personne : changement d'habitude, méfiance justifiée (peur de l'inconnu, interrogations sur les conséquences du changement). Ou à la méconnaissance de l'importance et de l'urgence du changement, de la possibilité de l'adapter à son contexte. Un déséquilibre existe entre les avantages perçus et les pertes.

4. **Apporter des réponses aux interrogations et aux besoins perçus.**

› Réduire la part de l'inconnu.

› Mettre en évidence les avantages du changement sans travestir la réalité.

› Faire preuve d'ouverture quant aux possibilités d'ajustement et d'adaptation. Donner du sens au changement : en expliquer les raisons et les objectifs, montrer en quoi il est nécessaire, montrer les inconvénients à ne pas le faire, et l'intérêt à le faire maintenant. Montrer que le changement est réaliste et à la portée des personnes concernées.

5. **Tenir compte du temps nécessaire à l'intégration**. L'importance de l'impact sur les personnes et son temps d'intégration est fonction du domaine sur lequel il porte, du plus facile au plus difficile : compétences, méthodes, rôles, valeurs.

« Le pouvoir, dès qu'il s'exerce, fait naître des foyers de résistances. »
Franco La Cecla

Méthodologie et conseils

La posture, la disponibilité et la qualité d'écoute sont importantes : il s'agit de créer un climat de confiance pour que les personnes s'expriment sans retenue. Les résistances seront d'autant plus faciles à transformer que le manager de managers sera perçu comme légitime. Il s'agit de transformer les managers en porteurs du changement. ■

Avantages

- Permet de lever les résistances en facilitant leur expression, en comprenant leurs motifs et en apportant des réponses.

Précautions à prendre

- Investir du temps dans la compréhension des préoccupations des personnes et dans le choix des réponses à y donner.

OUTIL 59

Positionner les managers dans un changement

COMPRENDRE ET AGIR SUR LE POSITIONNEMENT DES MANAGERS

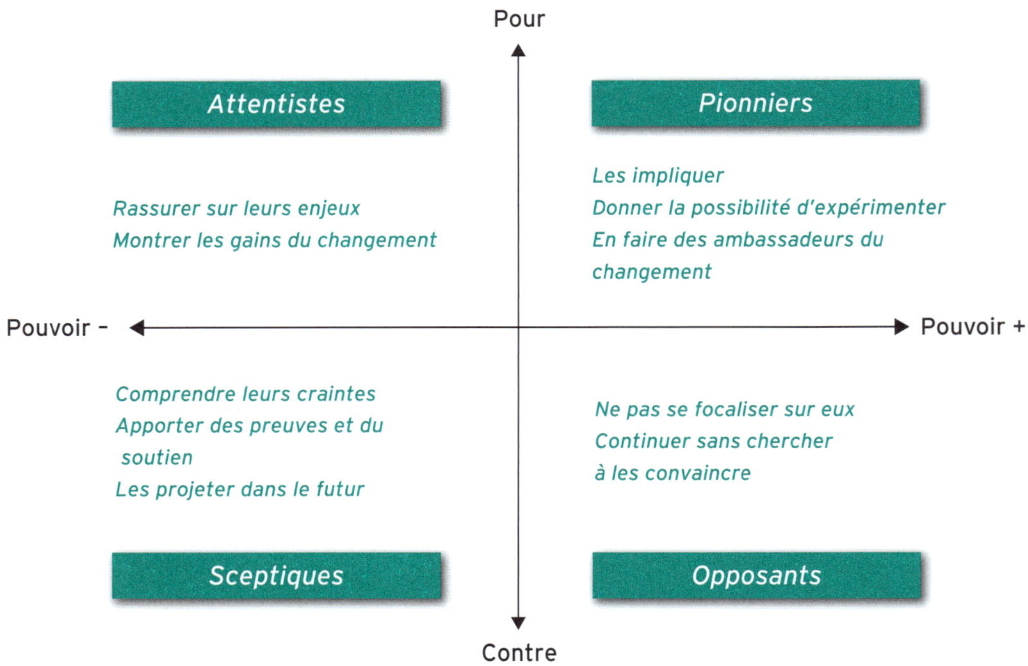

En résumé

Grâce à l'outil **Positionner les managers dans le changement**, inspiré en particulier par l'analyse stratégique et par la sociodynamique, le manager de managers dispose d'un **outil de visualisation** du positionnement de ses managers face à un changement en fonction :

- de l'énergie qu'ils déploient **Pour ou Contre** le changement en fonction de leurs enjeux ;
- de leur capacité à accélérer ou freiner la mise en œuvre du changement **(Pouvoir + ou Pouvoir -)**.

Fort de ce diagnostic, le manager de managers peut choisir une stratégie adaptée à chacun de ses managers pour mieux les rassembler et créer une dynamique de changement.

Pourquoi l'utiliser ?

Objectif

Se doter d'un outil opérationnel pour créer une dynamique de changement parmi ses managers.

Contexte

Dans des situations de changements imposés qui génèrent des résistances chez les managers et leurs équipes.

Comment l'utiliser ?

Étapes

Il s'agit de diagnostiquer le positionnement des managers face au changement.

› Les **Pionniers**.

Ces managers sont favorables au changement parce qu'ils y perçoivent un gain au regard de leurs enjeux et de ceux de leurs équipes.

› Les **Opposants**.

Ces managers n'ont pas intérêt à coopérer car ils perçoivent que le changement va générer des risques ou des pertes pour eux ou leurs équipes.

› Les **Sceptiques**.

Ils sont inquiétés par le changement et offre de la résistance passive.

› Les **Attentistes**.

Hésitants, ils ne perçoivent pas clairement s'ils vont y perdre ou y gagner. Ils peuvent même être en situation de dilemme.

Méthodologie et conseils

Pour chaque manager, choisir une stratégie adaptée et actionner les leviers relationnels pertinents.

› Les **Pionniers**.

Le manager de managers les implique et en fait des ambassadeurs du changement en leur proposant de l'expérimenter. Il fédère et renforce l'alliance avec le noyau dur des Pionniers : il donne plus de pouvoir à ces précieux alliés pour les stimuler à construire.

› Les **Opposants**.

Le manager de managers n'a pas intérêt à se focaliser sur ces Opposants ou dépenser trop d'énergie et de temps à vouloir les convaincre. Il reste ferme sur le non négociable/négociable, voire sur ce qui est acceptable/inacceptable en termes de comportements.

« Vous devez être le changement que vous voulez voir dans ce monde. » Gandhi

› Les **Sceptiques**.

Le manager de managers communique, soutient et accompagne les Sceptiques pour les rallier. Il les rassure sur les avantages du changement sans chercher un accord à tout prix.

› Les **Attentistes**.

Le manager de managers cherche à mettre en mouvement les Attentistes en les rassurant sur leurs enjeux et en montrant les gains au changement pour les managers et leurs équipes. ■

Avantages

- Cet outil permet au manager de managers de positionner chaque manager dans le changement et d'adapter sa stratégie à chaque cas particulier.

Précautions à prendre

- Évaluer le positionnement des managers en fonction de chaque changement.
- Éviter de faire des Sceptiques des Opposants.
- Ne pas porter suffisamment d'attention aux Sceptiques en pensant gagner du temps.

OUTIL 60

Accompagner les 5 étapes de l'intégration du changement

ACCOMPAGNER LES MANAGERS ÉTAPE PAR ÉTAPE

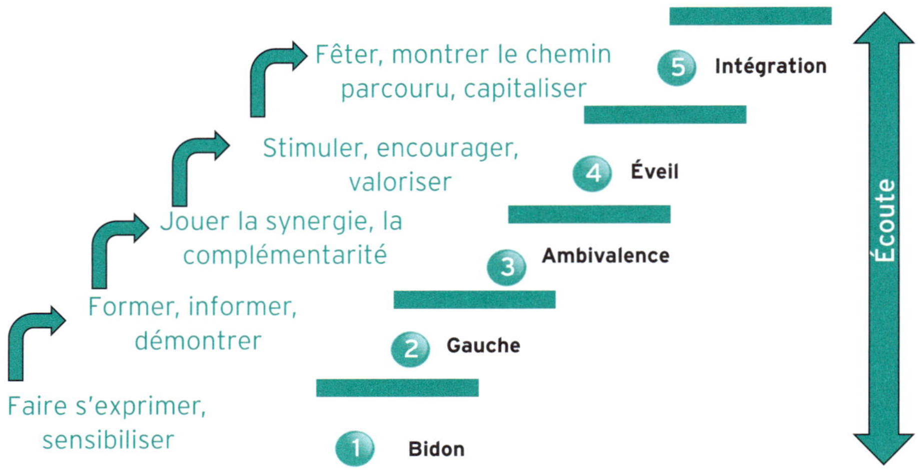

En résumé

L'outil **Les 5 étapes de l'intégration du changement** illustre la manière dont s'expriment les résistances au changement dans le temps. Le passage par ces différentes étapes est nécessaire à l'intégration du changement.

Le manager de managers favorise l'intégration du changement par ses managers en identifiant où se situe chacun d'entre eux et il définit et met en œuvre les modalités d'accompagnement les plus adaptées pour les aider à gravir une étape supplémentaire.

Pourquoi l'utiliser ?

Objectif

Se doter d'un outil opérationnel pour favoriser et accélérer l'intégration d'un changement par les managers.

Contexte

Pour accompagner un changement imposé qui impacte les managers et leurs équipes.

Comment l'utiliser ?

Étapes

Identifier où se situe chaque manager et adapter son mode d'accompagnement.

› **1re étape :** la phase « **Bidon** » : les managers remettent en cause le changement : « cela ne changera rien ». Le manager de managers favorise l'expression des résistances et sensibilise en donnant de l'information.

› **2e étape :** la phase « **Gauche** » : c'est l'applicabilité du changement au contexte qui est remise en cause : « ça marche ailleurs, mais chez nous, c'est tellement spécifique ». Le manager de managers démontre par l'exemple que le changement peut réussir dans le contexte. Investir dans le développement des compétences des managers concernés.

› **3e étape :** la phase « **Ambivalence** » : les plus avancés des managers sont partagés entre le soulagement –« j'y arrive »– et la culpabilité vis-à-vis des collègues plus en retrait. Le manager de managers intervient de manière indirecte en utilisant la complémentarité des compétences : faire former (tutorat, parrainage) après avoir identifié des appuis crédibles dans l'équipe de managers.

› **4e étape :** la phase d'« **Éveil** » : les managers expriment des reproches à l'encontre de l'initiateur du changement : « pourquoi n'y a-t-il pas été pensé avant ? ». Le manager de managers encourage, stimule ses managers et valorise les réussites pour les aider à franchir la dernière étape.

› **5e étape :** la phase d'« **Intégration** » : en évoquant le passé, les managers semblent pris d'amnésie : « comment faisions-nous avant ? », « comment avons-nous pu travailler comme cela ! ». Ils ont intégré le changement. Le manager de managers félicite, valorise ses managers en montrant le chemin parcouru et fête l'intégration du changement

Le manager de managers accompagne pas à pas ses managers dans les étapes qui mènent à l'intégration du changement.

Méthodologie et conseils

Dans la phase « **Bidon** », le manager peut prendre le parti de son équipe en prétextant que c'est elle qui résiste au changement.

Dans la phase « **Gauche** », les managers arguent de la spécificité de leurs équipes (« ils sont réfractaires, trop anciens, etc. »).

Dans la phase « **Ambivalence** », ce qui se joue a trait à la perte de solidarité dans l'équipe de managers.

Dans la phase d'« **Éveil** », les managers commencent à voir que le changement apporte un plus à leur équipe : regain de motivation, expression de nouveaux potentiels, améliorations des relations... ■

Avantages

- Permet au manager de managers d'évaluer le degré d'intégration du changement par ses managers et d'adapter finement ses modes d'intervention.

Précautions à prendre

- Écouter et favoriser l'expression pour repérer les signaux spécifiques de résistance. Être attentif aux retours en arrière, il ne s'agit pas d'un processus linéaire. Évaluer le positionnement de ses managers pour chaque changement et faire la part entre les résistances des managers et celles de leurs équipes.

OUTIL 61

Gérer les changements d'orientation

CHANGER SA REPRÉSENTATION DU CHANGEMENT

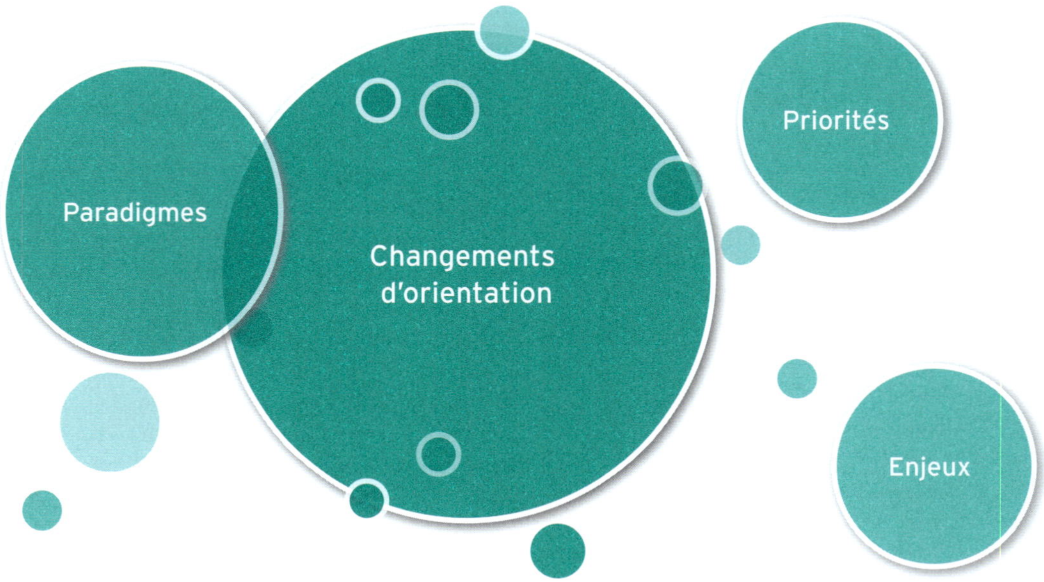

En résumé

Dans un environnement de plus en plus complexe et imprévisible et en constante accélération, l'instabilité et le changement tendent à devenir des conditions permanentes.

Le manager de managers a intérêt à gérer des changements d'orientation en reconsidérant :

- ses **paradigmes** : sa représentation du changement ;
- ses **priorités** : se centrer sur la mission et celle de son équipe ;
- les **enjeux** : les réévaluer en fonction des changements.

L'outil contribue à réunir les conditions favorables pour traverser les changements de cap fréquents avec confiance et motivation et les communiquer à son équipe de managers pour faire en sorte qu'elle continue de s'impliquer.

Pourquoi l'utiliser ?

Objectif

Maintenir l'implication de l'équipe de managers face aux changements d'orientation.

Contexte

Lorsqu'il s'agit de donner un sens constructif à des changements fréquents et remettre les managers dans une énergie constructive.

Comment l'utiliser ?

Étapes

1. Changer sa représentation du changement.
2. Changer de niveau de priorités.
3. Hiérarchiser les situations en fonction des enjeux.

Méthodologie et conseils

1. Changer sa représentation du changement.

Les croyances du manager de managers concernant le changement constituent un élément facilitant ou au contraire bloquant pour l'implication de l'équipe de managers dans les changements successifs.

Aborder les changements de manière efficace peut nécessiter un recadrage du sens (voir page 180).

2. Changer de niveau de priorités.

La notion de priorité est à la fois employée pour désigner des activités prioritaires à réaliser à court terme, et pour qualifier des finalités, des priorités permanentes qui guident l'action sur le long terme.

Le manager de managers est confronté à des priorités contradictoires ou qui semblent incompatibles. Comment choisir et sortir de ces logiques de « ou... ou » qui génèrent frustration et malaise et passer au « et... et » sans perdre le nord ?

Arbitrer entre des priorités de même niveau ne permet pas de résoudre la contradiction et il convient de définir une méta-priorité pour réconcilier ce qui semble inconciliable : la vision (voir outil 9).

3. Hiérarchiser les situations en fonction des enjeux.

Le manager de managers prendra en compte :

- Les **enjeux de l'activité.** Il les évaluera à travers les réponses à la question : « quelles sont les conséquences du non traitement ? » sans notion de délais.

Ce qui va dans le sens de la vision de l'équipe et ce qui apporte de la valeur ajoutée représente également un enjeu fort.

- Les **contraintes**, c'est-à-dire les ressources, le temps et les efforts nécessaires à la réussite de l'action.

Il se mettra en posture de choix et se dotera de la stratégie de traitement suivante :

- Enjeux forts/Contraintes faibles
- Enjeux forts/Contraintes fortes
- Enjeux faibles/Contraintes faibles
- Enjeux faibles/Contraintes fortes

« Changez votre façon de regarder le monde et vous changerez le monde. » Kant

Avantages

- Permet de traverser les changements de caps fréquents dans un état d'esprit positif que le manager de managers communique à son équipe de managers pour faire en sorte qu'elle continue de s'impliquer.

Précautions à prendre

- Être au clair sur sa propre représentation du changement.
- Communiquer de manière positive les changements d'orientation vis-à-vis des managers.

Gérer les changements d'orientation

SUITE OUTIL 61 →

OUTIL 61

Gérer les changements d'orientation

Comment être plus efficace ?

Les techniques de recadrage permettent de changer la représentation qu'un interlocuteur se fait d'une situation.

Recadrage de sens

Il s'agit de proposer un nouveau sens plus positif à un comportement ou une situation existante. Ce nouveau sens doit être compréhensible pour l'interlocuteur, en relation avec sa façon de percevoir les choses, et en cohérence avec le message que le manager de managers souhaite faire passer.

Si un manager dit : « Vous ne nous avez pas encore répondu pour le dossier X, cela veut dire que le projet est enterré. », le recadrage peut consister à répondre : « Je ne vous ai pas encore répondu car il s'agit d'un dossier très technique. Nous devons mener une étude de faisabilité approfondie. »

Le recadrage de sens est utile quand l'interlocuteur affirme qu'un certain comportement prouve quelque chose de négatif sur lui-même, sur les autres ou sur la vie dans son ensemble. Par exemple :

- « Il est réservé » devient : « C'est quelqu'un qui respectera la règle de confidentialité. »
- « Il est autoritaire » devient : « Il est capable de faire prévaloir son point de vue lorsque c'est nécessaire. »
- « Il est machiavélique » devient : « Il a la capacité d'établir des plans élaborés pour le futur. »

Recadrage de contexte

Il consiste à placer le comportement, l'émotion, etc., considérés comme problématiques dans le contexte actuel, dans un nouveau contexte où ils sont appropriés.

Ce type de recadrage permet de revaloriser un comportement. Si, par exemple, un manager assène « Je vous affirme que ces changements sont inacceptables ! », une réponse peut être : « Je suis étonné de votre remarque : il y a quelques mois, lors de notre réunion de janvier, ces changements vous convenaient tout à fait. »

Recadrage de processus

Il permet de maintenir un objectif en changeant les moyens pour y parvenir. Il s'agit de reconsidérer le processus par lequel on atteint son but, sans remettre en cause l'objectif. Il consiste à proposer ou à utiliser de nouveaux moyens pour réaliser un but quand le moyen utilisé ne semble pas produire les effets espérés ou, ce qui est plus gênant, aggrave la situation.

Les propositions portent sur la mise en œuvre des comportements suivants :

- Faire moins de la même chose. Faire autre chose.
- Rendre l'implicite explicite.
- Annoncer au lieu de cacher.
- Utiliser la résistance.

Recherche d'un cadre commun

Il permet de concilier les intérêts individuels divergents en élargissant le contexte. En remontant à un niveau plus élevé, comme par exemple la préservation de l'emploi, le service du client, la pérennité de l'entreprise, un terrain d'accord devient possible.

Face à : « les commerciaux ne comprennent rien à la production », il est possible de répondre : « et pourtant nous visons tous la performance de l'entreprise et la satisfaction de nos clients. »

Il nous faut déterminer l'objectif propre à chacun des membres du système, puis rechercher le dénominateur commun.

Le recadrage permet d'aider un manager à « voir le verre à moitié plein plutôt qu'à moitié vide ».

CAS Modifier sa représentation du changement

La situation

Cette entreprise de commerce d'appareils ménagers est depuis plusieurs mois intégrée dans un groupe ayant des méthodes de travail différentes et une position sur le marché également différente. Les procédures se sont rapprochées, les doublons ont été éliminés, le nombre de fournisseurs a été réduit de moitié et les fonctions support ont été recentrées sur les métiers principaux. Les sièges des différentes entreprises du groupe ont été transférés sur un lieu unique.

Le manager de managers, responsable régional des ventes, constate que ses managers vivent mal tous ces changements. Ils ont une représentation négative de ces événements qu'ils disent subir, regrettant les « pratiques maison qui ont fait leurs preuves » et qu'ils ont l'impression de perdre.

Les recadrages faits par le manager de managers

Il utilise les techniques de recadrage de sens essentiellement, mais aussi de recadrage de processus et de contexte, pour aider ses managers à faire évoluer leur représentation de ces changements successifs. Le tableau suivant illustre les différents cadrages. ■

Croyances limitantes des managers	Recadrages positifs du manager de managers
On fait fi de notre histoire, de notre culture.	On innove et on bâtit notre avenir.
Nos vendeurs sont des experts ; ils doivent être incollables sur les produits qu'ils vendent.	Nos vendeurs sont des conseillers ; ils doivent aider les clients à faire les bons choix.
Nous allons perdre beaucoup de clients.	Nos nouvelles approches vont drainer de nouveaux clients.
Nous perdons nos repères.	Nous nous adapterons à l'évolution du marché.
Nos équipes n'y arriveront pas.	Elles y arriveront si nous sommes persuadés qu'elles vont y arriver. C'est notre rôle de les aider.
Nos clients ne nous suivront pas ; nous ne sommes pas crédibles.	Nos clients nous suivront si nous-mêmes nous y croyons et que nous répondons à leurs besoins.
Nos clients veulent les prix les plus bas.	Nous proposons de nouveaux services à nos clients.

OUTIL 62

Utiliser les outils digitaux pour le management ?

METTRE LES OUTILS DIGITAUX AU SERVICE DU MANAGEMENT

MANAGER	Quels outils utilisent-ils ?	Dans quel but ? Dans quelles circonstances ?	Quelle suite ?
Manager 1	SMS	Pour obtenir des réponses rapides.	À encourager.
Manager 2	*Cloud* - Dropbox	Accès aux données.	Provoquer une réunion pour qu'il explique aux autres managers comment s'en servir.
Manager 3	Appli de devis mobile	Établir des devis sur place chez le client.	Spécifique à sa fonction, valider cette utilisation.
Manager 4	...	...	...

En résumé

Le manager de managers est au service de ses managers relais. Son rôle principal est de les aider à obtenir les résultats escomptés en optimisant leur temps de travail. Alléger les tâches administratives, favoriser la prise d'initiative, libérer leurs énergies et leur créativité, leur donner envie d'expérimenter, de sortir de leur zone de confort, entretenir l'innovation sont les finalités du manager de managers digital. Utiliser l'outil Quels outils digitaux ? comme matrice de diagnostic, de plan d'action et de suivi, lui permet de mieux cibler ses actions en donnant à chaque manager les outils multimodaux, variés et efficaces qui lui conviennent.

En remplissant ce tableau, le manager de managers formalise l'utilisation des outils. Par exemple, il s'aperçoit que le manager 1 utilise presqu'exclusivement des SMS plutôt que des échanges téléphoniques. Il s'aperçoit que le manager 2 utilise facilement le *cloud* en déposant des données et en utilisant celles qui y sont stockées. Le manager 3 est un adepte des devis immédiats laissés chez les clients grâce à l'appli interne, alors que d'autres préfèrent envoyés les devis par e-mails, etc.

Pourquoi l'utiliser ?

Objectif

Faire le point sur l'affinité de chaque manager avec les outils digitaux.

Stimuler sa participation et son investissement personnel en lui proposant l'aide la plus adaptée.

Contexte

Quand l'opportunité se présente de travailler différemment : besoin de gagner du temps, présence dans l'équipe d'un manager déjà « geek », travail routinier, réflexion menée sur la valeur ajoutée du management, autant d'occasions de mener des actions de découverte ou de généralisation d'outils digitaux.

Comment l'utiliser ?

Étapes

1. **Faire un diagnostic de l'utilisation des outils digitaux pour chaque manager** : obtention des informations, analyse des situations, prise de décisions, communication.
2. **Déterminer les actions à entreprendre pour aller plus loin** : quels sont les outils qui leur permettront de gagner du temps ? De se recentrer sur leurs objectifs ? Sur leur mission ? Sur le traitement des informations ? Sur la qualité des informations qu'ils traitent ou transmettent ?

Méthodologie et conseils

1. **Faire un diagnostic de l'utilisation des outils digitaux pour chaque manager**. Mettre à plat l'utilisation réelle des outils.

› Comment ce manager fait-il pour connaître « l'état des lieux » de son environnement ? Se déplace-t-il ? Téléphone-t-il ? Demande-t-il à ses collaborateurs de remplir des tableaux de bord ? Privilégie-t-il rapidité ou fiabilité ? Exhaustivité ou essentiel ?

› Sur quelles normes s'appuie-t-il ? Comment les obtient-il ? En interne ? En externe ? Internet ? Des historiques ? Est-il abonné à des newsletters ? Fait-il du *benchmarking* ?

› Comment prend-il des décisions ? Innove-t-il ? Seul ou avec d'autres ? Quels sont ses approches, ses critères de décisions ? Quelles sont ses peurs ? Comment les surmonte-t-il ? Est-il rigoureux ? Demande-t-il conseil ? Comment organise-t-il la mise en œuvre ?

› Comment communique-t-il avec son équipe ? Sa hiérarchie ? Ses e-mails sont-ils clairs ? Sait-il distinguer l'essentiel et le secondaire ? Sait-il s'adapter à ses interlocuteurs ? Quels outils privilégie-t-il selon les informations : urgentes, graves, générales, techniques, etc. ? Utilise-t-il facilement les outils digitaux (base de données, intranet, logiciel spécifique…) ?

2. **Déterminer les actions à entreprendre pour aller plus loin.**

Une fois le diagnostic réalisé, le manager de managers détermine, pour chacun de ses managers et/ou pour l'ensemble, quels sont les outils les plus intéressants à mettre en place pour aider ses managers en répondant à ces questions : Comment utiliser au mieux leur inclination, leur appétence pour tel ou tel outil ? Comment les accompagner dans leur apprentissage ? Comment limiter les risques ou comment les aider à surmonter leurs peurs ? Quelles erreurs sont acceptables ? Quelles règles imposer ou négocier ? ■

« L'homme pense parce qu'il a des mains. »
Anaxagore

Avantages

- Le gain de temps et la fiabilité des informations traitées sont considérables.
- L'émulation entre managers concourt à l'entraide.

Précautions à prendre

- Les outils digitaux doivent apporter un réel bénéfice pour être acceptés et utilisés, ils ne sont pas une panacée.

Glossaire

Assertivité : capacité à résister aux situations conflictuelles et stressantes, à faire preuve de stabilité personnelle pour gérer les conflits. La personne assertive est ouverte aux autres et respectueuse de leurs droits. Sans faire fi de la position d'autrui, elle exprime la sienne avec aisance, sans crainte de se découvrir. L'assertivité se traduit par un comportement actif plutôt que réactif, avec prise d'initiatives, une faculté de rester étranger à l'anxiété ou aux sentiments de culpabilité. Elle se caractérise par une façon de communiquer d'une manière claire, directe, factuelle et sans agressivité.

Analyse Systémique : l'approche systémique est née dans les années 1940 aux confins de la biologie et de l'électronique – étude des systèmes de pilotage automatiques. À la différence de l'approche analytique, l'approche systémique englobe l'ensemble des éléments du système étudié ainsi que les interactions entre le système et son environnement.

Analyse Transactionnelle : théorie de la personnalité et de la communication développée par le Docteur Eric Berne dans les années 1950. Elle repose sur une description de la structuration de la psyché humaine en trois états appelés « états du Moi » (Parent, Adulte, Enfant) et sur une analyse des échanges relationnels appelés « transactions ».

Bateson Gregory (1904 - 1980): anthropologue, psychologue, épistémologue américain. Influencé par la cybernétique, la théorie des groupes et celle des types logiques, il s'est beaucoup intéressé à la communication humaine et animale, mais aussi aux fondements de la connaissance des phénomènes humains. Il est à l'origine de l'école de Palo Alto.

Berne Eric (1901 - 1970) : psychiatre canadien. Sa méthode, l'analyse transactionnelle (AT), technique d'analyse de groupe, a fait école dans tous les pays occidentaux. Elle est fondée sur son concept des « 3 états du Moi » (Parent-Adulte-Enfant) que chacun expérimente au quotidien.

Changement : passage d'un état à un autre, ponctué par des étapes plus ou moins perceptibles, identifiables. Le changement se manifeste par des modifications structurelles, physiques, immatérielles ou de valeurs. Il est le résultat d'évolutions, de mutations de fond, continues et imperceptibles. Pour les organisations, il concerne l'évolution des marchés, des ressources, des besoins, des modes de communication et d'information (NTIC), des modes et rapports de travail. Pour le leader, il s'agit de ne pas le subir mais de le gérer, de le maîtriser, voire de l'accompagner avec efficacité et/ou de l'anticiper.

Communication non verbale : il s'agit des non-dits, des comportements, gestes, attitudes, regards, vêtements, rires qui nous échappent et qui peuvent tout autant dire, voire contredire, des discours ou des écrits, des images.

Communication Non Violente : la CNV est un processus de communication mis en place par Marshall Rosenberg, psychologue américain dans les années 1970, permettant d'exprimer sa vérité dans le respect d'autrui et le respect de ce qu'on est.

Coaching : issu des pratiques d'accompagnement des sportifs de haut niveau, le coaching en entreprise est un accompagnement personnalisé d'une personne ou d'une équipe, en vue de développer sa performance et son évolution face aux changements. Le coaching vise à accélérer le développement des qualités attendues d'un manager/leader, qu'il s'agisse de ses capacités à prendre des décisions, communiquer, organiser, résoudre des conflits ou motiver.

Dilts Robert : auteur, formateur et consultant américain travaillant dans le domaine de la Programmation Neuro-Linguistique (PNL) depuis sa création en 1975 par John Grinder et Richard Bandler. À partir des années 1980, il formalise le modèle des « niveaux logiques », qui entraînera une seconde génération en PNL. Son modèle permet non seulement d'élargir une vue plus globale et systémique d'une problématique, mais aussi d'organiser les techniques en fonction du niveau où elles interviennent.

Écoute : qualité individuelle fondamentale en matière de communication, que ce soit en position de manager, de consultant ou de formateur. Du niveau d'écoute dépendent la compréhension de la demande et des besoins et l'adaptation de la réponse à apporter. L'écoute et l'échange permettent une prise en compte de l'autre, ce qui peut limiter ou prévenir les situations de conflits et de crise.

Empathie : attitude d'écoute avec bienveillance, capacité à se mettre à la place de l'autre facilitant ainsi le dialogue et la compréhension. L'empathie peut être souhaitable dans une démarche de management participatif. C'est un élément qui peut faire partie des valeurs, de la culture d'une organisation que ce soit en interne avec les collaborateurs, ou en externe avec les clients.

English Fanita : roumaine de naissance, ayant passé son enfance à Istanbul, elle a suivi des études de psychologie à la Sorbonne et fuit le nazisme en 1940 aux États-Unis. Psychanalyste, elle n'a cessé d'approfondir les concepts et la pratique de l'analyse transactionnelle.

Feedback : étymologiquement, ce mot vient de « feed » (nourrir) et « back » (retour). C'est le retour d'expérience ou d'information qui permet de modifier notre comportement en vue d'atteindre un objectif. Donner du feedback ou faire un feedback est essentiel pour un leader et très précieux pour les collaborateurs.

Goleman Daniel : psychologue américain, diplômé de Harvard, docteur en psychologie clinique et développement personnel, il est devenu célèbre avec son livre ***Intelligence émotionnelle*** publié en 1995 alors qu'il était journaliste au New York Times, où il suivait particulièrement les sciences du comportement. Il est membre du conseil d'administration du Mind and Life Institute, qui facilite les rencontres entre la science et le bouddhisme et fait partie également de l'Association Américaine pour le Progrès de la Science.

Intelligence émotionnelle : selon le psychologue américain Daniel Goleman, l'Intelligence Emotionnelle consiste à identifier les raisons de ses émotions à soi (intimidation, peur, colère...), à les accepter, à les accueillir avec bienveillance et surtout à éviter de les refouler. En effet, une émotion mal gérée se transforme très vite en cette goutte d'eau qui fait déborder le vase. L'intelligence émotionnelle consiste aussi à reconnaître les émotions d'autrui, à en comprendre l'origine, à créer les conditions optimales qui généreront des émotions positives.

Kourilisky Françoise : docteur en psychologie, diplômée de Sciences Po, elle a développé dans sa thèse de doctorat une approche originale qui s'applique à la communication managériale, la conduite du changement, la négociation, la gestion des conflits. Elle dirige son propre cabinet et invite à sa démarche les responsables et dirigeants de grandes sociétés par le biais de coaching de séminaires de formation et d'ateliers de résolutions de problèmes. Elle est aujourd'hui essentiellement conférencière auprès de managers et dirigeants d'entreprises.

Lenhardt Vincent : consultant, coach et formateur en coaching. Il a cofondé en 1975 l'Institut français d'analyse transactionnelle (IFAT) et introduit en France le coaching, en 1988. C'est en effet à cette date qu'il lance, avec son collège d'enseignants, la première formation en coaching en France, intitulée Coach & Team. Auteur de nombreux ouvrages dont *Les Responsables porteurs de sens, culture et pratique du coaching et du team-Building* et *Oser la Confiance, Propos sur l'engagement des dirigeants.*

Mehrabian Albert : né en 1939 en Iran, actuellement professeur émérite de psychologie à l'Université UCLA de Californie (Los Angeles), il est devenu célèbre pour ses publications sur la différence d'impact entre les messages verbaux et non-verbaux. Ses résultats sur les messages contradictoires des sentiments et des attitudes ont été cités dans le monde entier, dans des conférences sur les communications humaines et sont également connus sous le nom de « règle des 7 % - 38 % - 55 % ».

Programmation Neuro-Linguistique (PNL) : mise au point dans les années 1970 par J. Grinder et R. Bandler, la PNL est un ensemble de concepts et d'outils pratiques dans le domaine de la psychologie destinés à améliorer la communication entre individus et à s'améliorer personnellement.

Rosenberg Marshall : né en 1934, il a grandi à Detroit, dans le Michigan. Il a développé la théorie de la Communication Non Violente, une autre façon de penser, de s'exprimer et d'exercer son pouvoir. En 1966, il fonde le Centre pour la Communication Non Violente, organisation à but non lucratif destinée à promouvoir cet art du dialogue invitant à une bienveillance mutuelle.

Schutz Will (1925 - 2002) : psychologue américain, il a été une des figures importantes à « Esalen Institute » dans les années 1960. Il était aussi enseignant aux Universités de Harvard et Berkeley, et consultant en entreprise. Il est connu pour ses travaux en psychométrie, sa réflexion sur l'estime de soi et la théorie FIRO basée sur les relations interpersonnelles.

Triangle dramatique : concept utilisé en psychologie pour l'analyse des rapports interpersonnels. Eric Berne, l'initiateur de l'analyse transactionnelle, a le premier décrit les trois rôles de Persécuteur, Sauveur et Victime. Après lui, Stephen Karpman a formalisé la dynamique des jeux conflictuels dans le concept de triangle dramatique : chaque personne joue des rôles favoris et les répète dans le temps.

Vision : projection créatrice permettant d'imaginer, de voir, prévoir l'avenir d'une organisation, de développer un projet d'entreprise ou de société à long terme, et de définir une stratégie de développement, d'action et de communication. Une vision doit prendre en compte le changement, la dimension et le positionnement de l'entreprise. Une vision doit être partagée pour être déclinée en projets d'action.

Watzlawick Paul (1921 - 2007) : psychothérapeute et membre fondateur de l'École de Palo Alto, il est un des principaux contributeurs de la théorie de la communication et du constructivisme radical. Ses travaux ont essentiellement porté sur la thérapie familiale et la psychothérapie générale.

Bibliographie

AXELROD R., *Donnant, donnant*, Odile Jacob, 1992.

BARJOU B., COHEN A., ISORÉ J., TESTA J.P., *Réussir dans ses nouvelles responsabilités. Prise de fonction : mode d'emploi*, ESF, 2012.

CATHELINEAU M., *Négocier gagnant*, Interéditions, 1991.

CAYROL A. et DE SAINT PAUL J., *Derrière la magie - La Programmation Neuro-Linguistique*, Interéditions, 2010.

COLLIGNON G., *Comment leur dire — La Process Communication*, Interéditions, 1994

COLLIGNON G. et LEGRAND P., *Coacher avec la Process Communication*, Interéditions, 2006.

COLLINS J., *De la Performance à l'excellence*, Pearson Education France, 2006.

COVEY S., *Les 7 habitudes de ceux qui réussissent ce qu'ils entreprennent*, First Editions, 2005.

CROZIER M., FRIEDBERG E., *L'Acteur et le système : les contraintes de l'action collective*, Le Seuil, 1997.

DEROULEDE B., TESTA J.P., *La Boîte à outils du management transversal*, Dunod, 2014.

D'IRIBARNE Ph., *La Logique de l'honneur - Gestion des entreprises et traditions nationales*, Le Seuil, 1989.

DULUC A., *Leader, inspirez confiance*, 4e éd., Dunod, 2017.

FISCHER R., FURLAN P., WATZLAWICK P., WEAKLAND J., *Changements, Paradoxes et Psychothérapie*, Points Essais, 2001.

GETZ I., CARNEY B. M., *Liberté et cie*, Flammarion, 2013.

GOLEMAN D., BOYATZIS R., MACKEE A., *L'Intelligence émotionnelle au travail*, Village Mondial, 2005.

KOURILSKY F., *Du désir au plaisir de changer*, 5e édition, Dunod, 2014.

HAMEL G., *La Fin du management*, Vuibert, 2008.

HAMEL G., *Ce qui compte vraiment*, Eyrolles, 2012.

KOUZES J., POZNER B, *Le Défi du leadership*, Afnor, 1991.

LABORDE G., *Influencer avec intégrité - La Programmation Neuro Linguistique en entreprise*, Interéditions, 1981.

LAFARGUE J., TESTA J.P., TILHET-COARTET V., *La Boîte à outils du leadership*, Dunod, 2013.

LENHARDT V., *Les Responsables porteurs de sens*, Insep, 2002.

LUYET R., TAMM J., *Radical Collaboration: Five Essential Skills to Overcome Defensiveness and Build Successful Relationships*, Harpercollins, 2004.

MARTIN B., LENHARDT V., JAROSSON B., *Oser la confiance*, Insep Consulting Editions, 1996.

SAMAMA C., *Manager dans un monde sans visibilité*, Pearson, 2013.

SCHUTZ W., *L'Élément Humain*, Interéditions, 2006.

Blogs

http://www.blog-management.fr/

http://www.efficaciteprofessionnelle.fr/

http://www.blog-projet.fr/

Des mêmes auteurs

Jean-Pierre TESTA

BARJOU B., COHEN A., ISORE J., TESTA JP, *Réussir dans ses nouvelles responsabilités. Prise de fonction : mode d'emploi*, ESF, 2012.

SELLES M., TESTA JP., *Animer, diriger une équipe*, ESF, Guides pratiques Cegos, 1999.

DUHAUTBOUT A., MULLER JL, TESTA JP., *Managez votre temps et vos priorités*, ESF, Guides pratiques Cegos, 2005.

DUHAUTBOUT A., TESTA JP., *L'Intelligence managériale*, ESF, Guides pratiques Cegos, 2011.

LAFARGUE J., TESTA JP, TILHET-COARTET V., *La Boîte à outils du leadership*, 2e édition, Dunod, 2017.

DEROULEDE B., TESTA JP, *La Boîte à outils du management transversal*, Dunod, 2015.

Co-auteur de l'ouvrage *Guide du Management et du leadership* sur le thème de la gestion du temps, Éditions Retz, Septembre 2007.

Blogs : http://www.blog-management.fr/ et http://www.efficaciteprofessionnelle.fr/

André HAMAYON

La Gestion du stress en perspective, 2002.

Guide des outils de connaissance de soi et de connaissance des autres, 2000.

Comparative Study of Behavioural and Self-Awareness Approaches, Kahler Communication.

Jacques ISORÉ

BARJOU B., COHEN A., ISORÉ J., TESTA JP, *Réussir dans ses nouvelles responsabilités. Prise de fonction : mode d'emploi*, ESF, 2012.

blogs : http://www.blog-management.fr/

http://www.efficaciteprofessionnelle.fr/ et

http://www.blog-projet.fr/

La Boîte à outils

DES OUTILS OPÉRATIONNELS TOUT DE SUITE

MANAGEMENT LEADERSHIP

Agilité
Dir. N. Van Laethem

Animer vos réunions
F. Gillet-Goinard, L. Maimi

Chef de projet, *3e éd.*
J. Maes, F. Debois

Conduite du changement et de la transformation, *2e éd.*
D. Autissier, J.M. Moutot, K. Johnson, *et al.*

Innovation managériale
D. Autissier, E. Métais-Wiersch, J.-M. Peretti

Intelligence collective, *2e éd.*
B. Arnaud, S. Caruso Cahn

Leadership, *2e éd.*
J.-P. Testa, J. Lafargue, V. Tilhet-Coartet

Management
V. Dicecca, P. Guillou

Management à distance
S. Levillain Desmarchelier

Management transversal, *2e éd.*
J.-P. Testa, B. Déroulède

Manager de managers
A. Hamayon, J. Isoré, J.-P. Testa

Manager leader
P. Bélorgey, N. Van Laethem

Motivation
S. Micheau-Thomazeau, L. Thomas

Organisation, *3e éd.*
B. Pommeret

STRATÉGIE D'ENTREPRISE

Acheteur, *3e éd.*
S. Canonne, P. Petit

Analyse des données
C. Coron

Consultant, *2e éd.*
P. Stern, J.-M. Schoettl

Design thinking
E. Brunet

Développement durable et RSE
V. Maymo, G. Murat

Digital en entreprise
Dir. C. Lejealle

Gamification
A. Duarté, S. Bru

Innovation, *2e éd.*
G. Benoit-Cervantes

Lean, *2e éd.*
R. Demetrescoux

Négociation, *2e éd.*
P. Stern, J. Mouton

Stratégie, *4e éd.*
B. Giboin

Supply chain, *2e éd.*
A. Perrot, P. Villemus

GESTION / FINANCE / COMPTABILITÉ

Auditeur financier, *3e éd.*
S. Boccon-Gibod, É. Vilmint

Comptabilité, *3e éd.*
B. Bachy

Contrôle de gestion
C. Selmer

Qualité, *4e éd.*
F. Gillet-Goinard, B. Seno

Responsable financier, *3e éd.*
C. Selmer

Santé – Sécurité – Environnement, *4e éd.*
F. Gillet-Goinard, C. Monar

RESSOURCES HUMAINES / FORMATION

Accompagnement professionnel
M.-L. Barthélémy, H. Le Pennec

Chief Happiness Officer
A. Motte, S. Larabi, S. Boutet

Coaching, *3e éd.*
B. Ammiar, O. Kohneh-Chahri

CSE, *2e éd.*
A.-L. Smaguine

Dialogue en entreprise
A. Stimec, A. Benitah

Facilitation
E. Brunet, A. Monot

Formateurs, *4e éd.*
F. Bouchut, F. Cuisiniez, I. Cauden, *et al.*

Gestion des conflits, *2e éd.*
J. Salzer, A. Stimec

Ressources Humaines, *3e éd.*
A. Haegel

Télétravail
G. Epitalon, F. Gault, C. Rabineau

MARKETING / COMMUNICATION

Communication, *4e éd.*
B. Jézéquel, P. Gérard

Community manager, *2e éd.*
C. Pellerin

Conférencier, *2e éd.*
C. Morlet, B. Deloupy

Écrire pour le web, *2e éd.*
M. Gani

Facebook Ads et Instagram Ads
C. Pellerin

Génération de Leads
P. Gastaud

Inbound marketing et growth hacking
S. Truphème, P. Gastaud

Instagram
C. Pellerin

LinkedIn
J. Pibourret

Marketing, *4e éd.*
N. Van Laethem, B. Durand-Mégret

Marketing digital, *2e éd.*
S. Truphème, P. Gastaud

Marketing vidéo
T. Gasio

Podcast
V. Béjot

Réseaux sociaux
C. Pellerin

SEO
B. Thiers

COMMERCIAL / RELATION CLIENT

Commercial, *3e éd.*
P. Bélorgey, S. Mercier

E-commerce, *2e éd.*
C. Delabre

Expérience client, *3e éd.*
L. Chabry, F. Gillet-Goinard, R. Jourdan

Libraire
C. Meneghetti, J.-C. Millois

ENTREPRENEURIAT

Création d'entreprise, *éd. 2023*
C. Léger-Jarniou, G. Kalousis

Freelance
S. Moran

Levée de fonds
D. Bernard, C. Tremblais, A. Magnin, *et al.*

Micro-entrepreneur, *2e éd.*
C. Selmer, J. Hellart

EFFICACITÉ / BIEN-ÊTRE AU TRAVAIL

Améliorer sa mémoire et sa concentration
X. Delengaigne, C. Maitre

Bien-être au travail, *2e éd.*
C. Huet, G. Rohou, L. Thomas

Confiance en soi
A. Leibovitz

Créativité, *3e éd.*
F. Debois, A. Groff, E. Chenevier

Développement personnel
L. Lagarde

Écrits professionnels
V. Le Broussois

Efficacité professionnelle, *2e éd.*
P. Bélorgey

Gestion du stress, *2e éd.*
G. du Penhoat

Gestion du temps, *2e éd.*
P. Bélorgey

Intelligence émotionnelle, *2e éd.*
C. Peres-Court, M.-E. Launet

Mind mapping, *2e éd.*
X. Delengaigne, M.-R. Delengaigne

Orthographe
A. Ponsonnet

Pensée visuelle
C. Tsiang, B. Lhuillier

Personal Branding
S. Moran, N. Van Laethem

Prendre la parole en public
A. Leibovitz

Psychologie positive au travail
B. Arnaud, E. Mellet

Relaxation
L. Histel-Barontini

Santé au travail
C. Vasey

Soft skills
N. Van Laethem, J-M Josset

84966 - (I) - SOP 90° - BEP - MSN
Dépôt légal : avril 2023

Imprimé en Espagne par Unigraf S.L.